MUSIC THEORY OF JI KANG

声无雅郑

MUSIC THEORY OF JI KANG

嵇康的音乐美学与政治

张玉安 著

北京大学出版社
PEKING UNIVERSITY PRESS

目 录

序　言　李中华 / 1

绪　论　广陵绝响 / 1
  一　嵇康之死 / 2
  二　嵇康其人 / 16
  三　嵇康乐论之得失 / 29

第一章　嵇康乐论的时代背景 / 41
  第一节　以《乐记》为代表的儒家乐论 / 41
  第二节　闻乐尚悲与悲声亡国 / 50
  第三节　汉魏之雅乐与郑声 / 64
  第四节　曹魏之音乐变革 / 74

第二章　嵇康乐论的名理学基础 / 85
  第一节　名理之学与玄远之学辩证 / 85
  第二节　天地之理 / 106
  第三节　性命 / 116
  第四节　自然 / 126

第三章　论音乐之自性 / 138
　　第一节　和声无象（上）/ 138
　　第二节　和声无象（下）/ 153
　　第三节　声无哀乐（上）/ 163
　　第四节　声无哀乐（下）/ 174
　　第五节　音声有自然之和 / 188

第四章　论音乐与教化之关系 / 200
　　第一节　乐教之本 / 200
　　第二节　乐无淫正 / 213
　　第三节　音乐教化的内在机理 / 221

第五章　论音乐与养生之关系 / 230
　　第一节　音乐与养生的结合 / 230
　　第二节　和声以养神 / 238
　　第三节　乘乐以畅神 / 246
　　第四节　嵇康与道教、神仙家之关系 / 256

第六章　嵇康乐论的时代意义 / 277
　　第一节　从"神秘主义"到"理性主义"/ 277
　　第二节　从"乐律"到"音声"/ 287
　　第三节　从"以乐论道"到"以道论乐"/ 299
　　第四节　音乐之独立与自觉 / 307

附录　图版 / 317

参考文献 / 318

后记 / 331

序　言

李中华[①]

在中国传统文化中，作为"六经"之一的"乐"，历来是儒家庞大思想体系中的重要组成部分，它不仅成为中国人精神成长和移风易俗的文化教育资源，也是建构社会制度不可或缺的重要依据，同时也更是培养君子日常行为方式和性情涵养的伦理道德目标，甚至成为儒家形上学和心性哲学的基本构成要素。因此它在中国传统文化，特别是在儒家的思想体系中，占有重要地位并具有不可替代的特殊作用。也正是这种地位和作用，使它在后来的儒家经典谱系中，也就必然成为"六经"或"六艺"之一。

"六经"之名，最早出于《庄子·天运》："丘治诗书礼乐易春秋六经。""六艺"之名，最早盖出于《周礼·地官·大司徒》："以乡三物教万民而宾兴之；……三曰六艺，礼、乐、射、御、书、数。"后来，"六经"与"六艺"时有混用，但从其所涵内容考察，二者是有区别的："六经"实指六部经典；"六艺"盖指六种技能。六经之教实指"大成"教育；六艺之教实属"小成"教育。《礼记·学记》载："比年入学，中年考校。一年视离经辨志，三年视敬业乐群，五年视博习亲师，七年视论学取友，谓之小成；九年知类通达，强力而不反，谓之大成。"但无论是大成还是小成，其中都离不开礼和乐两种最基本的教育内容。《礼记·文王

[①] 李中华：北京大学哲学系教授、博士生导师，北京大学中国哲学暨文化研究所所长，中国文化书院导师、副院长，北京大学《儒藏》编纂领导小组及工作小组成员。

世子》说:"凡三王教世子,必以礼乐。乐所以修内也,礼所以修外也。礼乐交错于中,发形于外,是故其成也怿,恭敬而温文。"

在古代的国家教育中,主持教育的人多称"乐官",说明乐在古代教育中,占有重要地位。《尚书·舜典》载:"帝曰:夔!命汝典乐,教胄子,直而温,宽而栗,刚而无虐,简而无傲。诗言志,歌永言,声依永,律和声。八音克谐,无相夺伦,神人以和。"这里的声、律、音三者,构成了古代音乐的三大基本要素。

所谓声,指宫、商、角、徵、羽五个音阶(后来又加上一个变宫,一个变徵,成为七声)。律,指乐律,即音乐中高低不同的标准音。古代以十二根粗细和长短不同的竹管确定音的高低。《周礼·春官·典同》:"凡为乐器,以十有二律为之数度,以十有二声谓之齐量。凡和乐亦如之。"这里的"数度",即是竹管之粗细和长短都有一定标准,通过调整,以确定声之得否与其所容之音量。又《周礼·春官·太师》:"太师掌六律六同,以合阴阳之声。阳声:黄钟、太簇、姑洗、蕤宾、夷则、无射;阴声:大吕、应钟、南吕、函钟、小吕、夹钟。"十二律中,六个阳声称"六律";六个阴声,称为"六吕"。六律六吕,又合称"律吕"。十二律又称十二管,律管以竹为之(铜发现后,又改作以铜为之),粗细长短不同,皆有数度之比例,因此发出十二个经过百般调整的不同高度的标准音,长管、粗管发音低,反之则发音高,由五声递进。杜佑《通典·乐二》解释说:"阳管有六者,为阳月之管,谓之律。律者,法也,言阳气施生,各有其法;又律者,帅也,所以帅导阳气,使之通达。六者阴月之管者,谓之吕。吕者,助也,所以助阳成功也。变阴阳之声,故为十二调。调各文之以五声,播之以八音,乃成乐也。"所谓"音"者,是指由乐器发出的声音,即前引"八音克谐"或"播之以八音",皆指由八类乐器,经过调律而后所发出的不同音响。故"八音"者,是指由金、石、丝、竹、匏、土、革、木八种材料所制成的八类乐器,以及由这些不同类的乐器所发出的不同音质的声音。在古代,此八类乐器分别为钟镈、石磬、土埙、鼓鼗、琴瑟、柷敔、匏笙、箫笛等。

据《书·益稷》所讲的一段历史记事说,舜召集臣僚议论政事,讨论君臣之道,表彰禹、益和稷三位大臣的功劳。舜很高兴,于是提出要听音乐,以达君臣之乐:"予欲闻六律、五声、八音。"于是乐官夔便奉命演奏起来,"戛击鸣球、搏拊、琴瑟、以咏。"庙堂下敲起玉磬,打起搏拊,吹起箫管,擂响小鼓,笙和大钟交错演奏,扮演飞禽走兽的舞者踏着音乐的节奏跳舞,韶乐变换演奏了九曲之后,扮演凤凰的舞者也随着悠扬旋律的声拍跳起舞来。夔说:"让我们和各位官长也合着乐曲唱起歌来,跳起舞来吧!"帝舜因此作歌曰:"敕天之命,惟时惟几。"于是唱到:"股肱喜哉!元首起哉!庶乃康哉!"这真是一副君臣共歌共舞的太平盛世的景象。由此亦可知,后来的儒家对音乐的重视,完全来自于孔子之前既已存在的重乐的悠久历史传统。

正如儒家对"道统"的追溯一样,他们对音乐(实际上,音与乐有别;乐为乐器、乐舞,音为音调)也是一再地追溯传统。在历代的传世文献中,特别是稍有系统的"乐论""乐记""乐书"或史籍中的"乐志"等等,都自觉地追溯着这一传统,并使之纳入儒家整体的道统之中。如《汉书·礼乐志》把音乐的传统一直追溯到黄帝:"昔黄帝作《咸池》,颛顼作《六茎》,帝喾作《五英》,尧作《大章》,舜作《招》(即《韶》),禹作《夏》,汤作《濩》,武王作《武》,周公作《勺》。《勺》,言能勺先祖之道也;《武》,言以功定天下也;《濩》,言救民也;《夏》,言大承二帝也;《招》,言继尧也;《大章》,章之也;《五英》,英华茂也;《六茎》,及根茎也;《咸池》,备矣。"从黄帝至周公共九代之乐的乐章曲目,可以看作是后来儒家所鼓吹的"道统"之中的"乐统"。

上述追溯,虽从信史的角度说,还缺乏严谨和实证,但《论语·述而》却有"子在齐闻《韶》,三月不知肉味"的记载。从信史的角度看,这条记载应该是可靠的。也就是说,在孔子时代,还能听到舜的时代所作的乐曲,说明孔子以前的音乐传统,至春秋之时,仍有继承和延续,但已经逐渐地式微和错乱。如《汉书·礼乐志》所云,周衰,王官失守,雅颂相错,孔子论而定之,故有孔子"自卫反鲁,然后乐正,雅颂各得其所"的话。《论语·微子》所载,亦可证实《汉书·礼乐志》的说法,即在礼崩乐坏之时,"大师挚适齐,亚饭干适楚,三饭缭适蔡,四饭缺适秦,鼓方叔入于河,播鼗武入于汉,少师阳、击磬襄入于海。"《论语集说》解释说:"是时乐失其次,夫子自卫反鲁,尝一正之。鲁政亦微,三家僭妄,郑声既炽,女乐方张,先王遗音厌弃不省矣。自太师而下皆不得其职,故相率而逃之。"正是在这种情况下,孔子感到忧虑,担心雅乐失次,遗音绝响,故一从卫国返回鲁国,便开始了"正乐"的工作。

《大戴礼记·投壶》载"凡雅乐二十六篇,八篇可歌,……八篇废而不可歌"云云。这里所谓"可歌"与"不可歌"者,盖指诗的配乐与诗之失乐。诗有配乐方可歌;若失去原有的配乐,则只剩下歌辞便不能歌唱。这说明在孔子的时代,不仅"雅颂相错",且有"雅乐失乐"的情况,故《史记》说:"诗三百五篇,孔子皆弦歌之,以求合乎《韶》《武》雅颂之音。"因此,所谓孔子"正乐",或正乐章,或正乐音,其指向皆为防止"遗音绝响",以"使雅颂各得其所","郑卫不得而乱也"。此外,还有一个孔子所担忧的问题,即"礼云礼云,玉帛云乎哉?乐云乐云,钟鼓云乎哉?"礼乐失去了它的本质,变成一种工具或形式,即所谓仅能"记其铿锵鼓舞,而不能言其意"。这里所谓"意",是指铿锵鼓舞背后的意向或意义,即后世所谓"义理"。孔子的"正乐",其主要内涵即在于此。

由以上可知,中国自上古即已有音乐传统,至孔子时这一传统似或受到挑战或发生分化,主要是外来的"胡音"和本土的"郑卫之音"的加入,使原有的相对宫廷化和较为政治化的音乐受到冲击,再加上政权更迭和时代变迁,最终导致"乐经"失传,故使后世不得"六经"中"乐"之全貌,亦不得其详。其余"五经",在春秋战国之际,乃至汉代的文献中多被征引,屡称"书曰""诗曰""礼曰""易曰",唯独不见"乐曰"。虽无人称引,它却无处不在,"六经""六艺"之名中皆有乐,且礼乐并称，成为中国古代最早被制度化和政治化的价值观体系，成为中国几千年历史文化中的重要思想资源和精神纽带。至于在历史上，它是否像其他五经一样，被整理或编纂成了一部系统化的经典，还是一个中国学术史上没有答案的问题。因此有人认为，历史上根本没有《乐经》；也有人认为，《周礼·春官》中的"大司乐"章即后来所谓的《乐经》；还有人认为，《乐经》本有而失于秦火等等。

究竟如何看待《乐经》的有无、得失及其本有的意义，是理解中国传统文化的重要一环。这是因为它在历史上存在的价值，早已超出了音乐本身的意义。不能因《乐经》的失传，就忽视或窄化它的价值和作用。根据孔子以后历代讨论乐的记载和文献，可以推测《乐》或《乐经》应该存在过，它很可能是古代乐声、乐律、乐音这三大要素再加上乐谱的汇编，其中亦可能夹杂着一些对乐的议论或简单的乐论或乐理。其中，乐声、乐律、乐音、乐理皆有所传，只是乐律、乐谱不易传。古人要合声，先须吹律，使众声皆合律方可用。而调律是一种技术，不能准确掌握律管的粗细、长短、尺寸、度数，便调得不准。五声调不准，又何以为乐？故朱熹在其《语类》中说："看《乐记》，大段形容得乐之气象，当时许多形名度数是人人晓得，不消说出，故只说乐之理如此其妙。今来许多度数都没了，却只有许多乐之意思是好，只是没个顿放处。如有帽，却无头；有个鞋，却无脚。虽则是好，自无顿放处。"又说："今则礼乐之书皆亡，学者却但言其义，至于器数，则不复晓，盖失其本矣。"朱子的说法未必皆恰，但可成为《乐经》亡佚的一种理解。至于"乐谱"之亡，因为我们不知古代是如何标记乐谱的，但无论如何标记，它都是难于记忆的，一旦丢失或损坏，便不可复得。当然，乐谱的承传可以靠传唱者的音调来复制乐谱，但传唱者仅是个体，而个体的延续更易中断。嵇康的《广陵散》琴曲，盖是如此失传的。

如果说《乐经》中的乐律没有绝亡，即使在今天还可以见其一斑，只是由于历史的发展，它本身的技术性似已过时，今天可以有更好的测定音律的科学方法。但乐谱却不完全是技术性的。乐谱通过乐器和人的传唱转化为音声，因此它是以音声为载体，内含着特有的旋律，表达特有的时代内容，反映特有的精神意向。乐谱之亡，是《乐经》亡佚的主要标志。至于乐理或乐论，它是以文字为载体，一旦以文字记录下来，便容易记忆在头脑中，即使文本失传，还可通过记忆复原部分文本。

　　乐理是关于音乐的义理或理论，在《乐经》中即便有，也一定是不够充分的，这有如《易经》和《易传》的关系。朱子在其《语类·乐记》中说："又如乐尽亡了，而今却只空留得许多说乐处，云'流而不息，合同而化'云云。又如《周易》，许多占卦，浅近的物事尽无了，却空有个《系辞》，说得神出鬼没。"朱子对乐与易的对比很恰当，只是他还不十分理解"经"与"传"的关系，有重经轻传的倾向。六经中除《乐》以外，其余五经皆有传（《礼记》可看作是《礼传》）。我们仔细阅读这些传，就会发现，传是对经的阐述和发展，它们大多是产生在雅思贝尔斯所说的"人类文明的轴心时代"，在中国则是在春秋战国时代。这一时代产生的五经之传，都具有"哲学突破"和"理性提升"的性质。因此，作为"六经"之一的"乐"，也不能例外，它是通过这一时期的"乐论"，如孔子在《论语》中对有关乐的阐述和评论多达三十余次（如在《八佾》中评《雍》；在《泰伯》中评《关雎》之乱；在《阳货》中评"雅乐"；在《子罕》中谈"乐正"；在《微子》中记乐人逃奔等等），实开先秦"乐论"之先河。此后，又有公孙尼子、荀子及《礼记》中的《乐记》等等。这些论乐的文章和著作，实际可称为广义的"乐传"，由此形成儒家的乐论传统。

　　由此我们可以说，如果真有《乐经》的话，其失传可能只是文本的散佚，特别是经中乐谱部分散佚后便不可复得。而乐声、乐律、乐音则被部分地保存了下来。至于乐论或称《乐传》，则是春秋战国诸子之学的成果，而非《乐经》所本有，正如《易传》不为《易经》所本有一样，它是人类文明轴心时代的产物，是对音乐的起源、性质、功能、作用及其价值意义所作出的理性思考。这样看来，乐的传统不仅未因《乐经》失传而中断，反而提升了对乐的理性认识，并使之成为儒家六经之教的不可或缺的重要内容。

在中国历史上，儒家重乐的传统，主要是以乐论的形式体现出来的。其中，以孔子论乐和荀子《乐论》为基础，以《礼记·乐记》为核心，以历代史志中的"乐志"为辅弼，建立起一套系统完备的音乐理论体系，并成为中国音乐艺术思想的主流。其中，儒家最为关注的是乐的政治、社会、伦理及其道德教化功能。如《乐记》说："乐也者，圣之所乐也；而可以善民心，其感人深，其移风易俗，故先王著其教焉。"《汉书·礼乐志》说："礼节民心，乐和民声，政以行之，刑以防之。礼乐政刑四达而不悖，则王道备矣。"这里强调礼乐政刑四者的统一，可构成推行王道政治的完备体系，由此可知乐的重要性。此亦《乐记》所谓的"治世之音安以乐，其政和；乱世之音怨以怒，其政乖；亡国之音哀以思，其民困，音声之道与政通矣。"即认为一个国家政治的良恶，可以从其流行的音乐中窥其端倪，见其征兆，表达了儒家认为音乐与社会政治，乃至风俗民情拥有密切关系的看法。这一强调音乐对政治及道德教化的重要作用的思想，渗透在儒家的整个思想体系中。

至汉代，随着汉武帝采纳董仲舒的"罢黜百家，独尊儒术"的思想政策，上述儒家重乐的传统也进一步得到发展和强化。具有宏大气魄的汉代文化，其核心仍是儒家名教的张扬与拓展，并企图把这种本来具有浓厚人文色彩和人道关怀的儒家文化，引向宗教化和神秘主义，其在音乐方面的表现亦如此。《汉书·礼乐志》称："至武帝定郊祀之礼，祠太一于甘泉，就乾位也。……以正月上辛用事甘泉圜丘，使童男女七十人俱歌，昏祠至明。夜常有神光如流星止集于祠坛，天子自竹宫而望拜，百官侍祠者数百人皆肃然动心焉。"这是说音乐或歌声不仅感动了人，同时也感动了上天，故使"神光如流星止集于祠坛"。哀平之际，谶纬思潮大行，即以神秘主义和天人感应思想解释儒家六经。故六经皆有纬，再加"孝经纬"共七纬。五经和《孝经》本自各有经文，唯《乐经》失传、经文散佚，然而却能造作出《乐纬》，说明乐在中国文化中确实拥有其重要地位，盖纬书造作者认为纬书体系不能无"乐"，故《乐纬》出焉。从现存《乐纬》佚文看，多是对董仲舒的天人感应论和《白虎通义》的神秘主义的发挥。如《乐纬·动声仪》说："宫唱而商和，是谓善，太平之乐；角从宫，是谓哀，衰国之乐；羽从宫，往而不反，是谓悲，亡国之乐也。"又《乐纬·稽耀嘉》"用鼓和乐于东郊，为太皞之气，勾芒之音。歌随行，出云门，致魂灵，下太一之神。"在《乐纬》看来，音乐是天人感应的产物，五声八音的不同配合所发出的音响，可以感动神灵，亦可决定政治的善恶，"声放散则政荒：商声欹散，邪官不理；角声忧愁，为政虐民，民怨故也；徵声哀苦，事烦民劳，君淫佚；羽声倾危，则国不安。"

上述《乐纬》对音乐的看法，可反映出汉代音乐的神秘主义倾向，这也是汉代儒学向宗教发展在音乐问题上的呈现。这一发展趋势，必然引起对音乐起源、性质及其功能作用的讨论。特别是随着汉末政权的瓦解和儒家名教的危机，魏晋政权的嬗代以及司马氏集团盗窃儒家名器以掩盖其政治野心的弥天谎言，都深深地刺激了当时知识分子对儒家的全面反思，其中亦包括对构成儒家名教重要内容的乐论的重新审视和理论批判。

张玉安的《嵇康乐论研究》[①]这部新著，即是通过对嵇康个案的研究，为我们描述了上述乐论发展演变的历史全景，从中揭示出以嵇康为代表的魏晋名士及魏晋时代的思考者们，是如何看待文化传统中的音乐及其与音响受体之间的关连的。这是一部学术涵养深厚，理论底蕴充实，语言表达能力及可读性甚强的作品。其在该书"绪论"中，开篇便引人入胜地谈到："嵇康之死无疑是一个旷古奇冤""一曲古琴《广陵散》响彻千

---

① 《嵇康乐论研究》一名，既是我博士论文时的题目，也是申请教育部哲学社会科学研究后期资助时暂定的书名。恩师李中华先生在为本书作序时，书名还没有出现变化。为便于成果推广，后与出版社协商改为现在的书名。为表对恩师的尊重，故该序中的《嵇康乐论研究》这个书名，一仍其旧。

年"。由诗一样的语言开篇,然后引领读者深入到嵇康的心灵世界和关于嵇康音乐理论的理性认知。

现在我们已经听不到《广陵散》这部幽雅的琴曲,现在流传的《广陵散》绝不是嵇康的《广陵散》。有人说:"在录音机发明之前,音乐是不能独立保存的。"我认为这一看法,是真正懂得音乐的人才能说出的。《乐经》中乐谱之失传,主要原因即在于此。

《广陵散》虽绝,但嵇康的乐论尚在。张玉安的新著,即是以现存嵇康的《琴赋》和《声无哀乐论》这两篇与音乐关系最为密切的著作为核心,以儒家乐论的历史流变和魏晋玄学思潮的崛起为背景,深入地探讨了嵇康乐论的核心思想和音乐理念,归纳总结出嵇康乐论的"和声无象"、"声无哀乐"和"音声有自然之和"三大核心命题,以论述嵇康所强调的"音乐之自性"。同时该书还对玄学中的"玄远之学"与"名理之学"二者的异同,进行了深入的考辨与分析,从而确定了嵇康是魏晋时期名理之学的杰出代表。由此亦为探讨嵇康乐论的本质属性,以及解释富于逻辑思辨的《声无哀乐论》这篇难读的文章和难解的义理,奠定了方法论基础。以上诸点,是张玉安新著颇具新意的地方。

当然在学术界,嵇康到底是属于"玄远之学",还是属于"名理之学"的学派属性问题,还是有不同看法的。冯友兰先生在其《中国哲学史新编》中把玄学方法概括为"辨名析理"(即前之所谓"名理之学"),并认为辨名析理完全是抽象思维,从这一意义上说,"魏晋玄学是对两汉哲学的一场革命。研究中国哲学史的人,从两汉到魏晋,觉得耳目一新,这是因为玄学的精神面貌和两汉哲学比较起来,完全是新的。"从冯先生的这些看法来观察,嵇康《声无哀乐论》这篇文章的立义及其所揭示的音乐理论,相对于儒家传统乐论来说,也完全是新的。而张玉安的《嵇康乐论研究》一书,对嵇康《声无哀乐论》的新义作了全面总结,其对文献材料的收集、选取、分析、诠释详实周密;其方法、立论、阐述、辨说亦多有新意,是近年来嵇康乐论研究中颇具规模和理论深度的学术力作。

总之，张玉安先生的《嵇康乐论研究》一书，虽然还有一些值得深入研究和可待商榷的地方，但已称得上是一部持之有故、言之成理、可成一家之言的新成果。这部新著的出版，对当前治魏晋玄学史、思想史乃至音乐理论、音乐史、艺术史者，均有所裨益；对全面了解中国文化及其在魏晋时期的发展演变等，也都具有重要参考价值。

2016 年 6 月于北京

绪论　广陵绝响

嵇康之死无疑是一个旷古奇冤，而他的不幸遭遇，反过来又增强了嵇康人生的玄幻色彩，不仅成就了"竹林七贤"这一佳话，也为那段沉重的历史涂上了一抹凄美、悲凉的情调。一曲《广陵散》响彻千年，夹杂着诸多莫名的情怀，在中国士人的心灵上投下一片阴影，因为它和嵇康曾经拥有一种剪不断、理还乱的关系。曹魏景元四年（公元263年）的秋天，嵇康和他的好友吕安一起被押赴洛阳东市刑场，执行死刑。嵇康面对死亡从容不迫、泰然自若，他的好友向秀在《思旧赋·并序》中说："嵇博综技艺，于丝竹特妙。临当就命，顾视日影，索琴而弹之。"① 这样的描述可谓春秋笔法，因为向秀自己也是当事人之一，不便多言，更不可能拿好友的死来大肆渲染，只好一笔带过。但到了南朝宋刘义庆的《世说新语·雅量》，其记述则饱含着情感与文学色彩，因为当时的嵇康不仅已经被历史性平反，而且业已成为士人崇拜的偶像，

> 嵇中散临刑东市，神气不变。索琴弹之，奏《广陵散》。曲终，曰："袁孝尼尝请学此散，吾靳固不与，《广陵散》于今绝矣！"太学生三千人上书，请以为师，不许。文王亦寻悔焉。②

一个死刑犯，在即将被砍头的时候，还能够神气不变、坦然鸣琴，不

---

① 〔梁〕萧统辑、〔唐〕李善注：《文选》，上海：上海书店，1993年，213页。
② 余嘉锡：《世说新语笺疏》，上海：上海古籍出版社，1993年，344页。

哀叹自己命运多舛与世道不公,却惋惜自己心爱的琴曲没有传人,从此而广陵绝响,真是一个至情至性的风流才子,怎能不引起后来士人的无限赞叹、感慨与膜拜呢?这就是嵇康,一个铁骨铮铮、刚直不屈而又情深似海的魏晋名士。所谓绝响,不止谓《广陵散》之绝,嵇康之死、嵇氏其人、嵇生之乐论,都可以说是中国历史文化上的绝唱,是华夏文明的重要一笔。

一 嵇 康 之 死

嵇康,字叔夜,三国时期魏国人,生于魏文帝曹丕黄初五年(公元224年),死于魏元帝曹奂景元四年(公元263年)。他是曹魏时期著名的哲学家、音乐家、诗人,竹林七贤之一。嵇康身为曹魏姻亲,但却志在老庄之道,倾慕恬淡自然的生活,故涉政不深,甚至刻意保持和曹魏政权的距离。曹魏后期司马氏当权,打着名教的幌子,却行不忠不义的谋朝篡位之举。在这种情况下,嵇康特殊的身份,让他深处司马氏集团和曹魏集团政治斗争的漩涡之中。作为当时倾动朝野的名士,嵇康无法让司马昭放心,终因他的不妥协与不合作而被杀。与嵇康之死关联密切的有六个人,三个是至亲好友:他的妻子长乐亭公主,好友吕安和七贤之一的山涛;三个是奸枭之辈:吕安的同父异母兄吕巽,司隶校尉钟会和枭雄司马昭。

嵇康被捕下狱的直接缘由是受到吕安一案的牵连,而吕安则是因为同父异母兄吕巽的诬告而获罪。嵇康和吕巽、吕安兄弟都是朋友,干宝《晋书》说:"嵇康,谯人。吕安,东平人。与阮籍、山涛及兄巽友善。"① 而嵇康和吕安的关系更是非同一般,二人志趣相投、情意相合,故可谓之至交、知己。《世说新语·简傲》称:"嵇康与吕安善,每一相思,千里命

---

① 〔梁〕萧统辑、〔唐〕李善注:《文选》,上海:上海书店,1993 年,213 页。

驾。"① 对于一个人来讲,能够在思念某人的时候而即刻驾车前往,哪怕彼此相距千里之遥,这样的朋友,在一生中恐怕也并不多见,吕安之于嵇康就是如此。又《晋书·向秀传》云:"康善锻,秀为之佐,相对欣然,傍若无人。又共吕安灌园于山阳。"② 山阳是嵇康寓居之地,向秀、吕安到山阳当然是为了嵇康,而打铁和浇灌菜园自然也是围绕嵇康展开的,三人能够一起从事这样的下役劳作,亦可见彼此关系之亲密。

正是因为嵇康和吕安之间的这种情谊,让嵇康在吕安罹难一事中无法坦然处身事外,更何况吕安的不幸和他还有直接关系,换言之,嵇康本人也是吕安一案的直接当事人,无法推卸自己应有的责任。此事起于吕安的一件家丑,即吕安的兄长吕巽乘酒醉奸污了自己的弟妹——吕安的妻子,

> 干宝《晋书》云:"康有潜遁之志,不能被褐怀宝,矜才而上人。安,巽庶弟,俊才,妻美,巽使妇人醉而幸之。丑恶发露,巽病之,告安谤己。巽于钟会有宠,太祖遂徙安边郡。遗书与康:'昔李叟入秦,及关而叹',云云。太祖恶之,追收下狱。康理之,俱死。"③

> 孙盛《晋阳秋》曰:"初,康与东平吕安亲善。安嫡兄巽淫安妻徐氏,安欲告巽遣妻,以咨于康,康喻而抑之。巽内不自安,阴告安挝母,表求徙边。安当徙,诉自理,辞引康。"④

由史料可知,吕巽是吕安的嫡兄,而吕安则属于庶出,从传统来讲吕安的母亲应该是其父吕昭的妾,地位卑下,而吕安在家族里的地位自然也不如吕巽正统,彼此的嫌隙恐怕由来已久。因为吕巽垂涎于弟妹的美貌,终至借酒而实施奸淫之行。根据中国人的祖训,家丑不可外扬。因此,吕

---

① 余嘉锡:《世说新语笺疏》,上海:上海古籍出版社,1993 年,768 页。
② 〔唐〕房玄龄:《晋书》,北京:中华书局,1974 年,1374 页。
③ 〔梁〕萧统辑、〔唐〕李善注:《文选》,上海:上海书店,1993 年,213 页。
④ 余嘉锡:《世说新语笺疏》,上海:上海古籍出版社,1993 年,344 页。

安虽本能地想告发吕巽并把妻子遣送回娘家,但顾及兄弟情面和家族的整体利益,还是向嵇康进行咨询。这样,嵇康也就不得已而介入了这件不光彩的家事,并居中调停。嵇康应该是向吕安晓喻了其中的利害,为避免家破人亡,吕安放弃了告发行动。至于吕巽私下做出了什么承诺,外人也就不得而知。但是,嵇康和吕安谁也没有料到,吕巽后来居然会反水,而且是恶人先告状。嵇康愤慨之余,毅然与吕巽绝交,并写下绝交书,揭开了其中的隐情。嵇康在《与吕长悌绝交书》中说:

> 阿都去年,向吾有言,诚忿足下,意欲发举,吾深抑之,亦自恃每谓足下不足迫之,故从吾言。间令足下,因其顺吾,与之顺亲,盖惜足下门户,欲令彼此无恙也。又足下许吾,终不系都,以子父交为誓,吾乃慨然,感足下重言,慰解都,都遂释然,不复兴意。足下阴自阻疑,密表系都,先首服诬都,此为都故,信吾又无言,何意足下苞藏祸心耶?都之含忍足下,实由吾言。今都获罪,吾为负之。吾之负都,由足下之负吾也。怅然失图,复何言哉!①

吕巽,字长悌。吕安,字仲悌,小名阿都。嵇康文中称"自恃每谓足下不足迫之",意思是说,他认为吕巽应该不会再胁迫吕安。又说"足下许吾,终不系都,以子父交为誓",由此看来,吕巽确实向嵇康做了某种承诺,而且是以嵇、吕父子两代人的交情发誓,吕巽不会向官方揭发和检举吕安。这两处文字暗示,吕安似乎有什么把柄掌握在吕巽手中,而且很要命。吕巽后来检举吕安"挝母",即吕安和自己的母亲相互厮打,这里的"母亲"应该是指吕巽之母,而非吕安自己的亲娘。在这样的家庭环境中,吕安母子遭受吕巽母子的白眼很正常,吕安的反抗也在情理之中。但

---

① 戴明扬:《嵇康集校注》,北京:人民文学出版社,1962年,132—133页。

儿子"打母亲",毕竟是不孝之罪。在司马昭提倡"以孝治天下"①的大背景下,吕安恐怕在劫难逃,而且这还是一个极其羞耻难堪的罪名。吕巽的检举是否属实,历史并没有给我们留下详尽的资料,但吕安获罪徙边流放确是因为不孝之名。至于背后是否还有政治因素,也不好说。

吕安在流放途中给嵇康写了一封信,信中说:

> 安白:昔李叟入秦,及关而叹。……夫以嘉遁之举,犹怀恋恨,况乎不得已者哉!……若乃顾影中原,愤气云踊,哀物悼世,激情风烈。龙睎大野,虎啸六合,猛气纷纭,雄心四据。思蹑云梯,横奋八极,披艰扫秽,荡海夷岳,蹶昆仑使西倒,踢太山令东覆,平涤九区,恢维宇宙,斯亦吾之鄙愿也。时不我与,垂翼远逝,锋钜靡加,翅翮摧屈,自非知命,谁能不愤悒者哉!……去矣嵇生,永离隔矣!梵梵飘寄,临沙漠矣!②

这封信当然会落到司马昭手中,而信中的狂放之辞,充分显示了吕安在政治问题上的幼稚与浅薄。司马昭正欲粉饰太平,为司马家的事业发展奠定理论、道义和社会风气上的合法性。吕安却在信中抱怨世道不公、民怨沸腾,似乎整个社会都处在一团乌云笼罩之下,所以他要"披艰扫秽,荡海夷岳,蹶昆仑使西倒,踢太山令东覆,平涤九区,恢维宇宙",让整个社会恢复应有的秩序。这无疑是对司马氏集团高压统治的一种影射与强

---

① 余嘉锡:《世说新语笺疏》,上海:上海古籍出版社,1993年,727页(司隶何曾语)。
② 《文选》此文题名曰"与嵇茂齐书",李善注云:"干宝《晋纪》以为吕安与嵇康书。二说不同,故题云景真,而书曰安。"可见南朝以来,人们对此文的作者即有存疑。原因在于,《嵇绍集》中说此信是"赵景真与从兄茂齐书,时人误谓吕仲悌与先君书,故具列本末。"〔梁〕萧统辑、〔唐〕李善注:《文选》,上海:上海书店,1993年,605—606页)今人对嵇绍的说法提出了质疑,认为他是在替父亲嵇康撇清与吕安的干系,余嘉锡先生《世说新语笺疏》中有详细剖白,肯定此信应出于吕安之手(余嘉锡:《世说新语笺疏》,上海:上海古籍出版社,1993年,345—346页)。笔者暂从余氏之说立论。

烈反弹，尤其他还试图踏倒昆仑、登翻泰山，更是一种胆大妄为的公开挑衅。难怪司马昭会心生厌恶，把他从流放途中缉拿回京，关押入狱。吕安一案的性质也就由家庭纠纷案，而转变为政治刑事案件——蔑视朝廷、诽谤当政、试图扰乱社会秩序。如此一来，吕安也就把自己置于绝境。

如果吕安被放逐，但没有这封信，嵇康或许还可以安然处身事外。但这封信的出现，也就把嵇康放在了和吕安同谋的位置上。这样，无论吕安的家庭纠纷案还是政治刑事案，都让嵇康失去了回旋的余地。不管是为了道义担当还是为了辩明是非，是出于主观愿望也好，还是因案件牵连而被引证也好，总之，嵇康都不得不站出来，为吕安一案出庭作证。然而，吕巽所以敢于检举吕安而不用担心自己的安危，是因为他背后有强大的靠山：一个是正在司马昭面前得宠的红人，司隶校尉钟会；另一个，就是司马昭本人。《三国志·魏书·杜恕传》注引《世语》云："昭字子展，东平人。长子巽，字长悌，为相国掾，有宠于司马文王。"① 由是可知，吕巽和钟会一样，都是司马昭的身边近臣，得宠于司马昭，彼此关系自然非同寻常。而嵇康在吕安一案中的出现，让这个本来比较简单的案件变得复杂，因为钟会和司马昭显然对嵇康更感兴趣。于公于私，嵇康都是钟会和司马昭共同的敌人，吕安一案的焦点迅速从吕安转移到嵇康身上。

事情的结局，就是嵇康和吕安都被判处死刑。到了这个时候，嵇康已经成为整个事件的主角，而吕安反而是陪衬了。可以说，在嵇康之死的问题上，钟会是十分卖力的，司马昭最终决定除掉嵇康，和钟会的进言关系密切。

　　《文士传》曰："吕安罹事，康诣狱以明之。钟会庭论康，曰：'今皇道开明，四海风靡，边鄙无诡随之民，街巷无异口之议。而康上不臣天子，下不事王侯，轻时傲世，不为物用，无益于今，有败于

---

① 〔晋〕陈寿撰、〔宋〕裴松之注：《三国志》，北京：中华书局，1998年，500页。

俗。昔太公诛华士，孔子戮少正卯，以其负才乱群惑众也。今不诛康，无以清洁王道。'"①

钟会时任司隶校尉兼镇西将军，地位显赫，是司马昭的心腹与得力干将，很可能嵇吕一案即由他亲自侦办。钟会的话虽是庭论，但显然是说给司马昭听的，而且也戳中了司马昭的心事。第一，他说嵇康上不臣天子、下不事王侯，不为物用、无益于今，即点明了嵇康不为司马氏所用且不合作的态度。第二，他说嵇康轻时傲世、负才乱群惑众，是点明嵇康具有反司马氏的煽动能力和言论事实。第三，他说嵇康不诛便无法清洁王道，即暗示嵇康是司马氏执政道路上的绊脚石。这三点都正中司马昭下怀，可以说刀刀扎在了要害之上。钟会既然端的是司马家的饭碗，为司马家服务也是情理必然。但钟会所以想要嵇康的命，其中还夹杂着一些个人恩怨，那就是对嵇康的羡慕、嫉妒与怀恨在心。

《世说新语·文学》："钟会撰《四本论》始毕，甚欲使嵇公一见。置怀中，既定，畏其难，怀不敢出，于户外遥掷，便回急走。"②

《世说新语·简傲》："钟士季精有才理，先不识嵇康。钟要于时贤俊之士，俱往寻康。康方大树下锻，向子期为佐鼓排。康扬槌不辍，旁若无人，移时不交一言。钟起去，康曰：'何所闻而来？何所见而去？'钟曰：'闻所闻而来，见所见而去。'"③

《魏氏春秋》："钟会为大将军兄弟所昵，闻康名而造焉。会名公子，以才能贵幸，乘肥衣轻，宾从如云。康方箕踞而锻，会至不为之礼，会深衔之。后因吕安事，而遂谮康焉。"④

---

① 余嘉锡：《世说新语笺疏》，上海：上海古籍出版社，1993年，344页。
② 同上书，195页。
③ 同上书，766页。
④ 同上书，767页。

钟会是魏太傅钟繇之子,出身世家大族,身份地位显赫,司马昭当政时更是红极一时。钟会才思敏捷、擅长名理思辨,在当时关于才性异同的辩论中,他写了《四本论》,很想让嵇康看一下,但又惧怕嵇康的反驳与论难,不敢当面交给嵇康,只好隔着墙把文章丢进叔夜家的院子里,然后转身就跑。虽然史家对此事的记述略显夸张,但从中不难看出钟会对嵇康才华的钦羡与仰慕,以及嵇康在当时文化界的地位与影响。当钟会带着一群时贤俊杰慕名拜访嵇康的时候,正赶上嵇康和向秀在忙着打铁,二人居然没有和他打招呼,更不用说以礼相待、寒暄问候了。这对自视甚高的钟会来说,当然是一种蔑视和侮辱。而临走时嵇康和钟会的机锋问答,已经是矛戟相向、剑拔弩张了。无怪乎孙盛在著《魏氏春秋》时,把这个事件当成了钟会潜杀嵇康的理由之一。

当然是否杀嵇康,决定权在司马昭手里。司马昭最终的决策表明,在他看来,嵇康是司马氏执政道路上的一个潜在威胁,如果不除掉,早晚会成为一个麻烦制造者。当其时,司马昭已经大权在握,在曹魏集团和司马氏集团的政治斗争中,司马氏集团已经占据绝对优势,嵇康可以说是曹魏集团的最后一根旗帜,也是司马昭眼中的最后一颗钉子。

在此之前,齐王曹芳正始十年(公元249年),司马懿通过高平陵政变,将曹爽、曹羲、曹训、何晏、邓飏、丁谧、毕轨、李胜、桓范等曹魏集团的核心力量几乎一网打尽,重创了曹魏集团的统治基础。齐王曹芳嘉平初年,太尉王凌和他的外甥令狐愚准备在淮南起兵,讨伐司马懿,阴谋另立楚王曹彪为帝,事变被司马懿扑灭,嘉平三年(公元251年)王凌事败自杀。嘉平六年,曹芳和中书令李丰、太常夏侯玄、光禄大夫张缉等人谋划发动政变,废黜司马师。结果事情败露,李丰、夏侯玄、张缉等人被杀,齐王曹芳被废,司马师另立高贵乡公曹髦为帝,改元正元。曹魏集团的中央力量,再一次遭到沉重打击。正元二年(公元255年),镇东将军毌丘俭及扬州刺史文钦起兵反抗司马师,结果被司马师击溃,毌丘俭被杀,文钦逃亡到东吴。这是曹魏集团地方势力的又一次重大损失。

曹髦甘露二年（公元257年），镇东将军诸葛诞不满司马昭专权，又心向曹魏，担心司马昭对自己不利，于是袭杀扬州刺史乐綝，并联合东吴在淮南起兵，反抗司马氏执政。甘露三年，诸葛诞兵败被杀，司马昭将最后一支拥曹的地方势力镇压下去。甘露五年，年轻的皇帝曹髦眼看曹家大势已去，不忍坐等司马昭的废弃与羞辱，于是对身边近臣侍中王沈、尚书王经、散骑常侍王业等人说："司马昭之心，路人所知也。吾不能坐受废辱，今日当与卿等自出讨之。"① 没想到，王沈、王业原来是司马家的卧底，二人早将此情通报给了司马昭。当曹髦带着几百名童仆气势汹汹地杀奔司马昭府邸的时候，被司马家的心腹贾充带人挡在了半路上，年轻的皇帝就这样死于非命。此后，司马昭另立曹奂为帝，改甘露五年为景元元年（公元260年）。这样一来，司马家的执政道路已经隐然可见，天下人几乎都已经知道了接下来故事发展的剧情——即曹丕禅让称帝模式的重演。

然而让司马昭不放心的是，还有一股潜在的舆论力量，这就是那般名士和他们的追随者，必须让他们死心、闭嘴。以何晏、夏侯玄等为首的"正始名士"，凡是和司马家作对的，大都早已灰飞烟灭。正当其时的"竹林名士"，像山涛、王戎、阮籍等人，也以不同的方式被招安到了司马昭麾下。其中名声最大、影响力最盛的嵇康却始终不肯低头，如今他被同为"竹林名士"的吕安牵连入狱，拿这两个人开刀，无疑具有强大的震慑力。但在嵇康身上却找不到实质性的违法、悖逆行为，吕安的政治刑事案则勉强可以作为一个说辞，这也是司马昭诛杀嵇康的风险，即让天下士人寒心，进而对司马家的政权不抱什么希望。

当然，嵇康之死也是事出有因、形势使然。司马昭杀他的理由大体有三个，都和当时曹家与司马家你死我活的政治斗争密不可分：第一，嵇康的身份、地位和他倾向于曹魏集团的政治立场；第二，嵇康反对司马氏执

---

① 〔晋〕陈寿撰、〔宋〕裴松之注：《三国志》，北京：中华书局，1998年，144页。（裴注引《汉晋春秋》）

政的言论与行动；第三，嵇康在士人中的影响力与号召力，这一点尤其要命。

从政治立场来看，嵇康的身份、地位决定了他倾向于曹魏集团的政治态度，因为嵇康和曹家有姻亲关系。《三国志·魏书·沛穆王林传》注云："案《嵇氏谱》：'嵇康妻，林子之女也。'"① 《文选》江文通《恨赋》注引王隐《晋书》曰："嵇康妻，魏武帝孙、穆王林女也。"② 沛穆王曹林是魏武帝曹操的儿子，这一点是可以确定的。但以上两说，一个认为嵇康的妻子是曹林的女儿，一个认为是曹林之子的女儿。综合各方面的因素，我们倾向于认为，嵇康是曹林的女婿、曹操的孙女婿。《世说新语·德行》注引《文章叙录》云："康以魏长乐亭主婿迁郎中，拜中散大夫。"③ 嵇康临死，最终的官衔就是中散大夫，这还是因为妻子是公主而获赐的荣誉头衔。中散大夫是一个闲职，大约七品的官阶，没有实际权力，史书中甚至没有嵇康上班的记录。可以看出，嵇康终其一生，并没有进入曹魏统治集团的实力圈子，应该说嵇康自己的志向并不在官场，而在老庄出世、隐居之道。否则，以嵇康的才华和声名，进入曹魏集团的核心圈并不是大问题。

作为曹家的女婿，嵇康的身份是一个天然的标签，标志着他属于曹魏集团。但仅凭这一点，并不足以确定他的政治立场与态度。司马昭也是清楚的，嵇康这样的人还是以拉拢为上，这个任务很可能就落在了嵇康的好友山涛身上。

《晋书·山涛传》：（山涛）"与宣穆后有中表亲，是以见景帝。帝曰：'吕望欲仕邪？'命司隶举秀才，除郎中。转骠骑将军王昶从事

---

① 〔晋〕陈寿撰、〔宋〕裴松之注：《三国志》，北京：中华书局，1998年，583页。
② 〔梁〕萧统辑、〔唐〕李善注：《文选》，上海：上海书店，1993年，220页。
③ 余嘉锡：《世说新语笺疏》，上海：上海古籍出版社，1993年，18页。

中郎。久之，拜赵国相，迁尚书吏部郎。文帝与涛书曰：'足下在事清明，雅操迈时。念多所乏，今致钱二十万、谷二百斛。'魏帝尝赐景帝春服，帝以赐涛。又以母老，并赐藜杖一枚。"①

《晋书·宣穆张皇后传》："宣穆张皇后讳春华，河内平皋人也。父汪，魏粟邑令。母河内山氏，司徒涛之从祖姑也。后少有德行，智识过人，生景帝、文帝、平原王幹、南阳公主。"②

宣穆后即司马懿的夫人张春华，是司马师、司马昭的亲生母亲。张春华的母亲山氏夫人是山涛的从祖姑（堂姑奶奶），就此而论，张春华应该是山涛的远房姑姑，而山涛和司马师、司马昭也就成了表兄弟。有了这层关系，加之山涛向司马氏的主动靠拢，我们再看司马师（景帝）、司马昭（文帝）兄弟对山涛的器重，以及山涛很快就能当上尚书吏部郎这样的重要官职，也就很好理解了。从司马师、司马昭对山涛所表现出的热情可以看出，他们二人是把山涛当自己人看待的，后来的历史发展表明，山涛没有辜负他们的期望。那么，让山涛出面去拉拢嵇康，自然是上上之选。

景元元年（公元260年）前后，司马昭欲任命山涛为尚书吏部郎，这是一个负责甄选并向中央推荐官员的职务，实权很大，山涛于是以此为借口向司马昭推荐嵇康担当这个角色（背后很可能是和司马昭商议过的），并转托吕安和公孙崇给嵇康带话。嵇康在《与山巨源绝交书》中说："前年从河东还，显宗（公孙崇）、阿都（吕安），说足下议以吾自代。事虽不行，知足下故不知之。"③《与山巨源绝交书》约作于景元二年（公元261年），故所谓前年，应指甘露四年（公元259年），当时嵇康避居河东，山涛没有机会见到嵇康，所以托人传话。关于此事，《世说新语·栖逸》注

---

① 〔唐〕房玄龄：《晋书》，北京：中华书局，1974年，1223—1224页。
② 同上书，948页。
③ 戴明扬：《嵇康集校注》，北京：人民文学出版社，1962年，113页。

引《嵇康别传》云:"山巨源为吏部郎,迁散骑常侍,举康,康辞之,并与山绝。岂不识山之不以一官遇己邪?亦欲标不屈之节,以杜举者之口耳!乃答涛书,自说不堪流俗,而非薄汤武。大将军闻而恶之。"①

至于嵇康避居河东的原因,应和当时的政治氛围密切相关,《三国志·魏书·王粲传》注引《魏氏春秋》云:"大将军尝欲辟康,康既有绝世之言,又从子不善,避之河东,或云避世。"② 这一条正好和嵇康《与山巨源绝交书》的说辞相吻合,可见,山涛举荐嵇康也是司马昭的意思,目的是以此试探嵇康的态度,如果能把他拉过来当然更好。山涛自然明白其中的意思,但又不得不担当这个"劝降"的角色,一是职责所在,端谁的饭碗为谁说话;二是为好友考量,当时的政治形势大家心里都清楚,这样做,等于为嵇康谋划一条退身之路。嵇康当时并没有答复山涛和司马昭,而是采取了"拖"字诀,这本身就意味着委婉拒绝,避免了和司马家的公开摊牌。很可能后来曹髦的被杀(景元元年),或者其他什么事件,刺激了嵇康的神经,让他对司马昭彻底失望乃至绝望,进而借《与山巨源绝交书》划清和山涛的政治界线,同时,也就是公开和司马家摊牌,摆明了自己不合作的政治立场。到此,司马昭也就不再对嵇康抱任何希望。

从嵇康的政治言行来看,司马昭对他则是极其不满乃至耿耿于怀。甘露元年(公元256年),十六岁的皇帝曹髦来到太学,跟经学博士们讨论起了孔子、周公的品格得失问题。当时的太学已经被司马家控制,舆论倾向是为司马氏执政说话的,其中的代表人物就是王肃,他是司马昭的岳父,也是后来晋武帝司马炎的外公。在孔子与宰我、周公与管叔蔡叔的问题上,王肃等人的观点是宰我、管叔蔡叔属于顽凶,错误在于他们自己;而周公和孔子是贤德的圣人,没有任何错误。所以这样说,目的当然是为孔子和周公开脱失察的责任。其中的关键还不是孔子,而是周公摄政问题

---

① 余嘉锡:《世说新语笺疏》,上海:上海古籍出版社,1993年,651页。
② 〔晋〕陈寿撰、〔宋〕裴松之注:《三国志》,北京:中华书局,1998年,606页。

的敏感性。当其时,曹髦年幼、司马昭摄政,正好和昔年成王年幼、周公摄政的情形相仿佛。

西周初年武王驾崩,成王三岁,于是周公摄政,他的兄弟管叔和蔡叔联合当时殷商后裔武庚一起起兵,反对周公执政。后来周公镇压了叛乱,杀管叔而流放蔡叔。曹髦到太学的前一年,即正元二年(公元255年),司马师刚刚镇压了毌丘俭、文钦在淮南反抗司马氏的军事行动。如果说武王、周公任命管叔、蔡叔去监察武庚有失察的责任,那么司马师和司马昭对毌丘俭、文钦的兵变也负有不可推卸的责任。而王肃的经学观念,恰恰在此为司马家建了一道防火墙。曹髦当时在太学质问经学家们说:"经云:'知人则哲,能官人。'若尧疑鲧,试之九年,官人失叙,何得谓之圣哲?"又说"至于周公、管蔡之事,亦《尚书》所载,皆博士所当通也。"① 周公、管蔡之言一出,在场的人应该马上就警觉地意识到了皇帝的言外之意。年轻的曹髦,已经对司马氏的专权心怀怨愤了。

事后嵇康著《管蔡论》,对曹髦当时的政见进行了回应:

> (管蔡)忠于乃心,思在王室。遂乃抗言率众,欲除国患。翼存天子,甘心毁旦。斯乃愚诚愤发,所以徼祸也。……且周公居摄,邵公不悦。推此言,则管蔡怀疑,未为不贤,而忠贤可不达权。三圣未为用恶,而周公不得不诛。②

简而言之,嵇康认为管蔡起兵是为了勤王,是出于忠心要维护天子的正统地位,所以不惜兄弟反目,这是愚诚之心。因为周公摄政的时候,就连召公也曾起疑心,管蔡不相信周公亦在情理之中。至于武王、周公也没有用错人,没有失察的责任;而管蔡反叛,也必须受到应有的惩罚。嵇康

---

① 〔晋〕陈寿撰、〔宋〕裴松之注:《三国志》,北京:中华书局,1998年,137页。
② 戴明扬:《嵇康集校注》,北京:人民文学出版社,1962年,245—247页。

这样的回答，无异于为毌丘俭、文钦的叛乱平反。尽管也算为司马师、司马昭开脱了责任，但这种言论在司马昭心中，无异于一把无形的匕首。嵇康当然也明白其中的利害，所以后来，他在《与山巨源绝交书》中说，自己"每非汤武而薄周孔，在人间不止此事，会显世教所不容"①。嵇康的性格，决定了他飞蛾扑火的行为方式。

就毌丘俭事件而言，嵇康除了在理论上进行支持，恐怕行为上也曾经想有所动作，这更是司马昭所不能容忍的。

《三国志·王粲传》注引《世语》："毌丘俭反，康有力，且欲起兵应之，以问山涛，涛曰：'不可。'俭亦已败。"②

《三国志·傅嘏传》注引《世语》："景王疾甚，以朝政授傅嘏，嘏不敢受。及薨，嘏秘不发丧，以景王命召文王于许昌，领公军焉。"③

《晋书·文帝纪》："景帝崩，天子（曹髦）命帝（司马昭）镇许昌，尚书傅嘏帅六军还京都（洛阳）。帝用嘏及钟会策，自帅军而还。"④

正元二年（公元255年），司马师在镇压毌丘俭反叛的过程中眼疾发作，死在了许昌，司马昭从洛阳赶到许昌去处理后事。当时的曹家似乎看到了一缕曙光，打算有所行动，挽回败局。于是，曹髦颁布诏书命令司马昭镇守许昌，让傅嘏带领大军返回洛阳，言外之意是要把司马昭赶出京城，并把他架空，以便于进一步采取行动，铲除司马家的政治势力。嵇康所谓欲起兵响应毌丘俭，应该就是在毌丘俭尚未失败，而曹家准备对司马

---

① 戴明扬：《嵇康集校注》，北京：人民文学出版社，1962年，122页。
② 〔晋〕陈寿撰、〔宋〕裴松之注：《三国志》，北京：中华书局，1998年，607页。
③ 同上书，628页。
④ 〔唐〕房玄龄：《晋书》，北京：中华书局，1974年，33页。

氏采取行动的时候。但司马师很快就把叛乱之火扑灭，司马昭也没有傻到会听从一个小孩子皇帝的话，而是按照钟会、傅嘏的建议，径直带领大军返回洛阳，粉碎了曹家的幻想。如果联系嵇康身为士人却喜欢打铁，可知他并不是普通的读书人，而是身怀侠义之风，那么关于他欲起兵的传言，也就不会是空穴来风。即便这纯属谣言，但在司马昭的政治嗅觉中，宁可信其有不可信其无。在司马昭心目中，嵇康是一个既有行动能力又有心反抗司马氏执政的人。

那么嵇康的行动能力是什么呢？除了侠肝义胆，那就是嵇康在当时士大夫、知识分子中的影响力与号召力。嵇康入狱事件的后续发展，充分证明了司马昭的担心并非多余，而是一个实实在在的客观现实，

《世说新语·雅量》云："（嵇康入狱）太学生三千人上书，请以为师，不许。文王亦寻悔焉。"①

《世说新语·雅量》注引王隐《晋书》："康之下狱，太学生数千人请之，于时豪俊皆随康入狱，悉解喻，一时散遣。康竟与安同诛。"②

嵇康入狱后，有数千太学生上书请愿，为嵇康求情，并请求让嵇康到太学作他们的老师。此外，还有许多时贤豪俊跟随嵇康一起入狱，愿意和他一起共进退，其目的和那些太学生的行为相仿，无非是想以这样的行动逼迫司马昭放人。但他们可能没有想到，一代枭雄怎么可能会轻易被人要挟。反过来，这种举动恰恰把嵇康推上了不归之路，成为压死骆驼的那最后一根稻草。司马昭最终下决心杀掉嵇康，应该就是在这个时候，虽然有风险，但他不可能为自己的儿孙留下一个隐患。他的后悔也可能是真的，

---

① 余嘉锡：《世说新语笺疏》，上海：上海古籍出版社，1993年，344页。
② 同上。

但如果事情从头来过,结果可能还是如此,这就是世人面对现实的无奈之处。

景元四年(公元263年)秋,四十岁的嵇康被斩杀于洛阳东市,《广陵散》绝响。同年钟会带领大军征蜀,后与姜维图谋据蜀对抗司马氏,结果在次年正月被部下所杀,司马昭带兵平定了叛乱并灭蜀。是年,司马昭灭蜀有功,改元咸熙元年。曹奂咸熙二年(公元265年)八月,司马昭病死。同年十二月,他的儿子司马炎效法曹丕模式(禅让),登上了皇位,历史由曹魏过渡到了司马家的晋朝。世道轮回,曹操和曹丕恐怕谁也没有想到,汉献帝的命运会戏剧般地落到自己儿孙的头上。

二　嵇康其人

嵇康这个名字在中国文化史上响彻千年,充满了神奇与玄幻的色彩。他是一个喜欢打铁的读书人,铁骨铮铮、侠义心肠,走到哪,身边都会有一群追随者,就像今天的影视巨星一样充满了魅力,环绕他的甚至不乏钟会这样的明星,至于洛阳太学里的那些年轻人就更不用说了。嵇康集各种身份于一体,他是哲学家、诗人、音乐家、书法家、画家;还是一位帅哥,风度翩翩、神采奕奕;后来,还有好事者把他列入了神仙谱,使之成为人们心目中的偶像。接下来,我们就从哲理才思、琴诗书画、风神气度、人格特质、流韵遗响等几个方面,对嵇康做一个较为全面的描画。先看嵇康的哲理才思。

《世说新语·文学》称:"旧云:王丞相过江左,止道声无哀乐、养生、言尽意,三理而已。然宛转关生,无所不入。"[1]

孙绰《嵇中散传》曰:"嵇康作养生论,入洛,京师谓之神人。

---

[1] 余嘉锡:《世说新语笺疏》,上海:上海古籍出版社,1993年,211页。

向子期难之，不得屈。"①

王丞相即东晋开国丞相王导，是著名书法家王羲之的叔叔，他和王戎一样都出自山东临沂望族——琅琊王氏。正是王导一手扶持年轻的司马睿过江，建立了东晋王朝，可谓晋朝中兴的顶梁柱。王导和他的堂兄王敦，一人在朝执政，一人在外掌握重兵，东晋初期实力如日中天，史称"王与马共天下"②。以王导的身份地位和他在士大夫中的名望，他的言论具有一定的代表性。东晋士人依旧喜欢清谈，而王丞相谈论的题目只有三个，即"声无哀乐""养生"和"言尽意"。在这三理中，《声无哀乐论》和《养生论》都是由嵇康发起并领袖群伦。"言尽意"和"言不尽意"也是魏晋之际的清谈论题之一，欧阳建主"言尽意"，而嵇康则主"言不尽意"，后者的观点显然深受老庄思想影响。于此可见，嵇康的哲学思想与言论在东晋时期依然具有强大的吸引力。

如果说"声无哀乐"付诸清谈，主要还停留在哲理思辨和言谈口实的话，那么养生问题则具有很强的现实意义。根据孙绰的记载，嵇康当年写了《养生论》后去洛阳，京师的人目之为神人。嵇康所以神，是因为他对养生拥有自己独到的见解。而京师权贵与士人所以对养生感兴趣，一是出于人们对延长个体生命的期待；第二，则是和道教信仰的地下传播密不可分。虽然曹魏当时对太平道和天师道的遗留势力有所忌惮，并对其核心成员进行了控制，但民间道教信仰的传播并没有停止，尤其在京师洛阳一带，并逐渐向权贵与士人阶层扩散，琅琊王氏就是天师道的忠实信徒之一③。

道教信仰主张养生成仙，认为人通过养生可以活到几百岁甚至上千

---

① 〔梁〕萧统辑、〔唐〕李善注：《文选》，上海：上海书店，1993年，289页。
② 〔唐〕房玄龄：《晋书》，北京：中华书局，1974年，2554页。
③ 参见陈寅恪《天师道与滨海地域之关系》一文。(陈寅恪：《金明馆丛稿初编》，北京：三联书店，2001年，1页。)

岁,这种观念无疑具有强大的穿透力。但传统士大夫与知识分子,由于深受儒家经学思想的熏陶,认为人生长寿不过百岁,如果说还能活到几百岁乃至上千岁,则属于妖异之言。这两种观点无疑是针锋相对的,不利于道教在上层社会的传播。嵇康的养生理论,首先,肯定了神仙的存在,即长生不死是可能的,但这样的人似乎天赋异常,不是后天学习可以达到的;其次,充分肯定了养生的价值,认为只要导养得理、以尽性命,一个人活几百岁乃至上千岁都是可能的,只是一般人不精通此术罢了。

嵇康的言论显然是倾向于道教信仰的,同时也击中了权贵和士大夫们向往长生、长寿的深层心理,为道教信仰在两晋上层社会的传播,奠定了坚实的理论基础。东晋时期,琅玡王氏、高平郗氏、钱塘杜氏、琅玡孙氏、东海鲍氏、陈郡殷氏等世家大族,都是天师道的虔诚信徒①。嵇康的养生论,很可能在其中起到了推波助澜的作用。而道教信仰在东晋的兴盛,反过来,又成为嵇康在东晋倍受推崇的社会文化与宗教信仰根基。嵇康在哲理思辨上的才华是毋庸置疑的,如果这种才华仅仅停留上在理论层面,而没有转化为现实的社会影响力,嵇康后来的声望很可能会大打折扣。

在琴诗书画等方面,嵇康均有所建树。对于他的诗歌才华,我们无须多言,只要去读他的诗就可以了。在音乐方面,嵇康可以称得上是真正的音乐家,他不仅能作曲,会演奏古琴,还是音乐理论家、美学家。《琴赋》和《声无哀乐论》,奠定了嵇康在中国音乐美学史上的地位,前者是散文诗,而后者则堪称千古奇论,是中国音乐美学史、哲学史上的一朵奇葩。根据戴明扬先生《广陵散考》一文考证,嵇康自己作的琴曲有《风入松》,还有"嵇氏四弄"②,即《长青》《短青》《长侧》《短侧》四曲。嵇

---

① 任继愈:《中国道教史》,成都:四川人民出版社,1996年,284—295页。
② 参见戴明扬《广陵散考》一文。(戴明扬:《嵇康集校注》,北京:人民文学出版社,1962年,445页。)

康《琴赋》还提到了"蔡氏五曲",即《游春》《渌水》《坐愁》《秋思》和《幽居》。"嵇氏四弄"与"蔡氏五曲"合称"九弄",成为中国古代的一组著名琴曲,为后人所敬仰。

提到嵇康作的古琴曲,就不得不说《广陵散》。观戴明扬《广陵散考》一文即可知,关于《广陵散》的作者,历史记载本身就是一笔糊涂账,莫衷一是。时至今日,学术界依然保持两厢对立的局面:一派认为是嵇康所作,目的是讽刺时政;另一派认为非嵇康所作,此散即古曲《聂政刺韩王曲》的翻版,讲述的是聂政刺杀韩王为父报仇的故事。关于《广陵散》的作者:

《晋书·嵇康传》称:"康尝游于洛西,暮宿华阳亭,引琴而弹。夜分,忽有客诣之,称是古人,与康共谈音律,辞致清辩。因索琴弹之,而为《广陵散》,声调绝伦,遂以授康,仍誓不传人,亦不言其姓字。"①

《太平御览》卷五七九引《灵异志》云:"嵇中散神情高迈,任心游憩。尝行西南出,去洛数十里,有亭名华阳,投宿,夜了无人,独在亭中。此亭由来杀人,宿者多凶。至一更中,操琴先作诸弄,而闻空中称善声。中散抚琴而呼之,曰:'君何以不来?'此人便云:'身是古人,幽没于此数千年矣。闻君弹琴音曲清和,故来听耳。而就终残毁,不宜以接待君子。'向夜,仿佛渐(慚)见,以手持其头,遂与中散共论声音,其辞清辩。谓中散:'君试过琴。'于是中散以琴授之。既弹,悉作众曲,亦不出常,惟《广陵散》绝伦。中散才从受之,半夕悉得,与中散誓,不得教他人,又不得言其姓也。"②

---

① 〔唐〕房玄龄:《晋书》,北京:中华书局,1974年,1374页。
② 〔宋〕李昉:《太平御览》,北京:中华书局,1998年,2613上页。

以上两说都认为，嵇康是从古人（鬼魂）那儿学到了《广陵散》，且充满了神奇传说的色彩，让《广陵散》陡增了几分神秘性。嵇康自己的《琴赋》曾提到《广陵止息》，却没有讲"嵇氏四弄"。综合而言，"广陵"之曲很可能在嵇康之前就已经存在，但并不完善，名气也不够大。联系当时王陵、毌丘俭、诸葛诞等人在淮南（古称广陵）起兵反对司马氏，最终被镇压的事件，嵇康完全有可能借题发挥，对"广陵古曲"进行了改编和演绎，从而成为具有嵇康特色的古琴曲《广陵散》[1]，并博得了时人的赞誉。在中国文化史上，后人改编前人的作品屡见不鲜，后人之改编亦可谓之再创造。即便今人所见之《广陵散》，也未必就是嵇康当时弹的《广陵散》，其中经历了怎样的曲折乃至穿凿附会，皆未可知。但有一点可以明确是，如果没有嵇康，《广陵散》就不会拥有后来的名声和在中国音乐史上的地位。仅凭这一点，我们就无法割裂《广陵散》和嵇康的特殊关系。

嵇康本人还是书法家，这一点往往被后人所忽视。

> 唐代张怀瓘《书断》："叔夜善书，妙于草制，观其体势，得之自然，意不在乎笔墨。若高逸之士，虽在布衣，有傲然之色。"[2]

> 张怀瓘《书议》："嵇叔夜……龙章凤姿，天质自然，加以孝友温恭，吾慕其为人。尝有其草写绝交书一纸，非常宝惜，有人与吾两纸王右军书不易。近于李造处见全书，了然知公平生志气，若与面焉。"[3]

> 唐代韦续《墨薮》云："嵇康书，如抱琴半醉，酣歌高眠。又若众鸟时翔，群鸟乍散。"[4]

---

[1] 王德埙：《十八拍〈广陵散〉确系嵇康所作》，《贵州民族学院学报》，2002年第6期。
[2] 〔唐〕张彦远：《法书要录》，北京：人民美术出版社，2004年，274页。
[3] 同上书，157页。
[4] 戴明扬：《嵇康集校注》，北京：人民文学出版社，1962年，394页。

张怀瓘和韦续，都是唐代著名的书法家兼评论家。从他们的品鉴可以看出，嵇康的书法在唐代备受推崇，而在张怀瓘心目中，嵇康《与山巨源绝交书》的墨迹，其价值甚至超过了王羲之。韦续更是用自己深情的笔墨，为嵇康的书法注入了一股鲜活、生动的力量。

根据戴明扬先生的考证，传言元明之际还有嵇康的真迹留存于世。

> 鲜于枢《困学斋杂录》曰："郭北山御史藏嵇叔夜《听雨贴》。"谈迁《枣林杂俎》曰："钱塘杨廷钧以御史督学南畿，有兄弟争嵇叔夜手迹，弟请田三十顷易之，至讼，御史命立宝书堂公贮之。"据此，知叔夜手迹，元及明季，尚有存者，但不知果为真迹否也。①

嵇康墨迹在中国书法史上的地位，于此可见一斑。据传，嵇康还擅长绘画，唐人对此也有记录。

> 唐代裴孝源《贞观公私画史》："《巢由洗耳图》、《狮子击象图》。（注曰：云宗炳画。）右二卷，题云嵇康画，未详，隋朝官本。"②
>
> 唐代张彦远《历代名画记》："嵇康，字叔夜，谯国铚人。能属词，善鼓琴，工书画，美风仪。（注曰：见《晋书》。《狮子击象图》、《巢由图》，传于代。）"③

虽然裴孝源怀疑《巢》《狮》二图是宗炳所画，但隋朝官本画卷上的题名却是嵇康，可见在隋朝以前，嵇康的画迹就已经受到人们的追捧。张彦远在《历代名画记》中则明确肯定嵇康工于书画，认为他的《狮子击象

---

① 戴明扬：《嵇康集校注》，北京：人民文学出版社，1962年，394页。
② 于安澜：《画品丛书》，上海：上海美术出版社，1982年，32页。
③ 〔唐〕张彦远：《历代名画记》，北京：人民美术出版社，2004年，122页。

图》和《巢由洗耳图》都传了下来。但唐朝以后,这两幅画就不知所踪了。

嵇康不仅才华横溢,还是一位美男子,风度翩翩、神采昭然。《嵇康别传》说:

> 康长七尺八寸,伟容色,土木形骸,不加饰厉,而龙章凤姿,天质自然。正尔在群形之中,便自知非常之器。①

按照今天的计算方法,嵇康的身高应该在一米九上下,是一个标准的大个儿,说他"伟容色"一点儿也不为过。嵇康不喜欢修饰,土木形骸、天质自然,却自有龙章凤姿之态。难怪史家说他"正尔在群形之中,便自知非常之器"。这样的个头儿,即便在今天也算得上鹤立鸡群。《世说新语·容止》云:"有人语王戎曰:'嵇延祖,卓卓如野鹤之在鸡群。'答曰:'君未见其父耳!'"② 当有人由衷地赞叹嵇绍仿佛"鹤立鸡群"的时候,深知其父的王戎却说"你们还没有见过他的父亲",言外之意,嵇绍和嵇康比还差得远。那么在竹林名士的心目中,嵇康又是一个什么样子呢?作为竹林七贤中的老大,山涛对嵇康的品评可资参考。

> 《世说新语·容止》:"嵇康身长七尺八寸,风姿特秀。见者叹曰:'萧萧肃肃,爽朗清举'。或云:'肃肃如松下风,高而徐引。'山公曰:'嵇叔夜之为人也,岩岩若孤松之独立;其醉也,傀俄若玉山之将崩。'"③

---

① 余嘉锡:《世说新语笺疏》,上海:上海古籍出版社,1993 年,607 页。
② 同上书,610 页。
③ 同上书,607 页。

时人目嵇康,谓之"如松下风,高而徐引",就像一阵风从高大的松树下吹过,长松挺立、摇曳生姿。山涛则认为,嵇康的风度就像一棵孤松独立于山巅,岩石嶙峋、孤松峭拔;而当嵇康喝醉了酒,摇摇晃晃、脚步蹒跚的时候,就像一座玉山即将崩倒,气势磅礴、神采巍峨。这样的风神气度、瑰丽品格,加之光芒四射的横溢才华,自然会打动那些非凡的女士。山涛的妻子韩氏就是这样一位不俗的奇女子,听说丈夫结交了嵇康这样的人物,当然要亲眼看一下。《世说新语·贤媛》称:"山涛与嵇、阮一面,契若金兰。山妻韩氏觉公与二人异于常交,问公,公曰:'我当年可以为友者,唯此二生耳!'妻曰:'负羁之妻亦亲观狐、赵,意欲窥之,可乎?'他日,二人来,妻劝公止之宿,具酒肉。夜穿墉以视之,达旦忘反。"① 试想,两个好酒之徒(嵇康和阮籍),能够让一个女人偷窥一夜而忘了返回内宅,这不是帅哥又是什么呢?尤其像嵇康这样品貌双全的美男子。

嵇康不仅形貌可观,内心世界也是丰富多彩且充满矛盾的。就人格特质而言,他深慕老庄之道、喜欢养生,但又是一个不折不扣的儒家君子。可惜的是,嵇康却未能实现儒道思想的汇通,完善自我人格与精神境界,而是在矛盾重重中,走上了悲剧之路。山涛推荐嵇康出仕任职,他却写《与山巨源绝交书》一口拒绝,其中写了自己不可为官的九个理由,其中甚不可者有二:

> 人伦有礼,朝廷有法,自惟至熟,有必不堪者七,甚不可者二。……每非汤武而薄周孔,在人间不止此事,会显世教所不容,此其甚不可一也。刚肠疾恶,轻肆直言,遇事便发,此甚不可二也。②

---

① 余嘉锡:《世说新语笺疏》,上海:上海古籍出版社,1993 年,679 页。
② 戴明扬:《嵇康集校注》,北京:人民文学出版社,1962 年,119—123 页。

嵇康说自己"每非汤武而薄周孔",看似是对儒家的反叛,实则表达的是对司马氏专权的不满,却是对曹魏的尽忠。他知道这样做很危险,但他的性格是"刚肠疾恶,轻肆直言",不能藏垢纳污,所以只好刚正直言,这又和老庄"和光同尘"之道相左。嵇康作《与山巨源绝交书》,在政治上和山涛划清了界线,不给老友留一点儿面子;可是在临终之前,他又向山涛托孤,对好友充满了信任①。这种看似矛盾的行为,体现在嵇康身上却是水乳交融。他以绝交书的方式和山涛划清政治界线,其一,是为了向司马氏表明自己不合作的政治立场与态度;其二,这样做,等于把山涛和自己做了区隔,在政治上更有利于山涛的安全。山涛和嵇康心里应该都明白,政治上的绝交,不等于私下情谊的断绝。嵇康充满信任的托孤,山涛后来对嵇绍的悉心呵护,充分验证了二人内心的默契,真正的知己恐怕也莫过如此。

嵇康在政治上对山涛的保护、在情谊上对山涛的信任,都是出于朋友之间的大义。嵇康对吕安的义不负心,跟无信之徒吕巽的毅然绝交,也是出于朋友之间的信义。加之嵇康终其一生对曹魏的忠诚,我们不得不说,叔夜是一个真正的儒家君子。

然而嵇康还有一个梦想,那就是做一个闲云野鹤般的隐者,像庄周、老子一样,养性全真。他在《忧愤诗》中说:"爰及冠带,凭宠自放。抗心希古,任其所尚。托好老庄,贱物贵身。志在守朴,养素全真。"② 又《兄秀才公穆入军赠诗》云:"目送归鸿,手挥五弦,俯仰自得,游心太玄。嘉彼钓叟,得鱼忘筌。郢人逝矣,谁与尽言?"③ 表达了自己栖心世外的志趣。《晋书·嵇康传》言:"康尝采药游山泽,会其得意,忽焉忘反。

---

① 《晋书·山涛传》:"山涛字巨源,河内怀人也。……性好庄老,每隐身自晦。与嵇康、吕安善,后遇阮籍,便为竹林之交,著忘言之契。康后坐事,临诛,谓子绍曰:'巨源在,汝不孤矣。'"([唐]房玄龄:《晋书》,北京:中华书局,1974年,1223页。)
② 戴明扬:《嵇康集校注》,北京:人民文学出版社,1962年,27页。
③ 同上书,16页。

时有樵苏者遇之,咸谓为神。至汲郡山中见孙登,康遂从之游。登沉默自守,无所言说。"① 嵇康性好服食养生,又雅好老庄栖逸林泉之志,所以时常游山林、涉川泽。偶尔被打柴的山民看见,还以为他是哪里来的神仙。在汲郡山中他遇到了隐者孙登,并从之遨游数年。但嵇康的身份、地位和当时的政治形势,加之个人过于刚直、俊烈的性格,终究未能逃脱司马氏的屠刀。究其原因,还是儒道两端分裂,名教与自然未能合而为一之故。关于这一点,孙登似乎早有预感。

《文士传》:"嘉平中,汲县民共入山中,见一人,所居悬岩百仞,丛林郁茂,而神明甚察。自云:'孙姓,登名,字公和。'康闻,乃从游三年。问其所图,终不答。然神谋所存良妙,康每蔺然叹息。将别,谓曰:'先生竟无言乎?'登乃曰:'子识火乎?生而有光,而不用其光,果然在于用光。人生有才,而不用其才,果然在于用才。故用光在乎得薪,所以保其曜;用才在乎识物,所以全其年。今子才多识寡,难乎免于今之世矣!子无多求!'康不能用。及遭吕安事,在狱为诗自责云:'昔惭下惠,今愧孙登!'"②

《世说新语·品藻》:"简文云:'何平叔巧累于理,嵇叔夜俊伤其道。'"(刘孝标注:"理本真率,巧则乖其致;道唯虚淡,俊则违其宗。所以二子不免也。")③

孙登告诫嵇康,火有光而不用其光,人生有才而不用其才;用光的关键在于有柴,用才的关键在于审时度势。简言之,便是用而非用、为而非为,显然这正是道家"无为而无不为"的圆机活法。可惜,嵇康未能领悟

---

① 〔唐〕房玄龄:《晋书》,北京:中华书局,1974年,1370页。
② 余嘉锡:《世说新语笺疏》,上海:上海古籍出版社,1993年,649页。
③ 同上书,518页。

其中的真谛。东晋时简文帝说他"俊伤其道",意思是俊拔性烈、恃才傲物毁了嵇康。刘孝标注说"道唯虚淡,俊则违其宗",故嵇康难免刑戮。二人的说法是很有见地的,其根本在于,嵇康本质上还是一个矫矫儒者,而非孙登那样的隐逸之士。

嵇康的人生虽然走到了尽头,但关于他的话题并没有结束。嵇康之死,但凡有识之士都知道这是一个冤案,只是个中理由不便多言而已。从王戎、山涛这样的当事人,能够留下对嵇康充满深情的赞誉之辞来看,在西晋士人心目中,嵇康的形象似乎更加高大了。八王之乱最终导致西晋覆灭,晋室南迁,东晋一朝彻底进入朝小野大的局面,门阀士族的力量逐渐壮大,文化士人的话语权得到提升。当大家开始反思西晋灭亡的原因时,司马家无辜杀戮名士的行为自然会得到清算。作为丞相的王导以嵇康为论题公开发表言论本身,就表明嵇康已经得到平反。更加有意味的是,似乎司马氏家族也没有公开站出来反对。

东晋时期,嵇康的形象在两个方面得到定格:一个是竹林名士;一个是神人异士。首先,"竹林七贤""竹林名士"等概念开始出现,并逐渐被历史所认可,嵇康无疑是其中的佼佼者。

《晋书·戴逵传》:"竹林之为放,有疾而为颦者也;元康之为放,无德而折巾者也,可无察乎!"①

袁宏《竹林名士传》:"王烈服食养性,嵇康甚敬信之,随入山。烈尝得石髓,柔滑如饴,即自服半,馀半取以与康,皆凝而为石。"②

刘义庆《世说新语》:"陈留阮籍,谯国嵇康,河内山涛,三人年皆相比,康年少亚之。预此契者,沛国刘伶,陈留阮咸,河内向秀,

---

① 〔唐〕房玄龄:《晋书》,北京:中华书局,1974年,2458页。
② 〔梁〕萧统辑、〔唐〕李善注:《文选》,上海:上海书店,1993年,308页。

琅邪王戎。七人常集于竹林之下，肆意酣畅，故世谓'竹林七贤'"。①

东晋人戴逵著《竹林七贤论》②，明确将嵇康、山涛、阮籍、王戎、向秀、刘伶、阮咸称为"竹林七贤"。到刘宋时期，刘义庆充分肯定了这一称谓，并表示这种说法是世人所公认的。这一点告诉我们，嵇康已经被历史定格为"贤者"；而按照袁宏的说法，则是"名士"。两者合而为一，即悠游竹林的贤达名士。戴逵告诉我们，竹林名士的放达是出于政治形势，有情可原；而元康名士的放达，则属于做作，二者不可同日而语。戴逵的说辞，是对七贤的人格作出了明确的肯定。而袁宏对嵇康与隐者王烈同游的描述，则已经开启了神化嵇康的端倪。当一位历史人物被人们无限敬仰的时候，对他的神化也就不可避免，

　　裴启《语林》："嵇中散夜灯火下弹琴，忽有一人，面甚小，斯须转大，遂长丈余。黑单衣皂带。嵇视之既熟，吹火灭，曰：'吾耻与魑魅争光。'"③
　　顾凯之《嵇康赞》曰："南海太守鲍靓，通灵士也，东海徐宁师之。宁夜闻静室有琴声，怪其妙而问焉，靓曰：'嵇叔夜。'宁曰：'嵇临命东市，何得在兹？'靓曰：'叔夜迹示终，而实尸解。'"④

随着道教、佛教在东晋的兴盛，各种鬼神故事也逐渐开始流行。加之嵇康和道教的特殊关系，他也逐渐被神化起来。裴启的故事让嵇康显得更

---

① 余嘉锡：《世说新语笺疏》，上海：上海古籍出版社，1993年，726页。
② 《隋书·经籍志》："《竹林七贤论》二卷 晋太子中庶子戴逵撰。"（〔唐〕魏征：《隋书》，北京：中华书局，2000年，976页。）
③ 鲁迅：《鲁迅辑录古籍丛编》第一卷，北京：人民文学出版社，1999年，14页。
④ 〔梁〕萧统辑、〔唐〕李善注：《文选》，上海：上海书店，1993年，289页。

加高洁神圣，因为连鬼神在嵇康面前都自惭形秽。顾恺之记载的故事，则直接将嵇康描述为道教中的剑解仙，把他列入了神仙谱。至此，嵇康的历史形象已经发生了质的变化，超越现实，进入了彼岸世界，成为人们膜拜的对象。20 世纪，在江苏南京和丹阳的多座南朝墓中，发现了以"竹林七贤"为题材的砖刻画。其中最为完整的，是南京西善桥出土的"竹林七贤与荣启期"画像砖。这一现象告诉我们，七贤在人们心目都已经被神化了，而其他六位恐怕还是占了嵇康这位"神仙"的光。

南北朝时期，嵇康的思想言论也依然发挥着他的影响。观南齐王僧虔《诫子书》和北齐颜之推的《颜氏家训》，便可见一斑。

> 王僧虔《诫子书》："《才性四本》、《声无哀乐》，皆言家口实，如客至之有设也。汝皆未经拂耳瞥目。岂有庖厨不脩，而欲延大宾者哉？"①
>
> 颜之推《颜氏家训·养生第十五》："神仙之事，未可全诬；但性命在天，或难钟值。……嵇康著养生之论，而以傲物受刑；石崇冀服饵之征，而以贪溺取祸，往世之所迷也。"②

王僧虔说，《才性四本》和《声无哀乐论》在南齐仍然是清谈的必修科目，就像今天的教科书，否则便过不了关。于此可见嵇康在学术上的影响力。而颜之推关于神仙和养生的观点，一看就知道是受了嵇康的影响。当然，颜之推从嵇康之死中也看到了教训，认为应该引以为戒，并由衷地告诫自己的后人。学人在嵇康身上看到的是思想的魅力，而有信仰的人看到的则是神奇的异能。深沉者取其英华傲骨，浅俗者爱其放达风流。忠者

---

① 〔梁〕萧子显：《南齐书》，北京：中华书局，2007 年，598 页。
② 王利器：《颜氏家训集解》，北京：中华书局，2002 年，356—361 页。

得其忠，信者达其信；仁者见其仁，智者观其智。但嵇康就是嵇康，一个曾经鲜活的、谜一样的生命。

三　嵇康乐论之得失

如果说《广陵散》是一曲千古绝响，那么，《声无哀乐论》则是一篇千年妙论，前无古人，后无来者。嵇康乐论的基本思想，就隐藏在这篇文论中。如果站在今人的立场上看，嵇康的《声无哀乐论》不仅是一篇卓越的音乐美学论文，也是一篇思辨性极强的哲理性论文，把中国古典哲学中的理性主义推上了一个新的高峰；同时，它更是一篇具有鲜明政治立场的社会文化评论，表明了个人的思想倾向和政治主张。最后，嵇康的音乐美学以人生哲学为依归，将音乐审美活动和人的养生及精神境界的升华紧密结合在一起。

嵇康的思想在魏晋时期独树一帜，而乐论则是其中最具特色的部分。此处所谓"乐论"，并不等于我们今天所说的音乐理论，而是广泛涉及当时的社会政治、文化、哲学、艺术等问题。嵇康乐论既是对传统乐论的反思和总结，同时又开启了一种新的音乐理念。一方面，我们力图通过文本分析，揭示嵇康乐论自身的哲学内涵及理论特色；另一方面，也尝试将嵇康乐论放在当时的社会文化和理论背景中，通过纵向和横向的比较，探索其乐论的时代特性与历史贡献。

从理论和时代背景看，嵇康乐论的本旨，意在批判汉魏经学对音乐属性、音乐教化及"悲声""郑声"等观念的错误理解，从而为新兴乐歌进行辩护；同时这也从另一个侧面，反映了嵇康亲近曹魏集团而又不同于曹魏集团的政治理念。此外，我们还将从名理之学与玄远之学、天地之理、性命、自然等几个方面入手，集中探讨嵇康乐论的哲学基础（名理之学）。嵇康乐论所以能够超越传统经学的音乐观，正是因为他拥有一套不同于前人的哲学理念和思维方法。这种新的观念和方法，赋予嵇康乐论以崭新的时代内容，使之能开时代之先河、创学术之新风，成为一代风向标式的思想人物。

汉魏之际，整个社会正经历着一场巨大的变革，社会动荡给人们带来的人生灾难与心灵创伤，逼迫知识分子对传统的价值观念进行深入反思与批判。礼乐之治作为儒家的政治理想，始终为两汉经学所推崇。然而在社会巨变的冲击下，礼乐传统竟然显得无能为力。在此种情况下，汉末兴起的曹魏集团转而崇尚刑名法术，并取得了良好的政治成效。曹魏立国后，刑名法术和老庄之学相结合，成为当时统治集团主要的意识形态。但两汉以来的经学传统依然具有很深的社会根基，并在各个层面发挥着重要影响，尤其作为社会中坚的世家大族，多数是以经学为进身之阶、立家之本。经学主张以礼乐治国，而曹魏却崇尚刑名法术，这就不可避免地产生了两种政治理念的冲突与论争。《声无哀乐论》就诞生在这样的历史背景中，通过此文，嵇康对传统经学的音乐观进行了批判与匡正。

嵇康对汉魏经学音乐观的批判，主要体现在三个命题中，即和声无象、声无哀乐、乐无淫正。批判的理论依据是"音声有自然之和"，即在老庄思想基础上建立起来的"和声"观念。

嵇康在《声无哀乐论》中提出了"和声无象"说。在他看来，音乐本身并不包含具体的艺术形象，同时乐音也不能传达具体的"象"。嵇康否定乐象，对两汉以来的神秘主义音乐观，是一个直接的冲击。在两汉经学传统中，乐象不仅是一个艺术范畴，还是一个神学范畴，具有一定的神秘功能。汉人认为，音乐之象可以通天彻地，起到调节天地阴阳之气、协和人神关系的作用；此外，通过音声之象，人们还可以认识天地间的奥妙，预测人世的吉凶祸福。在这种天人感应论系统中，乐象是人与天地相互沟通的媒介。然而在嵇康看来，音乐自身并没有具体之象，不能传达特定的内容，也不能起到天人之间桥梁的作用。因此，嵇康对这种神秘主义观念进行了反驳，认为音声占卜及听声辨象等传说，都是俗儒神化其事的结果，并不可信。

"声无哀乐"是嵇康乐论的核心命题，它的意义在于，将音乐自身和人的情感明确区分开来，认为音乐是客观存在之物，而哀乐之情则属于人心，二者不能混淆。嵇康所以否定音乐具有哀乐，主要是因为在传统经学的音乐观中，悲声（忧伤之曲）拥有特定的内涵。《乐记》称："治世之音安以乐，其政和。乱世之音怨以怒，其政乖。亡国之音哀以思，其民困。声音之道，与政通矣。"① 在经学观念中，这种思想被解释为，音乐不仅具有哀乐等情感，而且还可以造成国家的兴衰。尤其悲声及怨怒之音，会导致国家昏乱乃至灭亡。然而在汉魏之际，为了排遣社会灾难所带来的心灵痛苦，文士们大多喜欢悲歌悲乐，这就和经学思想产生了冲突。然而事实上，是国家的衰败、混乱造成了人民内心的哀伤和悲恸，故百姓通过悲歌来表达自己内心的凄楚，而不是相反。嵇康主张声无哀乐，就是从根本上取消了音乐的情感属性，从而为人们欣赏悲声排除了理论上的障碍。

　　嵇康不仅取消了音乐的情感属性，而且从根本上讲，他否认音乐具有任何主观的性质。道德作为人内心的品质，既是主观的精神，也就不可能是音乐的属性，所以嵇康反对把道德作为音乐的品性。而在两汉经学观念中，音乐有雅乐和郑声之分，前者在道德品性上中正、和平，可以引导人向善；后者则邪淫、奢靡，惑乱人的心志与情意，让人丧失中正之心。因此，在汉魏经学家的传统意识里，音乐在政教上发挥着移风易俗的功能，是和谐民心、齐一风化的重要手段，甚至通过乐教就能获致天下太平。然而，社会动荡、人心倾颓让嵇康认识到，政治上的清明和统治者的德政，才是治理天下的根本，而不是音乐。故嵇康对传统的乐教观进行了剖析，认为音乐并没有道德品性，也没有经学家所夸大的政教功能。这样，经学关于乐教的政治理想，在嵇康的理论解构下，也就显得苍白而无力，这和历史发展的现实也是一致的。

　　嵇康音乐观的核心概念是"和声"，他对传统音乐观的反动，正是基

---

① 《汉魏古注十三经·礼记》，北京：中华书局，1998年，132上页。

于他对"和"有了一种全新的理解,从而与儒家的"中和"拉开了距离。在嵇康的观念中,"和"一方面从汉代的元气论借来了宇宙本原之义,另一方面,又从道家的道论借来了宇宙本体之义。这样,"和"也就成了一个兼具宇宙本原、宇宙本体双重含义的概念。故嵇康的形上学,可以说是汉代元气论和老庄道论相结合的产物。这样的"和声"就不再仅仅是五声的和谐律动,而是具有了本体论的内涵,是"一"不是"多"。因其是"一",故"和声"没有任何具体的形象和内容,是一个独立自足的整体,不可分割。同时,因其无意故可以含一切意,无象故可容一切象,无哀乐之情而能含一切情,这和王弼、何晏玄远之学的精神是一致的。

魏晋学术有玄远之学和名理之学的差异,前者以王弼、何晏、向秀、郭象等人为代表,后者以嵇康、欧阳建、裴頠、孙盛等人为代表。玄远之学侧重于本体论,以"有""无"问题为中心。王、何主张万物皆以"无"为本,"无"虽然不可以明确解说,但却是万物存在的依据,万物皆以之而化生。故在王弼、何晏看来,"无"和"万有"的关系是统一的。"无"因其没有任何具体的规定性,因此可以蕴涵所有的规定性,从而成为"万有"之根本。所以何晏在论道时说:"夫唯无名,故可得遍以天下之名名之。"①(《无名论》)"道"就是"无",是"一",因其无名,故可得以一切名名之。由此,"一"和"多"实现了完美的统一。嵇康关于"和声"的观念,就颇得此种玄学精神的真谛。尽管嵇康没有精妙的玄论,但他的音乐观却切实地贯彻了"以无为本"的精神。

就嵇康自己的哲学思想而言,他擅长名理之学。名理之学长于辨名析理,即今人所谓逻辑思辨。魏晋名理之学的一个基本特征,就是明确了主体与客体的分别,在思维方式上实现了主客体的分离。这种分离体现在名与实、言与理、情与物等对立范畴的出现,名、言、情属于主体,而实、理、物则属于客体。由此出发,嵇康在音乐问题上就把音声和哀乐分离开

---

① 杨伯峻:《列子集释》,北京:中华书局,1997 年,121 页。

来，前者属于客观之物，而后者则属于主观之情，此即《声无哀乐论》所云"声之与心，明为二物"的基本内涵。正是名理之学主客二分的思维方式，造就了嵇康"声无哀乐"这一千古命题。

嵇康名理之学的另一个特征，是认为宇宙万物都有自身的条理。万物之理既有各自的特性，同时又都遵循着一个共同的"理"，即宇宙万物的根本法则。在嵇康看来，这个根本法则就是"和"，它是宇宙万物之总理，又是具体事物自身之理。人有人理、物有物理，它们都是宇宙根本法则的具体体现。在此，"一"和"多"是统一的。嵇康认为，所有的理都是自然的，是客观事物自身本有之理，即本然之理。既然它们都是本然之理，也就不会随着人的意愿而改变，因此我们只能遵循而不能违背它们。音乐之理"和"亦如此，它是音乐本然之理，不是人强加的，此之谓"音声有自然之和"。在嵇康看来，音乐的本质就是"和"，与宇宙万物之根本法则是相通的。嵇康虽然否定音乐具有协调天人关系的神秘功能，但认为音乐可以陶养性命，其中的原因就在于，人的性命之理也是"和"，天地之理、人理、音声之理本来就是一体的。

名理之学的功效是辨名析理，对事物进行分析和解构，即通过名实、名理、言意关系的分解，探究事物自身的属性。这在嵇康的《声无哀乐论》中，得到了充分体现。嵇康就是运用辨名析理、逻辑分析的方法，将音乐还原于音声，将人的情感、道德还原于人心，从而剖开了音乐与人情的关系。这种剥离工作，最终让音乐回到了它的特质"和"。而剥去了所有特定属性的"和声"，就成为嵇康音乐理论的基本立足点。它不仅突破了儒家乐论中"中和"的羁绊，也让嵇康由此建构了一种以名理精神为支柱的音乐理念。

嵇康乐论的贡献是多方面的，他对音乐问题的讨论，实现了从"神秘主义"到"理性主义"、从"乐律"到"音声"、从"以乐论道"到"以道论乐"的转变，从而在理论上，促进了音乐艺术的独立与自觉。

从经学音乐观到嵇康音乐观的转变，本质上是从社会政治问题到个体生命问题的转变。因为经学关心的是音乐的政教功能，礼乐之治中的"乐"，只是社会政治制度的一个组成部分。而在嵇康的观念中，音乐作为制度的功能已经被大大削弱，变成了陶冶性情的艺术手段，是人生境界追求的一种凭借。因此，嵇康更加关注的是个体生命问题，而不是音乐与政教的关系。

由于嵇康从音乐中剥离了人的道德、情感等属性，也就从根本上动摇了传统乐教观的基础。这样，音乐便从经学的各种桎梏中解放出来，拥有了独立自足的地位。尤其在嵇康的观念中，乐和礼已经分离；进一步，纯音乐又从诗歌、音乐、舞蹈合一的乐舞中分离出来，在理论上确立了自己的地位。我们可以发现，在嵇康乐论中，他所关注的是"音声"而不是"乐"。"音声"即我们今天所说的音乐，而且是纯音乐，在嵇康的观念中就是器乐。这种将器乐从乐舞中独立出来的做法，预示着纯音乐的产生，也意味着在嵇康这样的音乐家思想中，音乐已经是纯粹的审美对象，不再是政教的工具。而在魏晋南北朝音乐发展史中，独立器乐曲"但曲"的出现，则是对嵇康音乐理论的一个有力见证。

在取消了乐舞中的特定内容之后，纯音乐的诞生，让音乐鉴赏者获得了更大的审美自由。而嵇康从理论上对音乐主观属性的剥离，则进一步消解了传统乐教观对人的束缚，让审美主体获得了充分的自由。故和声无象，而审美主体可以自由发挥自己的想象；声无哀乐，而审美主体可以兴发一切情；乐无雅正，故审美主体可以欣赏一切之妙音。当音乐回归自身成为纯音乐，而人面对音乐时也摆脱了功利目的的羁绊获得充分的审美自由时，音乐艺术也就获得了真正的独立与自觉。嵇康的《声无哀乐论》，就是这种独立与自觉的一个重要标志。

艺术的自觉，本身就是人的自觉。而音乐从政教功能到审美功能的转变，就是主体自觉的一种表现。随着魏晋时期社会生存环境的恶化，以及理性精神的增强，个体生命觉醒的步伐也加快了。个体生命的觉醒，使得生死问题日益凸显出来，而时代的核心课题，也开始由社会政治转向个体生命。嵇康的养生理论,就是对生死问题的一种回应。在嵇康的观念中,由于音乐之理"和"与性命之理"和"的内在共通性,音乐被嵇康引入了养生系统。但由于嵇康养生论的内在矛盾,使得长生不死无法成为现实的人生目标。生死问题既然不能根本解决,具体的养生手段也就不重要了。当养生无法从肉体上解除生与死的冲突时,嵇康反而在音乐中找到了精神的归宿,凭借音乐审美活动实现了对生与死的超越。尽管音乐审美活动可以在一定程度上消解生与死的对立,但这种方式毕竟有所依赖,是"有待"超越,不究竟、不彻底,未能真正进入"无待"逍遥的境界。

嵇康乐论的历史意义及其对中国哲学、音乐美学的巨大贡献,是毋庸置疑的。但是如果用今天的眼光来看,嵇康的乐论并非无懈可击。一,嵇康自己的辩论本身也存在某些逻辑上的漏洞,经不住推敲。二,嵇康对音乐艺术的讨论,主要是站在欣赏者的角度,而音乐本身还存在构思、创作、再创造等问题。三,就艺术活动自身的规律而言,主要涉及的是审美判断,而非知性判断。审美判断需要涉及情感,最终的结论是情感性体验;而知性判断则需排除情感干扰,得出的是一个客观结论。嵇康讨论音乐的切入点主要是后者。

关于嵇康乐论中的逻辑问题略举两三例。首先,嵇康在反驳秦客关于钟子期之徒可以听声辨情的观点时说:"同出一身者,期于识之也;设使从下出,则子野之徒,亦当复操律鸣管以考其音,知南风之盛衰,别雅郑之淫正也?"[①] 其大意为:如果说从人身上发出来的声音就可以辨识,那么,某人放了一个响屁,钟子期、师旷之徒是否也能从中判断风气的盛衰与淫正呢?这样的反驳显然属于诡辩之辞,而且是在偷换概念、转移话题,因为情感性的"口中发声"和生理性的"放屁",在性质上是不可同日而语的。

其次,嵇康在剥离象数观念对音乐的影响时说:"今必云声音莫不象

---

① 戴明扬:《嵇康集校注》,北京:人民文学出版社,1962 年,207 页。

其体而传其心,此必为至乐不可托之于瞽史,必须圣人理其管弦,尔乃雅音得全也。"① 意谓:如果说音乐是一个人内心世界的象征,那么,圣人所作之乐就必须圣人亲自演奏,才能达到应有的效果。从理论上讲,嵇康此言未必准确。因为,只要圣人把乐曲谱好,像乐师夔那样精通乐理、又深达舜王之心的人,同样可以达到曲尽其妙的效果。就事实而言,大部分词曲作家的作品,并非他们自己亲身演奏、演唱就好,反而是更加专业的演奏家、演唱家,才能将其演绎得淋漓尽致。这一点,就连词曲作家们自己也不否认。显然,嵇康的看法有点儿绝对化。

再者,嵇康讲到"和声"可以感发众情时,反复谈到一个例子,那就是,"夫会宾盈堂,酒酣奏琴,或忻然而欢,或惨尔而泣,非进哀于彼,导乐于此也。其音无变于昔,而欢戚并用,斯非吹万不同耶?夫唯无主于喜怒,亦应无主于哀乐,故欢戚俱见。若资偏固之音,含一致之声,其所发明,各当其分,则焉能兼御群理,总发众情耶?"② 意谓:同样的乐曲,不同的人听了有的欢欣、有的悲伤,这是因为他们内心先有哀乐之情存在,而后被和谐的音乐感发了出来,故音乐自身没有哀乐、只有和谐。如果说音乐自身有哀乐之情,那么,快乐的曲子就只能让人快乐,悲伤的曲子只能让人悲伤;不可能同样的曲子,却同时感发出不同的情感。从理论上讲,同样的乐曲感发出不同的情感很自然,但结论可能和嵇康恰恰相反,不是"声无哀乐",也可以是"声有哀乐"。比如内心欢欣者,听到悲伤的乐曲,依然会麻木不仁地饮酒行乐、欢呼嚎叫,以他人之痛为乐事;相反,一个刚刚失恋的人,欢快的乐曲勾起的可能是更加伤心的往事,悲从中来,怎么可能会快乐呢?因此,无论快乐的乐曲、还是悲伤的乐曲,都可以同时感发出两种乃至多种情感。

那么,音乐到底有没有哀乐之情呢?为了方便起见,我们把这个疑问

---

① 戴明扬:《嵇康集校注》,北京:人民文学出版社,1962年,208页。
② 同上书,217页。

分解为如下几个问题：第一，音乐自身是否有情感？第二，音乐是否可以激发人的情感？第三，音乐自身是否能够携带特定的情感信息？第四，音乐鉴赏者能否解读出音乐中的特定信息（包括情感）？第五，如何看待音乐鉴赏活动的情感体验性？

其一，我们可以肯定，音乐确实能够激发人的情感，在这一点上人们的共识是比较普遍的，就连嵇康本人也不否认。

其二，嵇康力主"音乐自身"（the music itself）就是一种纯形式，即由音符的高低、长短与音色等所组成的和谐之音。换句话说，纯音乐就是指空气有节奏的振动，是一种物理性存在。就此而言，说音乐自身有哀乐等情感，确实不妥。这和西方现当代的形式主义音乐美学观有点儿类似，即认为音乐的本质是纯形式，和人的情感等主观因素无关。嵇康的"声无哀乐论"应该说已经达到了这样的美学高度。从这个角度可以说，"音乐自身"是没有情感的。

其三，如果再换一个角度来问这个问题，还可以说"音乐自身是否能够携带特定的情感信息？"通观嵇康《声无哀乐论》一文，他主要是从审美鉴赏角度来切入问题的。但从现实情况来看，音乐审美活动一般会包括四个环节：审美构思、审美创作、审美再创造和审美鉴赏。

一首乐曲的诞生，离不开作者的构思与创作，在这个过程中，作曲家必然会将自己的审美感受通过音符凝结在乐曲中。例如：运用音符的高低、长短、快慢，以及特殊的音色、旋律乃至乐器的特殊效果等，去表达、模仿某种特殊的审美场景或内心情境，从而将各种信息灌注到音符的跳跃之中。而某些主题音乐所以要命名，也是为了加强作者的此种感受（如《命运交响曲》《梁祝》等等）。当乐曲进入演奏阶段，即审美再创造阶段，深通此曲的演奏者也会充分调动各种手段，将乐曲所要传达的信息表现出来。从这个角度可以说，特定的乐曲（包括纯音乐）往往是作曲家内心世界的符号化表达，包含着特定的情感信息。当然，也有很多乐曲本身就没有主题，只是作曲家随兴的创作，或单纯为了训练技法而创作的练习曲，本身可能就不包含特定的情感信息。

其四，如果某些乐曲能够携带特定的情感信息，那么鉴赏者能否将这些特定信息解读出来呢？在音乐鉴赏活动中，我们不难发现这样一个现象，即某些音乐爱好者往往对某些音乐家的乐曲情有独钟，这也就是所谓"知音"现象。一个内在生命特质和文化情感结构跟作曲家类似的人，就是这样的知音，当二者彼此的生命活动在乐曲中交汇时，欣赏者很容易就可以将乐曲中的情感信息解读出来。这一点，正是特定的音乐家和乐曲往往拥有特定 fans 的重要原因之一。就此而言，某些乐曲本身确实携带着特定的情感信息，知音者即可辨识。嵇康的《声无哀乐论》由于是在与秦客进行辩论，故为了战胜对方而走向极端，所以对这一问题的回答显然不够圆融。晚明学人黄道周著《声无哀乐辩》，就对嵇康的观点进行了反驳。而且，对于大多数音乐鉴赏者来说，"乐音有情"的观点反而更容易被人接受。

另一个需要注意的问题是，音乐欣赏者确实存在不同类型，一类人听音乐时更容易情感代入，很容易激发出某种特定的情感。对于这样的人来说，认可"乐音有情"并非难事。还有一类人，听音乐时更加关注音乐自身的形式因素，不易动情，而只欣赏音乐的节奏、旋律等所带来的形式美。这样的鉴赏者，自然不容易相信"声有哀乐"的主张。至于深通音律者，当兼二者而有之，既能明察乐曲中所携带的特定信息，又能够出入自如，不被乐曲的特定情境所拘束。

嵇康主张"声无哀乐"，当然拥有其特殊的历史背景和文化情境。究其原因，他的主要目的并不是为了探讨纯粹的音乐问题，而是针对当时的执政方略和儒家经学的音乐观，和我们今天所谓音乐理论、音乐美学并不在一个层面上。即便如此，我们还是应该指出嵇康在《声无哀乐论》中，对音乐的辨析主要立足于知性判断，而非审美判断。知性逻辑要求的是知识的客观性与准确性，这就必须将主体与客体区分开来，主体为认知者，客体为认知对象。在《声无哀乐论》中，嵇康将自己讨论的对象"乐曲"

定位为认知对象,只是一个客观存在物,不存在情感问题,因为只有认知主体从个人情感中分离出来,才能保持对乐曲判断的客观性。对于认知主体来说,作为认知对象的乐曲,当然也就只剩下了形式上的"和谐",而没有情感上的哀乐。

其五,我们如何看待音乐鉴赏活动的情感体验性?音乐鉴赏是一种带有情感体验的审美活动,虽然并非所有欣赏者都会在审美活动中代入自己的情感。严格来讲,音乐鉴赏是在作曲家、演奏家、乐曲本身和鉴赏者的共同参与下完成的,最终造就一个审美的艺术情境。在这样的艺术情境中,情感往往是不可或缺的一部分,包括乐曲所要传达的情感信息和欣赏者自身的情感因素。因此,从艺术情境的形成来看,情感往往参与其中,此时审美主体与审美客体融为一体,不分彼此,它们都是艺术情境的缔造者。乐音与情境交织在一起,共同构成了一个审美的境界,你中有我,我中有你。在这种艺术情境中,"乐音有情"已经不再是理智的知性判断,而是审美的重构。

当我们欣赏一首心爱的乐曲时,比如华彦钧(阿炳)的《二泉映月》,往往会情不自禁地沉浸其中,随着乐曲的展开而情思泉涌。如果我们了解阿炳的人生遭遇,那如泣如诉、百转回肠的弦音,就会不自觉地把我们带入月夜的泉水边,跟那位历尽沧桑的老艺人一起,回忆往昔的美好与挫折,不禁为之嘘唏而太息。即便我们对他的人生际遇不甚了了,但我们每个人大都曾经历过挫折、痛苦、挣扎、奋起的心灵历程,那回环不绝、丝丝入扣的节奏、旋律,照样会引起我们的共鸣——人生虽困苦、跌宕,但我们没必要灰心,因为希望就来自艰辛的跋涉与不懈的坚持;虽然一切终将归于平淡,但平淡中却包含着无尽的滋味。演奏与欣赏是同步的,欣赏者的审美判断也是在陶醉与沉浸中完成的。当其时也,我在曲中、曲在我中、境由心生、心生境中,审美的境界是人与音乐共同完成的,不分彼此。我之情即乐曲之情,乐曲之境亦吾人之境,故云乐曲有情,亦非不可,斯即所谓审美判断云尔。

嵇康并非不懂音乐鉴赏的奥妙，观其《琴赋》便可了然。否则，他在临终之际也不会那样深切痛惜《广陵散》的失传。只是因为《声无哀乐论》背后确有隐情，故发如此惊世之论。

　　若古琴之曲《广陵散》者，真可谓千古之绝唱。即便今天我们所听到的只是后人托名之作，这也是嵇康的荣幸，是历史给予他的一顶华丽桂冠。

　　美哉，广陵绝响！惜哉，绝响广陵！！

第一章 嵇康乐论的时代背景

嵇康的《声无哀乐论》是一篇震动魏晋学术界的文章，即便今天看来依然具有重要的理论价值。该文以音乐自身没有哀乐为主题，同时论及汉魏时期许多重要的音乐、哲学、文化乃至社会政治问题，既对传统的音乐观进行了批判、改造和借鉴，同时也开启了魏晋音乐艺术理念的新潮流。而任何时代新观念的提出，都与当时及其以前的社会文化、政治及理论背景具有密切的联系，嵇康的音乐观也不例外。尽管其"声无哀乐"的主张在魏晋时期可谓孤声绝响，但如果仔细推敲，其关于礼乐分离、声无哀乐、乐无雅郑、无声之乐等问题，都具有深刻的时代性。因此，我们只有把嵇康的音乐观放回当时的具体环境中，对它进行整体的考察和把握，才能对其乐论的内在动机及历史贡献拥有深刻、清醒的认识。

第一节 以《乐记》为代表的儒家乐论

作为儒家音乐观的代表，《乐记》在汉魏时期的影响是广泛而深入的[①]。从嵇康《声无哀乐论》的内容来看，秦客的很多观点恰恰来自《乐

[①] 关于《乐记》的作者及其著作年代，学术界似乎还没有定论。主要的意见有四种：一，认为是战国时期孔门弟子公孙尼子所著，此说由郭沫若主倡；二，认为是西汉武帝时期杂家公孙尼所著，此说由丘琼荪提出；三，认为是武帝的哥哥河间献王刘德及其身边的一群儒生所撰，蔡仲德主此说；四，孙尧年主张《乐记》是西汉中期以前儒家论乐的综合著作，主要为荀子学派的作品。(详见《〈乐记〉论辩》，人民音乐出版社，1983年。)各派都认为《乐记》并非一人一时之作，而是一部乐论总集，时间大概从战国时期持续到西汉中期，最后由汉人整理并结集成书。在20世纪90年代出土的郭店楚简，以及上海博物馆楚简中，都有《缁衣》一篇，(转下页)

记》，而东野主人的音乐观，则在一定程度上是对以《乐记》为代表的儒家乐论的反动。如果说嵇康乐论讨论的对象主要是音乐，那么《乐记》讨论的中心则是礼乐传统中的"乐"，这和音乐并不是一个概念。因此，了解《乐记》中的乐论传统，对于我们深入理解嵇康的音乐观，无疑是大有裨益的。

在《乐记》的理论系统中，乐总体上还没有获得独立的地位，往往和礼结合在一起并称礼乐。作为一种社会制度，礼乐一直被儒家视为治理天下的理想模式。礼即社会行为规范，从帝王到平民百姓都要遵守。而乐则包括歌诗、器乐伴奏和舞蹈表演等。从某种程度上说，乐舞表演本身就具有礼的性质。而在社会活动中，礼和乐结合在一起，就成为一种有效的修身和教育方式，让人在悦乐中接受礼仪的熏陶和教化。因此在儒家的观念中，乐并不是纯粹的艺术，而是君子修身治国和对百姓进行礼仪教化的工具。《乐化篇》云：

> 君子曰：礼乐不可斯须去身。致乐以治心，则易直子谅之心油然生矣。……致礼以治躬则庄敬，庄敬则严威。心中斯须不和不乐，而鄙诈之心入之矣。外貌斯须不庄不敬，而易慢之心入之矣。故乐也

（接上页）与今本《礼记·缁衣》在文字上多有雷同之处。上海博物馆楚简还有《民之父母》一篇，内容又见于今本《礼记·孔子闲居》和《孔子家语·论礼》。通过比较可以发现，今本显然经过了后人不同程度的加工和整理，甚至改变了原意。从这种情况来看，梁启超在《古书真伪及其年代》中的判断依然富有生命力，他认为《礼记》"是孔门论礼丛书，他是儒家思想，尤其是礼教思想最发达时的细密时的产品。他是七十子的后学，尤其是荀子一派，各记其师长言行，由后仓、戴德、戴圣、庆普等凑集而成的。它的大部分是战国中叶和末叶已经陆续出现，小部分是西汉前半儒者又陆续缀加的"。（梁启超：《饮冰室专集之一百四·古书真伪及其年代》，中华书局，1936 年，111 页。）他的判断应该也适用于《乐记》，但《乐记》是否一定是荀子学派所为，无可置评。我们以为，《乐记》中的基本资料大部分应属于战国中后期，但在戴圣将其定型以前，一定经过了汉人多次有意的编辑和整理（尤其理论部分），甚至加上了汉人的观念，以适应时代的需要。《乐记》被戴圣编入《礼记》之后，于西汉宣帝时被列入学官，成为官方思想，对汉人产生了很大的影响。这种影响在两汉经学的推动下，一直持续到魏晋时期。因此可以说，《乐记》的思想，在汉魏传统经学之士的心目中，占据着十分重要的位置。而嵇康乐论之离不开《乐记》，也就是很自然的事情了。

者,动于内者也;礼也者,动于外者也。乐极和,礼极顺,内和而外顺,则民瞻其颜色而弗与争也;望其容貌,而民不生易慢焉。故德辉动于内,而民莫不承听;理发诸外,而民莫不承顺。①

所谓君子指为政者,其至尊则是君主。在儒家看来,君子修身治国时刻都离不开礼乐。乐以治内,让人精神和平快乐,从而生起平易、正直、慈祥、善良之心,这样,鄙诈的念头就不会生起。礼以治外,让人的行为举止端正恭敬,外貌端正恭敬了,就会威严而庄重,轻浮怠慢的念头便不会产生。这样,君子道德的光辉耀于内,百姓就会听从他们的教诲和政令;君子的言行举止体现出礼制的道理,百姓就会乐于接受和顺从礼制的教化。

不难看出,乐只是君子修身的一个方面,它必须和礼配合起来,才能达到让人和顺礼敬的目的。在这里,乐的作用是和乐人心,和乐人心的目的是为了培养人的道德情操,并防止鄙诈之心的产生。而礼的作用则是从外部着手,使人的行为举止符合礼仪规范的要求。因此,乐和礼是人修身的两种手段,而且是紧密结合在一起的。甚至在某些情况下,乐本身就包含着礼的内容,是礼的一个有机组成部分,二者不可分割。《乐化篇》说:

> 听其雅、颂之声,志意得广焉;执其干戚,习其俯仰诎伸,容貌得庄焉;行其缀兆,要其节奏,行列得正焉,进退得齐焉。②

《乐记》认为,听雅颂之曲,可以让人的心志、意气得到扩展;手执盾牌、斧钺,修习俯仰、屈伸等舞蹈动作,可以让人的容貌庄严;排练舞蹈时按队列行进,并随着节奏起舞,人伦的次序便得以端正,礼节的进退

---

① 《汉魏古注十三经·礼记》,北京:中华书局,1998年,140上页。
② 同上书,140下页—141上页。

也得到了规范。由此可以看出，舞蹈中的俯仰、屈伸及其缀兆行列的排练，本身就是对礼仪的一种修习活动，而非单纯的舞蹈。这种礼和乐的交融，使乐完全淹没在礼仪教化的内容中，失去了自己的独立性。在这种情况下，乐只是配角，而礼仪教化才是关键。故《乐论篇》又说："夫礼乐之施于金石，越于声音，用于宗庙社稷，事乎山川鬼神，则此所与民同也。"① 认为礼仪活动配上金石之乐，用于宗庙社稷及对山川鬼神的祭祀活动，可以增强对人的感染力，而这对于天子和百姓都是一样的。在此，金石之器所奏出的音乐，起到的仅仅是辅助作用，是礼仪活动的一部分。

礼乐之治一直是儒家的政治理想，这种理想的核心就是德政。首先，儒家要求统治者要有仁德，有仁德才能服人，才能为百姓造福；其次，统治者要以身作则，并通过礼乐活动教化百姓，使之遵守社会行为规范。如果能够做到这样，统治者管理国家即便不使用刑罚律令，也能让天下太平、人民康乐，此即《乐论篇》所谓："乐至则无怨，礼至则不争。揖让而治天下者，礼乐之谓也。"② 由此也可以看出，礼乐的重要性并不在于它们的外在形式，而在于它们所蕴涵的道德内容。就乐而言，重要的也不是音乐自身美妙的旋律与节奏，而是它所承载的圣王的仁德。因此，在《乐记》的观念中，乐的根本是仁德，而不是它跌宕起伏的曲调。故《乐情篇》称：

> 乐者，非谓黄钟大吕弦歌干扬也，乐之末节也，故童者舞之。铺筵席，陈尊俎，列笾豆，以升降为礼者，礼之末节也，故有司掌之。乐师辨乎声诗，故北面而弦。……是故德成而上，艺成而下；行成而先，事成而后。是故先王有上有下，有先有后，然后可以有制于天

---

① 《汉魏古注十三经·礼记》，北京：中华书局，1998 年，134 上页。
② 同上书，133 上页。

下也。①

黄钟、大吕、弦歌、干扬，指具体的乐舞活动。在《乐记》看来，我们今天所说的乐舞，只是一种技艺，而不是乐的根本，所以乐师处于下位，而道德高尚的人处于上位；有操行而实施教化的君子站在前面，只会行礼奏乐的乐师、舞者站在后面。故先王确立了上下尊卑、先后有序的社会规范，而后才通过礼乐制度，把它们推行于天下。

由此可见，外在的乐舞形式只是乐的枝节，而乐的根本则是它所要传达的道德理念，即先王对人民施行教化的伦理内容。这一点在《乐记》中是十分突出的。礼乐作为一种社会制度，目的就是要把社会规范和乐舞活动结合在一起，让百姓在悦人耳目的音乐、舞蹈、歌唱等艺术表演中，不知不觉地接受社会礼节的教化，成为品性贤良、举止端正的人。故乐舞活动一定要表现正面的道德价值，而不能引导人走上邪淫之途。进一步，《乐记》认为只有"德音"才能称为乐，而窈窕动人的音乐，则是"溺音"。《魏文侯篇》说：

> 夫古者，天地顺而四时当，民有德而五谷昌，疾疢不作而无妖祥，此之谓大当。然后圣人作为父子君臣，以为纪纲。纪纲既正，天下大定。天下大定，然后正六律，和五声，弦歌诗颂，此之谓德音；德音之谓乐。《诗》云："莫其德音，其德克明。克明克类，克长克君，王此大邦；克顺克俾，俾于文王，其德靡悔。既受帝祉，施于孙子。"此之谓也。今君之所好者，其溺音乎？②

魏文侯喜欢新声而不爱古乐，所以子夏对他讲了这段话。子夏认为，

---

① 《汉魏古注十三经·礼记》，北京：中华书局，1998年，137上下页。
② 同上书，137下页—138上页。

古时风调雨顺、五谷丰登,百姓淳朴有德而生活安泰,于是圣王制定了父子君臣的纲纪颁行天下,使上下有序、事理调顺。天下真正太平了,人们才正六律、和五声,以诗歌、乐舞来称颂给后人带来福泽的先王。

由于这样的乐是用来称颂先王功德的,故此叫做德音,德音才能称为乐(古乐)。此处所谓德音,首先是指先王施行的德政及其给人民带来的福泽,也就是先王的厚德;其次,后人作乐歌称颂先王之德,这种乐同时也被称作德音。故此,德音的根本是乐背后先王的功德,而不是乐舞本身。这种将乐与德合一的情况,正是《乐记》论乐的一个基本特征。

子夏还引用《诗经·大雅·皇矣》来解释其所谓德音,进一步说明"德音"主要是指先王之德,而非乐。这篇诗的内容是歌颂周的兴起,《乐记》所引为称颂周文王及其父王季的歌词,译之如下:

(王季)静修德音无非议,德行高尚显分明。能分是非别善恶,能为尊长能为君。建立大国称君王,内心慈顺下安服。享国如此至文王,德性淳厚更无忧。既蒙上帝赐福祉,恩泽不断及子孙。

这段诗显然是在称颂王季和文王的功德,以及他们为子孙所遗留的恩泽。周的后人歌颂他们的祖先,宣扬其功德,目的是让后人不要忘本,同时也警告后世子孙要以德统御天下,如此百姓才会归心顺服。这是一首周人祭祖时唱的歌,同时伴有乐舞表演,正是《乐记》所言之乐的典型。子夏认为只有这样的"德音"才是乐,也就是说,只有表现先王仁德的乐舞才是真正的乐。这样一来,乐也就被披上了一层道德的光环。而魏文侯所喜欢的郑卫之音,虽然能娱人耳目,但常常会败坏人的德行,故子夏称之为"溺音":

郑音好滥淫志,宋音燕女溺志,卫音趋数烦志,齐音敖辟乔志。

此四者皆淫于色而害于德,是以祭祀弗用也。①

被子夏斥为"溺音"的郑、卫、宋、齐之乐,在形式上往往富于变化且柔媚妖娆、美妙动人,但由于皆淫于声色而害于道德,故祭祀中是不用的。从中可以看出,尽管《乐记》强调乐的道德品性,但在音乐实践活动中,乐和道德已经出现了疏离。尤其被斥为淫声的郑卫之音,曲调华美、悠扬,从艺术角度看是十分高超的,博得了很多人的喜爱。而儒家站在维护礼乐教化的立场上,认为郑卫之音败坏人的道德,有伤风化,应该予以罢黜。可见在音乐问题上,儒家是重道德而轻技艺的。嵇康则与此不同,他更加注重音乐自身的艺术造诣,而且认为音乐本身是没有道德品性的。

就礼乐的社会功能而言,《乐记》认为礼的作用是规范人与人之间的关系,使之上下有别、尊卑有等、亲疏有序;乐的作用是和乐人心,让人们虽然处在分殊的礼制序列中,但又能成为和谐的整体,彼此和睦相亲。在儒家的观念中,礼乐制度的目的,就是要让社会人群成为一个和而不同的整体,乐在其中所发挥的作用就是"和"。《乐本篇》云:"礼节民心,乐和民声。"② 礼有上下尊卑,故可以节制民心;乐有宫商之调,故可以和乐民声。所谓"乐和民声",其实就是疏导百姓之情,令其内心和谐、悦乐的意思。《乐化篇》也认为,乐可以"合和父子君臣,附亲万民"③,即能够协和君臣、父子关系,让百姓亲近并归附于统治者。这种观念,显然夸大了乐的功能。

儒家非常重视人伦之和。对于君子而言,首先内心要和乐,内心和乐才能保证中正之德。君子修身正己,以和乐之心统御天下,就可以引导社会人伦趋于和谐。如此,也就实现了天下太平、人民祥和的政治目的。而

---

① 《汉魏古注十三经·礼记》,北京:中华书局,1998 年,138 上页。
② 同上书,133 上页。
③ 同上书,140 下页。

儒家所以强调音乐和乐人心的功能，就在于他们把音乐之和引入了社会伦理，认为音乐能够协调人际关系。那么，音乐为什么具有和合人心的作用呢？在儒家看来，音乐的本质特征是"和"。这种"和"不仅是音乐形式上的和谐，而且与天地造化是相通的。因此，音乐之和也就具有了一种形而上的意涵。《乐论篇》说：

> 乐者，天地之和也；礼者，天地之序也。①

在此，乐已经不再是单纯人为的和谐，而是变成了天地之和；礼也不再仅仅是人伦秩序，而是具有了天地之序的意义。如此一来，儒家就赋予了礼乐以形而上学的基础。在这种情况下，音乐之和的感染力也就来自于天地之和，是一种带有神秘色彩的力量。当音乐之和、人伦之和、天地之和三者合一的时候，儒家所谓乐，也就具有了协理天人的特殊功效。《师乙篇》云：

> 夫歌者，直己而陈德也。动己而天地应焉，四时和焉，星辰理焉，万物育焉。②

此篇认为，如果一个人所唱的乐歌适合自己，他的歌声就能表现出自己的德性。德性动于内，天地便随之而应，于是四时和谐畅顺，星辰运行有序，万物生长茁壮。可见在《乐记》的观念中，音乐不仅可以和合人伦，还可以调节自然界万物的运行变化。在这里，"和"被神化了，音乐的力量也被神化了。

在儒家音乐观中，"和"与"中"常常结合在一起，形成了"中和"

---

① 《汉魏古注十三经·礼记》，北京：中华书局，1998 年，133 下页。
② 同上书，141 上页。

这一概念。"中"指不过、也无不及，即恰当、合适的意思。"中"与"和"连用，往往是指音乐形式上的中正、和平、不偏不倚、不走极端，是所谓古乐（雅乐）的基本特征。《荀子·王制篇》即提出了"中和者，听之绳也"① 的主张。其《劝学篇》又言："礼之敬文也，乐之中和也"②，将"中和"和乐直接联系在一起。值得注意的是，"中和"并不仅仅是指乐舞的形式，更重要的是指乐舞给人带来的中正、和平之心。也就是说，"中和"本身带有一定的伦理特征。荀子《乐论》云：

乐者，天下之大齐也，中和之纪也，人情之所必不免也。③

这段话又见《乐记》，文字稍有不同。此谓乐是使天下万国同风的重要手段，是人情中和的纲纪；由于它的感染力非常强，所以人情不可避免会受到它的影响。此处在强调乐的教化功能的同时，还认为乐是中和的纲纪。由此可见，"中和"既是儒家的一个道德标准，同时也是对乐的一个基本要求。因为只有符合中和原则的乐，才能让人产生中正、和平之心。就此而言，"中和"也就逐渐被赋予了音乐准绳的含义，成为雅乐的特征；而不符合中和原则的音乐，如放纵、繁促的郑卫之音，就被斥为淫声。因此，"中和"也就成了音乐道德品性的一个标志；而违背中和的"繁声"，则成为郑卫之音的代名词。

《乐记》关于礼乐、德音、中和的观念，在两汉经学盛行的情况下，为汉魏一般知识分子所普遍接受。在这种观念影响下，音乐往往被赋予了道德、情感等不属于自己的属性，而且纯音乐（器乐）也被淹没在乐舞活动中，未能获得独立自足的地位。随着魏晋玄风的兴起，新的思想为音乐

---

① 《诸子集成·荀子集解》，上海：上海书店，1990年，96页。
② 同上书，7页。
③ 同上书，253页。

理论注入了新的观念。嵇康《声无哀乐论》就是这种新观念的代表，它从根本上动摇了传统乐论的基础，廓清了人们对音乐属性的诸多误解，并从理论上确立了纯音乐的地位，顺应了音乐艺术走向独立与自觉的时代潮流。

第二节 闻乐尚悲与悲声亡国

从文学艺术的角度考察，汉魏时期的文艺之士大多喜欢悲声（令人忧伤的音乐）；而经学之士由于深受两汉经学传统的影响，认为悲声会扰乱天地阴阳之气，导致上天的惩罚，甚至造成国家的灭亡，因此主张禁绝悲声。这种闻乐尚悲和悲声亡国之间的矛盾，在汉魏时期已经显得非常突出。而如何从理论上解决传统观念和音乐实践之间的矛盾，也就显得极为紧迫。嵇康力主音乐自身没有哀乐，就是其中的一种尝试。

汉魏以来，在两汉儒家经学式微的同时，文学艺术却得到了长足的发展，音乐实践中崇尚悲声的势头逐渐占了上风。嵇康对这一趋势也有清醒的认识，他在《琴赋·序》中指出：

> 八音之器，歌舞之象，历世才士，并为之赋颂，其体制风流，莫不相袭。称其才干，则以危苦为上；赋其声音，则以悲哀为主；美其感化，则以垂涕为贵。丽则丽矣，然未尽其理也。①

嵇康注意到，汉魏以来的文艺之士对音乐多有赋颂，谈到乐器的质地时以"危苦"者为上，赞美乐曲的美妙以"悲哀"为主，称扬音乐对人的感化以让人"垂涕"为贵。由此可见，嵇氏不仅拥有丰富的音乐实践经验，对音乐思想史的发展也具有深刻的洞察力。从这段资料中我们可以得

---

① 戴明扬：《嵇康集校注》，北京：人民文学出版社，1962年，83—84页。

出两个结论：一，汉魏士人非常崇尚能够令人悲伤的音乐；二，传统观念认为，音乐自身具有"悲"的属性。

关于汉魏音乐崇尚悲声这一史实，钱锺书先生早有精辟的见解和论证①，已经成为学界的共识。然而，我们这里关注的并非此种现象本身，而是其背后的根源。笔者认为，汉魏以来个体生命的自我觉醒给人生带来的冲击，才是这种闻乐尚悲深层次的心理原因。我们并不否认汉末的社会动荡、人生磨难是造就汉魏士人悲哀心理的外在条件，但认为这只是表面现象，而不是冲击生命根本的深层力量。只能说社会灾难加快、加深了个体生命的自我觉醒，但却不是个体生命觉醒的唯一动因。个体生命觉醒的主要标志，笔者认为不是所谓对人生苦难的意识，而是对个体生命之有限和宇宙之无限的深刻觉悟，即由于深刻认识到个体生命必然走向虚无而由衷生起的悲剧意识。汉代的《古诗十九首》已经向我们传达了这种强烈的信息：

> 人生寄一世，奄忽若飙尘。(《今日良宴会》)②
>
> 人生非金石，岂能长寿考？奄忽随物化，荣名以为宝。(《回车驾言迈》)③
>
> 浩浩阴阳移，年命如朝露。人生忽如寄，寿无金石固。万岁更相送，先圣莫能度。服食求神仙，多为药所误。不如饮美酒，被服纨与素。(《驱车上东门》)④
>
> 生年不满百，常怀千岁忧。昼短苦夜长，何不秉烛游？为乐当及时，何能待来兹？(《生年不满百》)⑤

---

① 钱氏认为："奏乐以生悲为善音，听乐以能悲为知音，汉魏六朝，风尚如斯。"(《管锥编》，北京：中华书局，1999年，946页。)
② 〔清〕沈德潜：《古诗源》，北京：中华书局，2000年，89页。
③ 同上书，90页。
④ 同上书，91页。
⑤ 同上。

一种对人生有限、生命无常的意识充满了这些无名作者的胸怀,挥之不去、遣之不移,像满天的乌云笼罩着人的头顶。既然人不能长生,又不能逃避这飘忽若寄的生命,只好及时行乐、饮酒游戏,以填充那空虚无助的心灵。当有限的个体生命面对无限的宇宙时,竟然显得如此渺小,如此孤立无援;作为自我已经觉醒的生命,人感到了那种来自灵魂深处的孤独,一种只要活着就无法排遣的悲剧意识——生命的消逝是一个无法挽回的过程。尤其值得注意的是,这种意识并非那些穷困潦倒的落魄文人所独有,而是汉魏时期一个比较普遍的人生旋律。即便身为帝王、显贵,也常常无法掩饰这种来自内心深处的悸痛。

汉武帝功高盖世,一生显赫,可谓享尽世间荣华,却同样也摆脱不了这种对生命流逝之无情的感慨。一次他行幸河东(现在的山西省),去汾水参加国家祭祀社稷之神的大典,行船中流与群臣欢宴;也许是想起了孔子"逝者如斯夫,不舍昼夜"① 的感叹,作《秋风辞》一首:"秋风起兮白云飞,草木黄落兮雁南归。兰有秀兮菊有芳,携佳人兮不能忘。泛楼舡兮济汾河,横中流兮扬素波。箫鼓鸣兮发棹歌,欢乐极兮哀情多,少壮几时兮奈老何?"② 荣华固然令人欢乐,可是乐极生悲,想到时间无情吞噬着人的生命,雄才大略如汉武也会感到心痛。汉成帝时班婕妤作《自悼赋》,其中有辞云:"仰视兮云屋,双涕兮横流。顾左右兮和颜,酌羽觞兮销忧。惟人生兮若寄,忽一过兮若浮。"③ 尽管身处豪华的宫廷,班氏同样对浮生如寄、奄忽便逝的生命有着深刻的自我意识。汉人在向外发现了一个无限宇宙的同时,向内也发现了自我,一个被宇宙抛离而深感孤独、无助的自我——个体的生命意识觉醒了。这种个体生命的自我觉醒,在东汉末年得到了一次集中的爆发,动力主要来自社会动荡给个体生命带来的巨大冲

---

① 杨伯峻:《论语译注》,北京:中华书局,92 页。
② 〔清〕严可均:《全汉文》,北京:商务印书馆,1999 年,23 页。
③ 同上书,107 页。

击。曹氏父子三人的诗文可以作为此时期的典型代表,撮要如下:
曹操:

> 对酒当歌,人生几何?譬如朝露,去日苦多。(《短歌行》)①
> 天地何长久,人道居之短。(《秋胡行》其一)②

曹丕:

> 今日乐,不可忘,乐未央,为乐常苦迟。岁月逝,忽若飞,为何自苦,使我心悲?(《大墙上蒿行》)③

曹植:

> 日月不恒处,人生忽若寓。悲风来入怀,泪下如垂露。(《浮萍篇》)④
> 清时难屡得,嘉会不可长。天地无终极,人命若朝霜。(《送应氏诗》)⑤

在汉魏时期的诗文中,三曹这种对生与死的直接感触和《古诗十九首》遥相呼应,反映了这个时代的一股强音,那就是个体生命的有限性和整个宇宙的无限性之间的激烈冲突。嵇康的诗中也体现了这样一种情怀,如:"人生寿促,天地长久。百年之期,孰云其寿?"⑥ 又如:"人生譬朝

---

① 黄节:《汉魏六朝诗六种》,北京:人民文学出版社,2008 年,253 页。
② 同上书,260 页。
③ 同上书,292 页。
④ 同上书,421 页。
⑤ 同上书,335 页。
⑥ 戴明扬:《嵇康集校注》,北京:人民文学出版社,1962 年,9 页。

露,世变多百罗。苟必有终极,彭聃不足多。"① 这种清醒的自我意识,使得个体生命不得不直面自己的悲剧地位,而且这已经成为人们再也无法回避的一个现实问题。对这个问题的直接回应是神仙道教的兴起和养生学的繁荣。太平道和五斗米道在汉末的崛起并不是偶然的,恰恰顺应了这股思想潮流,企图通过宗教的方式追求长生,以便消解个体有限性和宇宙无限性之间的张力。嵇康著《养生论》也是这个潮流的一种反映,后文将详细讨论。

个体生命的觉醒在彰显主体自我价值的同时,也给人的心灵带来了重创,那就是心灵深处的孤独和幻灭意识,因为在无尽的宇宙面前,个体生命毕竟是微不足道的。面对如此窘迫的境地,文学艺术如何化解与缓和这种来自灵魂深处的痛苦呢?在诗歌方面我们已经看到,文艺之士并没有掩饰和逃避痛苦,而是直面个体生命之有限所带来的必然悲剧,并且把伤疤公然揭开来展示。也就是说,他们采用的是以痛医痛的办法。笔者认为,这和汉魏士人闻乐好悲且好作悲声的心理是一致的,因为似乎只有痛苦本身才能医治灵魂深处的痛苦。也正是因为这个原因,汉魏时期的悲歌、悲乐才受到了时人的广泛青睐。那么痛苦为什么反而需要悲歌悲乐来缓解呢?

刘勰《文心雕龙·哀吊篇》云:

以辞遣哀,盖(不泪)〔下流〕之悼,故不在黄发,必施夭昏。(姜书阁《文心雕龙绎旨》解释说:"夫以辞遣哀,盖施于卑者,故不以悼寿终老人,而必用于童殇夭亡也。")②

王符《潜夫论·务本篇》云:

---

① 戴明扬:《嵇康集校注》,北京:人民文学出版社,1962年,79页。
② 姜书阁:《文心雕龙绎旨》,济南:齐鲁书社,1984年,44—46页。

> 诗赋者，所以颂善丑之德，泄哀乐之情也。①

郭茂倩《乐府诗集·薤露》解题引谯周《法训》曰：

> 挽歌者，汉高帝召田横，至尸乡自杀。从者不敢哭而不胜哀，故为挽歌以寄哀音。②

　　刘勰认为"哀辞"的作用是"遣哀"，即排遣人哀伤的情绪。王符也认为诗赋的作用是帮助人释放哀乐的情感（"泄哀乐之情"）。《薤露》是汉魏间丧葬送终之曲，也就是挽歌。蜀晋间人谯周在解释其形成时说，挽歌是为了寄托人的哀伤之情；既然不能用哭来释放人内心的悲痛，只好用悲歌来代替。由此可见，悲歌悲乐以及令人哀伤的诗文，可以帮助人排遣和释放内心的痛苦情绪，达到缓解心理紧张的作用。在这一点上，西方的悲剧心理学可以给我们提供一个很好的视角，帮助我们理解这种奇妙的心理现象。

　　朱光潜在《悲剧心理学》一书中说："亚里斯多德认为，悲剧的作用是'激起怜悯和恐惧，从而导致这些情绪的净化。'"③ 这种"净化说"（或宣泄说）在西方文艺心理学中的影响很大，莱辛、弥尔顿、高乃依乃至弗洛伊德心理学派，都曾对此进行过解释和发挥。朱光潜在对西方思想家关于此说的研究进行分析后认为，"得到宣泄的只能是与怜悯和恐惧这两种情绪相对应的本能潜在的能量。情绪本身并没有宣泄，而是得到了表现，或只是被感觉到了。于是，亚里斯多德那段有名的话就等于说：悲剧激起怜悯和恐惧，从而导致与这些情绪相对应的本能潜在能量的宣泄。在

---

① 〔清〕汪继培笺、彭铎校正：《潜夫论笺校正》，北京：中华书局，1997 年，19 页。
② 〔宋〕郭茂倩：《乐府诗集》，北京：中华书局，1998 年，396 页。
③ 朱光潜：《朱光潜全集》（第二卷），合肥：安徽教育出版社，1996 年，382 页。

这个意义上来说，认为悲剧是情绪缓和的一种手段无疑是正确的"①。既然悲剧可以缓和、净化人内心的恐惧、怜悯，那么表现了人内心痛苦、哀伤的悲歌悲乐，同样也可以缓和、净化人内心的痛苦和哀伤，从心理学上讲二者的道理是共通的。这也正是刘勰所谓"以辞遣哀"的意思。汉魏士人闻乐好悲、偏爱悲声，作了那么多痛人肝肠的诗篇、乐曲②，正是因为他们有太多的人生苦痛积压在灵魂的深处，需要获得宣泄与缓和。

今天我们说悲歌、悲乐，是指那些令人悲伤的歌曲和音乐，并不是说歌曲和音乐自身拥有"悲哀"这种属性。然而在汉魏人的观念中，音乐自身确实是有感情的，上文所引嵇康《琴赋·序》中的文字也说明了这一点。《乐记》就曾经说："丝声哀，哀以立廉，廉以立志。"③ 认为弦乐之声是悲哀的。汉魏人继承和发挥了悲声的观念，还把它和社会变迁、国家兴亡联系在一起，认为悲声会给人们带来不幸和灾难。

曹丕有《连珠》一首，其中一节云：

> 盖闻琴瑟高张则哀弹发，节士抗行则荣名至。④

《晋书·律历上》曰：

> 荀勖造新钟律，与古器谐韵，时人称其精密。惟散骑侍郎陈留阮咸讥其声高。声高则悲，非兴国之音，亡国之音。亡国之音哀以思，

---

① 朱光潜：《朱光潜全集》（第二卷），合肥：安徽教育出版社，1996 年，390 页。
② 汉魏南北朝时期以悲伤为主题的乐曲非常多，著名的有《薤露》《蒿里》《胡笳十八拍》《箜篌引》《昭君怨》《雉朝飞》《别鹤操》《杞梁妻》《上留田》《子夜歌》《华山畿》等等。详情可参阅宋郭茂倩辑《乐府诗集》，及晋崔豹《古今注》（《汉魏六朝笔记小说大观》，上海：上海古籍出版社，1999 年）等书。
③ 《汉魏古注十三经·礼记》，北京：中华书局，1998 年，138 下页。
④ 〔清〕严可均：《全三国文》，北京：商务印书馆，1999 年，70 页。着重号为笔者所加，下同。

其人困。今声不合雅，惧非德正至和之音，必古今尺有长短所致也。①

以上资料告诉我们，乐曲本身不仅有悲伤的属性，而且这种属性和乐曲声调的高低还有密切关系。曹丕说"琴瑟高张则哀弹发"，意思是说琴瑟的声调如果定高了，弹奏出来的乐曲就是悲伤之音。西晋时掌管音律的官员荀勖作了十二支律笛，人们称赞他做得很精密。阮咸在当时也是精通音律的高手，他讥笑荀勖所做的笛律不准、声调偏高；而用这种偏高的笛律为乐曲定调的话，演奏出来的音乐就是悲声。由此看来，当时可能确实存在着这样一种音乐观念，即乐曲的声调高演奏出来的就是悲声。而所谓"高"是相对于当时五声、十二律的标准调高而言。但是我们在这里也发现，即便在当时，所谓标准的调高其实就已经出现了问题②。（这已经越出了本文所要探讨的内容）值得引起我们注意的是，阮咸认为悲声不是"兴国之音"而是"亡国之音"，也就是说，悲声可以导致国家的灭亡。虽然《晋书》出自唐代，但笔者认为，这种观念基本上反映了汉魏时期客观存在的一股思想潮流。

《汉书·王莽传》记载，王莽为了确保自己做皇帝的"合法性"，曾积极从事新礼新乐的制定工作，并付诸实践：

> 初献新乐于明堂、太庙，群臣始冠麟韦之弁。或闻其乐声，曰："清厉而哀，非兴国之声也。"③

后汉应劭《风俗通义》佚文载：

---

① 〔唐〕房玄龄：《晋书》，北京：中华书局，1974年，491页。
② 详情可以参考《晋书·律历志》、《宋书·历志》等史书资料。
③ 〔汉〕班固：《汉书》，北京：中华书局，1975年，4154—4155页。

灵帝时，京师宾婚嘉会，皆作《魁㯦》，酒酣之后序以挽歌。《魁㯦》，丧家之乐。挽歌，执绋相偶和之者。天戒若曰：国家当急殄悴，诸贵乐皆死亡也。自灵帝崩后，京师坏灭，户有兼尸，虫而相食，《魁㯦》、挽歌，斯其效乎？①

从《汉书》的记载来看，有人认为王莽时所做的新乐"清厉而哀"。"清厉"一词包含乐曲声调高亢的意思，和我们上文所说"声高则悲"是相通的。说这话的人定然也是一位精通音律的学士，他认为王莽所做的新乐声调悲哀，不是兴国之音，言外之意也就是亡国之音，预示莽新祚位不能久长。应劭《风俗通义》所记，是说汉末灵帝时京师达官贵人都喜欢悲声，在结婚、嘉会这样的喜庆场合，却演奏丧事中所使用的《魁㯦》和挽歌。其结果就是灵帝末年天下大乱，最后京师在兵乱中成为一片废墟，几乎家家都有人在战乱中死亡。

这两则资料把悲声和国家灭亡、人生灾祸直接联系在一起，使二者之间具有了一种因果关系②。那么这种因果关系是否有理论依据呢？如果我们考虑到两汉的经学传统，考虑到作为这种经学传统理论基石的阴阳五行和象数观念，就会发现，这种因果观念的产生是很自然的。因为人和天之间是靠象数及阴阳五行之气相互联系、相互感召的，而音乐则代表着"人气"；根据"同声相应，同气相求"的观念，人演奏音乐必然达于天听，而天又必然要对此作出回应。人所作之乐表达了喜乐之气，则天应之以喜乐，风调雨顺、天下太平；如果人所作之乐表达了悲哀之气，则天应之以

---

① 〔清〕严可均：《全后汉文》，北京：商务印书馆，1999年，415页。
② 增补一例：《太平御览》卷五五二引《续汉书》曰："大将军梁商三月上巳日会洛水，倡乐毕极，终以《薤露》之歌，坐中流涕。其年八月而商薨。"（〔宋〕李昉：《太平御览》，北京：中华书局，1998年，2499下页。）

悲哀，于是天灾人祸一起发生。这种观念是两汉官方音乐哲学的主轴①，到魏晋南北朝时期依然是官方乐论的主要基调②。因此，在两汉儒家经学传统的浸染下，经学之士普遍认为悲声是不祥之音，会给国家社稷和黎民百姓带来意想不到的灾难。

《韩非子·十过篇》记载了一个故事，可以作为汉魏经学之士"悲声亡国"观念的一个有力注脚：

> 昔者卫灵公将之晋，至濮水之上，税车而放马，设舍以宿。夜分，而闻鼓新声者而说之，使人问左右，尽报弗闻。乃召师涓而告之曰："有鼓新声者，使人问左右，尽报弗闻，其状似鬼神，子为我听而写之。"师涓曰："诺！"因静坐抚琴而写之。师涓明日报曰："臣得之矣，而未习也，请复一宿习之。"灵公曰："诺！"因复留宿。明日，而习之，遂去之晋。晋平公觞之于施夷之台，酒酣，灵公起，公曰："有新声，愿请以示。"平公曰："善！"乃召师涓，令坐师旷之旁，援琴鼓之。未终，师旷抚止之，曰："此亡国之声，不可遂也。"平公曰："此道奚出？"师旷曰："此师延之所作，与纣为靡靡之乐也。及武王伐纣，师延东走，至于濮水而自投，故闻此声者必于濮水之上。先闻此声者其国必削，不可遂。"平公曰："寡人所好者音也，子其使遂之。"师涓鼓究之。平公问师旷曰："此所谓何声也？"师旷曰："此所谓《清商》也。"公曰："《清商》固最悲乎？"师旷曰："不如《清徵》。"公曰："《清徵》可得而闻乎？"师旷曰："不可。古之听《清

---

① 增补一条资料：刘向《说苑·权谋篇》记载了晋太史屠余对周威公讲的一段话，其实也可以代表刘向自己的观点。文曰："中山之俗，以昼为夜，以夜继日，男女切踦，固无休息。淫昏康乐，歌讴好悲。其主弗知恶。此亡国之风也。臣故曰：'中山次之。'居二年，中山果亡。"（向宗鲁：《说苑校证》，北京：中华书局，1987年，317页。）
② 上文谈到阮咸和荀勖争论笛律高低，以及到南朝宋时何承天发明三百六十律都可以说明，乐律和天地阴阳、人间祸福紧密相关的天人感应论，在魏晋南北朝时期依然具有不可小觑的社会影响力。

徵》者,皆有德义之君也,今吾君德薄,不足以听。"平公曰:"寡人之好者音也,愿试听之。"师旷不得已,援琴而鼓。一奏之,有玄鹤二八,道南方来,集于郎门之垝;再奏之而列;三奏之,延颈而鸣,舒翼而舞,音中宫商之声,声闻于天。平公大说,坐者皆喜。平公提觞而起为师旷寿,反坐而问曰:"音莫悲于《清徵》乎?"师旷曰:"不如《清角》。"平公曰:"《清角》可得而闻乎?"师旷曰:"不可。昔者黄帝合鬼神于泰山之上,驾象车而六蛟龙,毕方并辖,蚩尤居前,风伯进扫,雨师洒道,虎狼在前,鬼神在后,腾蛇伏地,凤皇覆上,大合鬼神,作为《清角》。今主君德薄,不足听之,听之将恐有败。"平公曰:"寡人老矣,所好者音也,愿遂听之。"师旷不得已而鼓之。一奏之,有玄云从西北方起;再奏之,大风至,大雨随之,裂帷幕,破俎豆,隳廊瓦。坐者散走,平公恐惧,伏于廊室之间。晋国大旱,赤地三年。平公之身遂癃病。①

据上文所录,师延为纣王所作"靡靡之音"即《清商》曲,属于悲声,亦是"亡国之音"。师旷认为悲声可以亡国,所以劝晋平公不要听这样的音乐。平公没有纳谏,不仅听师涓演奏了靡靡之音《清商》,而且还让师旷演奏更加悲伤的《清徵》和《清角》,结果导致晋国大旱三年,晋平公也因此得了重病而死。这个故事未必可信,但却多次出现在汉人著作《淮南子》、刘向《说苑》、桓谭《新论》、王充《论衡》等书中,可见此种观念在汉代的影响力。如果说春秋战国时期,这种观念还停留在巫术阶段,那么在两汉经学思想盛行的情况下,建立在阴阳五行和象数观念基础上的天人感应论,则为这种思想提供了"坚实的"理论基础,使之成为当时思想界的一种信念——人为的音乐可以导致天地之气的变化,进而影响人类社会自身。汉代纬书《乐动声仪》将这种天人感应观念发挥到了

---

① 《诸子集成·韩非子集解》,上海:上海书店,1990年,42—45页。

极至：

> 春宫秋律，百卉必凋。秋宫春律，万物必荣。夏宫冬律，雨雹必降。冬宫夏律，雷必发声。①

在《乐动声仪》的作者看来，春夏秋冬四季乐律的混乱会带来气候异常，从而给动植物和人类自身造成灾害。这样的警告在今天看来显得很幼稚，可在当时却是很多人的共同信念。既然音乐可以起到沟通天人、调节四时之气的作用，那么在汉魏经学的传统观念中，创作和欣赏音乐也就是一件严肃而重大的事情，并非简单的娱乐和消遣。

由此可以发现，从两汉以来的经学传统考察，经学之士反对悲歌悲乐，认为悲声可以导致天灾人祸。而从文学和音乐实践的角度观察，汉魏文艺之士则多喜欢悲歌悲乐；因为就文艺心理学（悲剧心理学）而言，人们喜欢悲声是因为时代造就了人们内心极大的痛苦，而悲声可以帮助个体生命宣泄与缓和这种心灵的紧张。尽管在两汉经学传统的惯性作用下，悲声亡国的观念依然具有很大的影响力，但个体生命寻求心灵慰藉的现实需要，却使得悲声的生命力更加强盛，这从汉魏以来悲歌悲乐的繁荣便可见一斑。这样，也就不可避免地产生了崇尚悲声和悲声亡国之间的矛盾。

面对传统经学观念的压力，文艺之士如何为自己崇尚"悲声"进行理论上的辩护呢？嵇康《声无哀乐论》的重大意义就在这里。因为嵇康主张声无哀乐，认为音乐自身并没有哀乐等情感属性，这就在无形中抽去了汉魏经学"悲声亡国"观念的理论基石——悲声；既然音乐没有哀乐属性，也就不存在所谓的悲声，而说一个不存在的东西可以导致国家衰亡，显然

---

① 〔日〕安居香山、中村璋八：《纬书集成》，石家庄：河北人民出版社，1994年，544页。此段文字又载于后汉应劭著《风俗通义·声音》，只是"劳"字误作"荣"，参见程荣《汉魏丛书》影印本（吉林大学出版社，1992年）。又见刘歆《钟律书》，文字与应劭所录相同，见严可均《全汉文》。

是站不住脚的。

而从事实来看，嵇康本人也是喜欢"悲声"的。就其《琴赋》所提到的乐曲而言，《清徵》《清角》《微子》（微子操）、《王昭》（《昭君怨》）、《楚妃》（楚妃叹）、《别鹤》（《别鹤操》）等，从内容来看，都是表现悲伤的曲子，属于经学之士所谓"悲声"。而嵇康从艺术技巧及其表现力着眼，对这些曲目大加赞赏，完全没有顾及所谓"悲声亡国"的论调。由此可见，凭借高超的音乐造诣，嵇康在主观上已经对音乐拥有了深刻的理解和体会。故其论声无哀乐是有意识、有目的的，就是为了颠覆传统经学对"悲声"的错误论断，还原音乐自身的本来面目。《声无哀乐论》开篇即借秦客之口说：

闻之前论曰：治世之音安以乐，亡国之音哀以思。①

以上文字证明，嵇康对当时社会所流行的"治世之音安以乐，亡国之音哀以思"的观念，是十分熟悉的。嵇康和阮咸同属竹林七贤，来往密切，所以彼此的观点应该是非常清楚的。阮氏承续两汉经学对音乐的看法，认为音乐可以协调天地之阴阳，是天人沟通的媒介，甚至对于悲声可以亡国这样的观念深信不疑。显然，嵇康和他的观点具有重大差异。嵇康认为，《乐记》所谓"亡国之音哀以思"，并不包含悲声可以亡国的意思；恰恰相反，它只说明亡国之民内心悲苦、困顿，所以唱出来的歌曲才会体现出哀伤、愁怨的情绪。嵇康在《声无哀乐论》中解释"亡国之音"时说：

劳者歌其事，乐者舞其功。夫内有悲痛之心，则激哀切之言。言比成诗，声比成音。杂而咏之，聚而听之。心动于和声，情感于苦

---

① 戴明扬：《嵇康集校注》，北京：人民文学出版社，1962年，196页。

言。嗟叹未绝,而泣涕流涟矣。……风俗之流,遂成其政。是故国史明政教之得失,审国风之盛衰,吟咏情性以讽其上,故曰"亡国之音哀以思"也。①

也就是说,由于人民生活穷困逼厄、内心凄苦,所以才会唱出悲伤的歌曲;而聆听的百姓在生活上具有同感,所以很容易产生共鸣,不自觉地就会涕泣流涟。国史采集这样的歌曲,是为了借此观察民风的变化,审查国家政策和教化的得失,并以此向天子进谏,让他了解民生疾苦,不要因为政治上的失误导致国家的灭亡。这就是所谓"亡国之音哀以思"。换言之,国家的兴亡在于施政之得失,而不在于百姓唱的歌曲是欢乐的还是悲伤的。由此可见,嵇康对于政教、民生、悲歌之间的关系保持着清醒的理性认识,完全不同于当时深受两汉传统观念所影响的经学之士。

嵇康擅长琴艺、精于音律,对音乐自身的属性具有深刻的洞察力。他认为音乐的本质是"和",得之于乐音之间的和谐律动;而哀乐则属于人的情感,并不是音乐自身的性质。因此在嵇康看来,那种把哀乐等主观情感强加给音乐的做法,是完全错误的;音乐本身并没有哀乐,有哀乐的只是人自己。如此一来,经学之士所谓"悲声"也就无从谈起。嵇康就是这样以釜底抽薪的方式,挖掉了"悲声亡国"观念的理论基石,可谓高明之至。

从客观效果来看,嵇康的音乐观在为"悲声"免除了亡国责任的同时,也为制作和欣赏"悲声"提供了理论上的支持。因此可以说,嵇康站在文艺之士的立场上,以个体生命的价值为旨归,并把它作为自己理论架构的支撑点,不仅反映了个体生命的自我觉醒这一思想潮流,而且在学术上作出了自己的总结和回应。或许我们可以夸张一点儿说,嵇康为中国悲

---

① 戴明扬:《嵇康集校注》,北京:人民文学出版社,1962年,198—199页。

剧艺术的发展,扫清了理论上的障碍①。魏晋南北朝时期战乱频仍、人生苦短,进入了一个悲歌悲乐乃至悲剧艺术创作的高峰期②。可以说,嵇康的"声无哀乐"主张,仅仅是这个历史大潮的一个小小序曲。

第三节 汉魏之雅乐与郑声

在雅乐和郑声问题上,汉魏经学和文艺实践也存在着不可调和的矛盾。在传统经学观念中,雅乐是德政、中和之音,兴国之音;而郑声则是淫乱、繁复之声、亡国之声。经学之士认为,只有雅乐才能促进社会政治的兴隆昌盛,对百姓起到良好的教化作用,而郑声则会惑人心神、败坏德性,所以他们极力崇尚雅乐而贬斥郑声。然而在汉魏以来的音乐实践中,技巧繁复、曲调优美的郑声却越来越受到文艺之士的青睐,甚至登上了大雅之堂。音乐艺术自身的发展证明,郑声正在突破传统经学观念的束缚,成为时人的一种精神寄托与追求,因此也就需要理论上的支持。嵇康通过辨名析理的方式,将传统附加给音乐的政治、道德等属性一扫而光,从而取消了经学赋予雅乐的光环,也为郑声争取到了应有的地位。

郑声又称郑卫之音,是儒家经学传统对淫乐的总称。孔子就曾经说"放郑声,远佞人;郑声淫,佞人殆"③。认为郑国的音乐奢靡、淫乱,对社会影响不好,主张禁止郑声。由于卫国的乐风与郑国相近,后来的儒者就将郑卫之音合而为一。后汉大儒班固在《汉书·地理志下》中说:"卫地有桑间濮上之阻,男女亦亟聚会,声色生焉,故俗称郑卫之音。"④他认为卫国有濮水流过,两岸遍地桑树成林,男女情人常常在这里幽会歌讴,

---

① 汉末古诗《孔雀东南飞》、蔡琰的《悲愤诗》已经初具悲剧的特征。魏晋南北朝以悲为主题的乐曲和文学作品不胜枚举,表现"悲"和欣赏"悲"已经成为一种时代的主旋律。应该说嵇康的《声无哀乐论》在中国悲剧艺术的发展史上,具有特殊的理论贡献。
② 可参考宋郭茂倩《乐府诗集》等书。
③ 杨伯峻:《论语译注》,北京:中华书局,164页。
④ 〔汉〕班固:《汉书》,北京:中华书局,1975年,1665页。

民风和郑国溱水、洧水之间相似,其声多淫乐,故俗称"郑卫之音",并把它作为淫乐的代名词。

雅乐和郑声是相对而言的。在两汉经学的传统观念中,"乐"并不仅仅是我们今人所谓娱乐耳目的一种艺术形式,更是一种具有政治意义的社会工具,担负着上通天地鬼神、下理百姓的职责。所以汉人所谓"雅乐"和"郑声",主要是政治概念,而不是我们今人所谓的音乐艺术概念。因此,探究二者的区别和联系,不仅可以揭示经学之士音乐观的本质,还可以从中窥见其社会政治理念。而这些正是经学思想和文艺实践相冲突的深层原因。

在汉人的观念中,雅乐和郑声通常是指"古乐"和"新声"。也就是说,先秦时期的古乐往往被视为雅乐,而汉人新造的乐歌则被当作郑声。由此也可以看出,汉人的崇雅乐、黜郑声,其实包含着一种素朴的思古情结;然而,现实生活中的音乐实践,却永远是在对传统的变革中前进的。

《汉书·礼乐志》载:

> 是时,河间献王有雅材,亦以为治道非礼乐不成,因献所集雅乐。天子下大乐官,常存肄之,岁时以备数,然不常御,常御及郊庙皆非雅声。①

河间献王刘德是汉武帝的同父异母兄,喜好古学,认为治理国家必需礼乐,因此收集了雅乐献给天子。但武帝只是将这些雅乐下放给乐官,一年四时充充数而已。这里说武帝平时及祭祀天地、祖先所用的不是雅乐,言外之意也就是郑声。当然我们不能想象武帝在郊庙这样的国家大典上,会使用班固所谓男女淫奔之乐。那么武帝当时所用的乐歌是什么呢?《汉书·礼乐志》称:

---

① 〔汉〕班固:《汉书》,北京:中华书局,1975 年,1070 页。

> 武帝定郊祀之礼，祠太一于甘泉，就乾位也；祭后土于汾阴，泽中方丘也。乃立乐府，采诗夜诵，有赵、代、秦、楚之讴。以李延年为协律都尉，多举司马相如等数十人造为诗赋，略论律吕，以合八音之调，作十九章之歌。①

从班固自己的记述来看，武帝平时和祭祀所用的乐歌不是从古代流传下来的曲目，而是新造之歌，并且吸收了赵、代、秦、楚各地的民间音乐风格。他还让李延年、司马相如等人编曲、作歌，西汉著名的《郊庙歌》十九章就是这样作出来的。可见在班固等汉儒的心目中，所谓郑声其实也就是不依古法而新造的乐歌，尽管它们可能与男女淫奔之乐没有任何关系；而河间献王所献之雅乐，其实就是古乐。由于古乐离汉代已久，歌曲的形式和内容都会随着时间的消逝而被遗忘；同时随着社会风气的转变，人们的审美倾向也会发生变化，古乐走入历史，新声不断产生，完全是一件自然而然的事情。

《汉书·礼乐志》载："汉兴，乐家有制氏，以雅乐声律世世在大乐官，但能纪其铿锵鼓舞，而不能言其义。"② 汉初虽然有制氏传承古代雅乐，但他们也仅仅知道其"铿锵鼓舞"的外在形式，至于古乐原本的内涵却不甚了了。连乐家自己都无法弄清古乐之义，经学家们的雅乐之论也就更加难以服人。再加之汉武帝兴乐府、造新声的表率作用，郑声也就得到了很大的发展。所以班固说：

> 今汉郊庙诗歌，未有祖宗之事，八音调均，又不协于钟律，而内有掖庭材人，外有上林乐府，皆以郑声施于朝廷。③

---

① 〔汉〕班固：《汉书》，北京：中华书局，1975 年，1045 页。
② 同上书，1043 页。
③ 同上书，1071 页。

新声的蓬勃发展，显然和儒家经学崇尚古乐的观念产生了矛盾。两汉经学继承孔子崇雅乐、放郑声的传统，重视古乐、否定新声；但音乐作为一种流动性很强的艺术形式，又必然会随着时代、环境以及人们审美趣味的变化而改变。这种发生在经学观念和音乐实践之间的冲突，反映了政治和艺术之间深刻而复杂的关系。由于汉儒把音乐当作通天理人之具，赋予先王之乐神圣而神秘的功能，所以崇尚古乐（雅乐）；新声改变了传统，也就破坏了音乐神圣的功能，甚至是天下衰乱的肇因，所以必然遭到反对。

从乐曲的功能和演奏场合来看，雅乐在汉代一般是指在郊庙、朝堂之上演奏的典礼性乐歌，由于演奏场合和乐曲内容庄重、严肃，所以特点是中正、平和；郑声则主要是指私下宴乐时演奏和歌唱的曲子，由于场合轻松愉悦，所以歌曲的内容和曲调就比较活泼、生动，悦人心神。

《汉书·礼乐志》记载：

> 是时，郑声尤甚。黄门名倡丙强、景武之属富显于世，贵戚五侯定陵、富平外戚之家淫侈过度，至与人主争女乐。哀帝自为定陶王时疾之，又性不好音，及即位，下诏曰："惟世俗奢泰文巧，而郑、卫之声兴。夫奢泰则下不孙而国贫，文巧则趋末背本者众，郑、卫之声兴则淫辟之化流，而欲黎庶敦朴家给，犹浊其源而求其清流，岂不难哉！孔子不云乎？'放郑声，郑声淫。'其罢乐府官。郊祭乐及古兵法武乐，在经非郑、卫之乐者，条奏，别属他官。"①

西汉成帝时郑声流行，以至于外戚、显宦之家居然和皇帝争抢女乐（歌伎、舞女之属）。女乐用于宴会和私下场合之娱乐，在这里被目为郑声。哀帝罢乐府、放郑声，但却保留了郊祭乐和古兵法武乐，显然它们在这里是被当作雅乐来看待的。郊祭乐和古兵法武乐都属于典礼性音乐，是用来在国家祭祀大典及朝会场合演奏的。由此可见，在典礼上演奏的乐歌

---

① 〔汉〕班固：《汉书》，北京：中华书局，1975年，1072—1073页。

属于雅乐,而在私下宴会娱乐时所演奏的乐歌则被看作是郑声。

后汉傅毅《舞赋序》中说:"小大殊用,郑、雅异宜。……夫《咸池》、《六英》,所以陈清庙、协人神也。郑卫之乐,所以娱密坐、接欢欣也。余日怡荡,非以风民也,其何害哉!"①《咸池》是黄帝之乐,《六英》是帝喾之乐,都是古代圣王所作的雅乐。傅毅认为这些雅乐的作用是协和神人,也就是说,是在郊庙中祭祀天地鬼神时演奏的;而郑卫之声用于私下欢宴,可以娱乐耳目。这种把典礼性乐歌归于雅乐、把私下宴会之乐歌归于郑卫之音的观念,在当时是一种比较具有代表性的看法②。那么,汉代的典礼性音乐包括哪些呢?

《隋书·音乐志》说:

> 汉明帝时,乐有四品:一曰大予乐,郊庙上陵之所用焉。则《易》所谓"先王作乐崇德,殷荐之上帝,以配祖考"者也。二曰雅颂乐,辟雍飨射之所用焉。则《孝经》所谓"移风易俗,莫善于乐"者也。三曰黄门鼓吹乐,天子宴群臣之所用焉。则《诗》所谓"坎坎鼓我,蹲蹲舞我"者也。其四曰短箫铙歌乐,军中之所用焉。黄帝时,岐伯所造,以建武扬德,风敌励兵,则《周官》所谓"王师大捷,则令凯歌"者也。③

严可均辑《全后汉文》载蔡邕《乐意》一篇,言汉乐有四品,与此大

---

① 〔清〕严可均:《全后汉文》,北京:商务印书馆,1999年,430页。
② 《汉书·张禹传》曰:"禹性习知音声,内奢淫,身居大第,后堂理丝竹管弦。"(〔汉〕班固:《汉书》,北京:中华书局,1975年,3349页。)张禹当时官居丞相之职,位高势重,后人言其奢淫应该不为过;而他后堂私下所奏之乐作为奢淫的一种表现,也就可以看作是郑卫之声。又《后汉书·郎顗传》载,郎顗上疏劝戒顺帝云:"愿陛下校计缮修之费,永念百姓之劳,罢将作之官,减雕文之饰,损庖厨之馔,退宴私之乐。"(〔南朝宋〕范晔:《后汉书》,北京:中华书局,1973年,1058页。)此处,"宴私之乐"显然是作为贬义词出现的,在郎顗的观念中恐怕就是"郑卫之音"的意思。
③ 〔唐〕魏征:《隋书》,北京:中华书局,2000年,286页。

体相当,可以相互参照。从这两处的文字记载来看,汉乐四品都是指典礼性乐歌,也就是汉代雅乐。第一种是大予乐(大音太),用于郊庙之礼,即祭祀天地神祇和祖先;第二种是雅颂乐,用于辟雍、飨射,即皇帝行养老敬长、风化子弟之礼时所用的乐;第三种是黄门鼓吹乐,用于皇帝大宴群臣之礼;第四种是短箫铙歌,即军乐,是用来鼓舞军队士气的乐歌。以上四种汉乐都用于典礼,演奏场合肃穆、庄重,是为了创造一种和睦、诚敬的氛围;因此,这样的雅乐在形式上必然要求曲调高低、音节长短、声音大小要适度,也就是要符合"中和"的原则,不能走极端。与此相对应的宴私之乐,由于是供个人娱乐之用,所以在形式上自然是变化多端方能曲尽其妙。就内容而言,雅乐以颂赞天地鬼神、褒扬先人功德为主;而宴私之乐的内容则更接近于现实生活,富于生动、活泼的个性,有利于陶冶情性。

袁宏《后汉纪·光武皇帝纪》载:

> 初,上访博通之士于司空宋弘,弘荐沛国人桓谭,以为才学博闻,几及刘向、扬雄,召拜议郎、给事中。上令谭鼓琴,奏其繁声,乃得侍宴。弘闻之大恨,伺谭出时,正朝服,坐府上,遣召谭。谭到,不与席,让之曰:"吾所以荐子者,欲令辅国以道德也。而今数进郑声,乱雅颂,非中正者也。能自改耶?不然,正罪法。"谭顿首辞谢,良久乃遣之。①

桓谭《新论·离事篇》曰:

> 昔余在孝成帝时为乐府令,凡所典领倡优伎乐,盖有千人之多也。圣贤之材不世,而妙善之技不传。扬子云大材,而不晓音。余颇

---

① 〔晋〕袁弘:《两汉纪·后汉纪》,北京:中华书局,2002年,63—64页。

离雅操，而更为新弄。子云曰："事浅易善，深者难识，卿不好雅颂，而悦郑声，宜也。"惟人心之所独晓，父不能以禅子，兄不能以教弟也。①

由以上资料可以得出如下几点：一，桓谭擅长郑声；当时的大儒宋弘和扬雄都认为桓谭所擅长之乐是郑声，也就是所谓的"繁声"，即在音乐的表现形式方面技巧繁复、变化多端的乐曲。二，宋弘的话说明，雅乐在形式上的特征与郑声恰恰相反，是"中正"，也就是所谓中和之音。三，桓谭并不以自己擅长郑声为耻，反而讥笑扬雄不懂得音乐；言外之意，他自己所造之"新弄"（即郑声）从艺术角度讲，比传统的雅乐更加妙善。行文至此，我们不妨对两汉时期雅乐和郑声的差异略作小结：一，雅乐通常指先秦之古乐，尤其是古代圣王之乐；郑声则是指时人新造之乐；二，雅乐往往是指典礼上所用的乐歌，而郑声则指私下宴乐之曲；三，从内容上讲，雅乐用来歌颂天地鬼神、祖先之功德，而郑声则歌唱现实生活；四，雅乐在形式上符合传统儒家所谓"中和"的原则，而郑声则追求形式上的变化和技巧难度，所以又称为"繁声"。

通过以上考察可以发现：汉人对雅乐和郑声的区分，主要是从它们的社会功能来考虑的，即有利于国家社稷和百姓民生的乐曲基本上属于雅乐；相反，那些乱人耳目、坏人德行、不利于社稷民生的乐曲都被斥为郑声。因此，二者既是富有政治色彩的概念，同时又是带有伦理色彩的概念。在这样的前提下，汉人崇尚雅乐放逐郑声当然是有充分理由的。但问题的关键是，音乐自身是否具有政治和伦理上的属性呢？如果是肯定的，人们就不应该欣赏技巧高超、美妙动人的郑声。如果是否定的，人们不仅可以安然地欣赏郑声，还说明郑声在音乐造诣上是超过雅乐的；但是，这就必须为郑卫之音进行辩护，洗脱其所担负的政治和伦理上的罪责。而嵇

---

① 〔汉〕桓谭：《新论》，上海：上海人民出版社，1977年，45—46页。

康的乐论，恰恰为此提供了理论上的依据。

桓谭擅长郑声，甚至喜欢郑声超过雅乐；傅毅《舞赋序》也认为雅、郑殊用，并没有贬斥郑声。二人都长于文艺，尤其擅长音乐，所以在音乐实践方面都肯定郑声的价值。而以经学见长的班固、宋弘等大儒却斥郑声为淫声，认为应该罢黜。可见正统经学在观念上是反对郑声的，但音乐实践自身却证明了郑声旺盛的生命力。由此也可以看出，正统经学之士贬斥郑声，而文艺之士却偏爱郑声。经学观念和个体审美风尚之间的这种矛盾，一直贯穿于汉魏时期。这反映了官方价值观念和个体价值取向之间的冲突，而冲突发展的趋势是后长前消，是个体价值的日益凸显。汉末曹魏集团崛起，曹氏父子尚名法轻儒学①，又都是文艺之士，所以大多喜欢郑声，从而更加助长了这种表现个体价值取向之文艺思潮的发展。

刘勰《文心雕龙·乐府篇》云：

> 至于魏之三祖，气爽才丽，宰割辞调，音靡节平。观其北上众引，《秋风》列篇，或述酣宴，或伤羁戍，志不出于淫荡，辞不离于哀思。虽三调之正声，实《韶》、《夏》之郑曲也。②

从刘勰所说的情况来看，魏之三祖曹操、曹丕、曹叡所做的乐歌，虽然还用古乐清商三调之曲，但歌词所表达的内容却不淫则哀，所以相对于大舜之乐《韶》和大禹之乐《夏》来说，只能算作郑声。可见在刘勰的观念中，曹魏秉政期间，郑声是十分繁荣的。这从另一个方面也说明，汉末至曹魏时期的音乐艺术是十分发达的，虽然乐谱留存下来的不多，但当时涌现出的大量乐府歌词及音乐史料则充分证明了这一点。魏世三祖喜欢郑

---

① 参见陈寅恪《书世说新语文学类钟会撰四本论始毕条后》及《陶渊明之思想与清谈之关系》两文。(《金明馆丛稿初编》，北京：三联书店，2001 年，47 页、201 页。)
② 范文澜：《文心雕龙注》，北京：人民文学出版社，2000 年，102 页。

声，我们还可以找到其他一些资料：

武帝曹操：

《三国志·魏书·武帝纪》注引《魏书》曰："（魏武）御军三十余年，……登高必赋，及造新诗，被之管弦，皆成乐章。"①

《全三国文》载魏武《遗令》曰："吾婢妾与伎人皆勤苦，使著铜雀台，善待之。于台堂上安六尺床，施繐帐，朝晡上脯糒之属，月旦、十五日，自朝至午，辄向帐中作伎乐。"②

文帝曹丕：

《全三国文》载曹丕《答繁钦书》云："乃令从官引内世女，须臾而至，……然后修容饰妆，改曲变度，激《清角》、扬《白雪》，接孤声、赴危节，网罗《韶》、《濩》，囊括郑、卫者也。"③

明帝曹叡：

《三国志·魏书·明帝纪》注引《魏略》曰："于芳林园中起陂池，楫櫂越歌。……帝常游宴在内……自贵人以下至尚保，及给掖庭洒扫，习伎歌者，各有千数。"④

从上引资料可以看到，魏武帝常常造新诗并被之管弦，又好倡优女乐，甚至向往死后还有歌伎、舞女为其表演，可谓好郑声之极。曹丕在

---

① 〔晋〕陈寿撰、〔宋〕裴松之注：《三国志》，北京：中华书局，1998年，54页。
② 〔清〕严可均：《全三国文》，北京：商务印书馆，1999年，28页。
③ 同上书，64页。
④ 〔晋〕陈寿撰、〔宋〕裴松之注：《三国志》，北京：中华书局，1998年，104—105页。

《答繁钦书》中，甚至毫不隐讳自己对郑卫之音的嗜好。魏明帝曹叡则变本加厉，于宫中大起园林，又广收歌伎女乐，淫乐之极。虽然自两汉以来，历代帝王好郑卫之音已经不是什么新鲜事，但这里特别需要注意的是，两汉以经学作为官方的统治思想，郑卫之音处于被批判的大环境中。曹魏时期以名法治国、轻视儒家思想，曹操甚至提出"唯才是举"的口号压制经学之士①。在这种情况下，他们喜欢郑卫之音所起到的作用，就是鼓励诗歌、音乐等艺术形式的自由发展，从而使个体生命的伸展在艺术中获得了自由、广阔的空间。甚至可以说，曹氏集团作为文艺之士的代表，挟其政治上之威权，为文学艺术争得了在两汉经学思想统治下所没有的发展空间，开创了魏晋南北朝时期文学艺术和儒家经学相对峙的局面。

在这种情况下，郑卫之音其实已经变成了新兴乐歌的代名词。这就如同汉魏文艺之士喜欢悲声一样，是因为个体生命自我的觉醒使然。由于古乐反映的是古人的思想和感情，从内容到形式都已经不再适应时代的变化。而汉魏时期个体生命的觉醒，使人的精神世界面临巨大的痛苦和挑战，表现在艺术上，必然会突破固有的范式，产生新的艺术形式。所谓"新声"就是适应时代变化的结果。这已经不再是所谓"郑声淫"的伦理问题，而是音乐艺术的自我更新，是历史发展的必然。从音乐实践来看，新声已经超越了古乐的束缚，因此在理论上必然要求一种全新的观念来为自己辩护，以便摆脱儒家经学音乐观的遏制，实现真正的新生。嵇康的乐

---

① 两汉经学之士以儒学为业，进身以品行、名誉为阶梯。汉末方值天下大乱，魏武帝执政主张名法，打破了汉世用人注重品行的传统，在一定程度上阻塞了经学之士的进身之路。这可以通过曹操的两道求才令略窥一斑。其一，建安十五年春令曰："今天下尚未定，此特求贤之急时也。……若必廉士而后可用，则齐桓其何以霸世！今天下得无有被褐怀玉而钓于渭滨者乎？又得无盗嫂受金而未遇无知者乎？二三子其佐我明扬仄陋，唯才是举，吾得而用之。"（〔晋〕陈寿撰、〔宋〕裴松之注：《三国志》，北京：中华书局，1998年，32页。）其二，建安十九年十二月令曰："夫有行之士未必能进取，进取之士未必能有行也。陈平岂笃行，苏秦岂守信邪？而陈平定汉业，苏秦济弱燕。由此言之，士有偏短，庸可废乎！有司明思此义，则士无遗滞，官无废业矣。"（〔晋〕陈寿撰、〔宋〕裴松之注：《三国志》，北京：中华书局，1998年，44页。）

论，客观上对此是一个有力的回应。

在《声无哀乐论》中，嵇康认为郑卫之音是音乐中最美妙的乐歌，感染力远远超过平正、中和的雅乐。嵇康的这种观点，显然并没有考虑汉人有关郑声道德属性的评判，而是单纯从音乐形式的角度，肯定了郑声高超的技艺和动人的魅力。同时嵇康还认为，"淫邪"和"中正"是属于人的道德问题，和音乐自身并没有关系。如果人心中正、和平，听郑声也没有关系；反之，如果人心邪淫，听雅乐也无济于事。由此可见，在嵇康看来，"淫邪"与"中正"并不是音乐自身的客观属性，而是人们强加给音乐的主观属性。如果我们将本不属于音乐的道德属性抽离，那么在形式技巧上比雅乐变化繁复、灵活生动的郑声，自然就是"音声之至妙"①了。

嵇康在理论上对郑卫之音的肯定，从根本上颠覆了汉魏经学在这个问题上的传统看法。他为郑声所进行的辩护，一方面动摇了传统经学的音乐观，为音乐理论的发展开辟了新的道路；另一方面，也为汉魏新兴乐歌的繁荣，提供了强有力的理论支持，推动了音乐艺术自身的发展。嵇康充分肯定新兴乐歌的艺术价值，顺应了当时历史发展的潮流，对音乐艺术的现状作出了理论性的总结。因此，嵇康的乐论已经超越了传统雅乐、郑声之辨的范畴，而是将这个问题提高到了纯粹艺术理论的高度。

第四节　曹魏之音乐变革

嵇康乐论产生的年代，正是曹魏酝酿音乐变革的时候。尽管这种变革最后并没有真正付诸实践，但值得注意的是，它却凸显了传统经学之士和曹魏统治者在音乐观上的冲突。这种冲突背后所隐藏的，是两种社会政治及哲学观念的差异。曹魏秉政主张刑名法术，所以对儒家的礼乐传统只用其表、不重其实；而当时的主要执政者又多崇尚老庄思想，对两汉以来以

---

① 戴明扬：《嵇康集校注》，北京：人民文学出版社，1962年，224页。

阴阳五行和象数理论为基础的经学音乐观持否定态度。这种传统经学观念和新兴名法及老庄思想的冲突，贯穿于曹魏执政的整个过程中，并在魏明帝曹叡企图制礼作乐的过程中，得到了集中的展现。嵇康好老庄，音乐思想以道家为本。这种在道家思想基础上构建起来的乐论，不仅体现了嵇康音乐观的理论倾向，同时也表明了嵇康同情曹魏且有别于曹魏名法治国的政治理想和追求。

　　作为传统，与礼并称的"乐"既是一种文化现象，又是一种社会制度。因此任何朝代更迭，在继承以往礼乐制度的同时，又要有所新造。但一般的原则是，郊庙及祭祖之乐，新兴朝代不改变古乐中正、平和的曲调，而只是配上适合自己朝代的颂词，既表明不忘先王的恩泽、同时又有所创新。汉末天下大乱，古乐亡失，故曹魏初期所用之乐多为新声，不仅歌词为新作，而且古乐的曲调也往往被改易。也就是说，曹魏时期的乐已经丧失了古乐的统系，这在经学家们看来自然是离经叛道。魏明帝前期，庙堂之乐所采用的就是左延年等所创制的新声变曲。《晋书·乐志上》云：

> 杜夔传旧雅乐四曲，一曰《鹿鸣》，二曰《驺虞》，三曰《伐檀》，四曰《文王》，皆古声辞。及太和中，左延年改夔《驺虞》、《伐檀》、《文王》三曲，更自作声节，其名虽存，而声实异。……每正旦大会，太尉奉璧，群后行礼，东厢雅乐常作者是也。①

又《宋书·乐志一》载：

> 魏雅乐四曲：一曰《鹿鸣》，后改曰《于赫》，咏武帝。二曰《驺虞》，后改曰《巍巍》，咏文帝。三曰《伐檀》，后省除。四曰《文王》，后改曰《洋洋》，咏明帝。《驺虞》、《伐檀》、《文王》并左

---

① 〔唐〕房玄龄：《晋书》，北京：中华书局，1974年，684页。

延年改其声。①

杜夔作曹魏乐官期间，曾经传下来旧雅乐（古乐）四曲，分别为：《鹿鸣》《驺虞》《伐檀》《文王》，四首乐歌的名字都可以在今本《诗经》中找到。依《晋书》所言，这四首乐歌都是古声辞，但明帝太和年间，乐官对这四首乐歌进行了改造，曲名变了，还重新填了歌辞：《鹿鸣》改为《于赫》，歌颂魏武帝；《驺虞》改为《巍巍》，歌颂文帝；《文王》改为《洋洋》，歌颂明帝曹叡。更为重要的是，《驺虞》《伐檀》《文王》三首乐歌的旧曲，也被左延年改成了新声。这就是《晋书·乐志上》所谓"黄初中柴玉、左延年之徒，复以新声被宠，改其（指杜夔所传之旧雅乐——笔者按）声韵"②的结果。而这些乐歌又是所谓的雅乐——是在正月初一早上的朝会典礼上演奏的。

左延年等造新声，并公然在曹魏的朝堂之上演奏。这种行为在曹魏统治者看来似乎很自然，也算是对传统礼乐的一种变革。古乐既然已经亡失很多，失却了它们的本来面目，对之进行改易、甚至另行新造也是应该的。尤其曹魏集团是在名法基础上建立起来的政权，对儒家以礼乐治国的思想并没有给予足够的重视，而两汉经学重古乐斥新声的音乐传统，对他们并没有多大的约束力。因此，他们一旦掌握政权以后，不是尊古乐而是好新声。曹魏统治者的喜好，直接影响了音乐变革的方向，那就是擅长新声的柴玉、左延年等受宠，而专习古乐的杜夔却最终被免职。

然而，曹魏音乐变革的这种方向，却和传统经学的音乐观背道而驰，必然激起经学之士的强烈不满。杜夔黄初中被文帝免职后"意犹不满"，就怀有古乐沦亡的某种失落感。《三国志·魏书·杜夔传》记载说："文帝爱待玉，又尝令夔与左骏等于宾客之中吹笙鼓琴，夔有难色，由是帝意不

---

① 〔梁〕沈约：《宋书》，北京：中华书局，2006年，539页。
② 〔唐〕房玄龄：《晋书》，北京：中华书局，1974年，679页。

悦。……夔自谓所习者雅，仕宦有本，意犹不满，遂黜免以卒。"① 杜夔是传习古乐的乐官，而不是伶人。让一个乐官当众演奏音乐，这在受正统经学思想影响的杜夔来说，其实就是一种侮辱。

曹魏时期新声变曲的风行，反衬出当时经学思想的衰落。然而，两汉经学在曹魏时期的影响毕竟还是巨大的，看到这种违背传统观念的举动，经学家们是不可能不提出忠告的，尤其这和他们的社会政治理念产生了直接的冲突。当时的经学大师高堂隆就是其中的代表人物之一。景初中，他在去世前作《临终口占上疏》一篇，向明帝曹叡进谏，并指出当时淫声泛滥的状况，认为这会招致上天的惩罚。其文曰：

> 癸、辛之徒，恃其旅力，知足以拒谏，才足以饰非，谄谀是尚，台观是崇，淫乐是好，倡优是说，作靡靡之乐，安濮上之音。上天不蠲，眷然回顾，宗国为墟。②

青龙年间曹叡大治园林、宫殿，并广纳歌伎、女乐于后宫，奢靡、淫乐之极。高堂隆临死前的建言，就是针对此种情况而发。他以历史上两个亡国之君夏癸（夏桀）、商辛（商纣）为例，认为他们所以亡国的原因，都在于听信谄佞、不纳忠言，并大造宫室、沉迷于靡靡之音。他告诫说，如果不提起注意，一意孤行，等到蓦然回顾的时候，可能国家、宗庙已经变成废墟了。高堂隆劝魏明帝不要沉迷于倡优女乐，不仅仅因为这是一种奢侈行为，还有一个更重要的原因，就是他认为靡靡之音可以导致国家的灭亡。这是汉魏经学音乐观的一贯主张。而另外一个事件，则充分反映了高堂隆作为经学家，其政治理念和曹魏执政者的差异。

青龙中，曹叡为了装饰自己的宫殿，曾经下令把长安的大钟搬到洛

---

① 〔晋〕陈寿撰、〔宋〕裴松之注:《三国志》，北京：中华书局，1998 年，806 页。
② 同上书，716 页。

阳。高堂隆上疏反对，认为使用亡国的乐器演奏现世音乐不祥。《三国书·魏书·高堂隆传》载：

> 是日，帝幸上方，隆与卞兰从。帝以隆表授兰，使难隆曰："兴衰在政，乐何为也？化之不明，岂钟之罪？"隆曰："夫礼乐者，为治之大本也。故箫韶九成，凤皇来仪，雷鼓六变，天神以降，政是以平，刑是以错，和之至也。新声发响，商辛以陨，大钟既铸，周景以弊，存亡之机，恒由斯作，安在废兴之不阶也？"①

高堂隆认为，礼乐是君王治理国家的根本。先王大舜之时演奏《韶》乐（即上文所谓"箫韶"）到第九成，就会有凤凰飞来；鼓声擂响六通，天神便降。当是之时，政治清平、刑法不用，都是因为大舜之乐《韶》达到了"和"的极致。纣王喜欢靡靡之音（新声），结果商亡；周景王铸大钟，音声不和，导致景王病死（事见《国语·周语下》）。由此可见，高堂隆认为音乐可以协调人神关系、获致天下太平，这恰恰是两汉官方音乐哲学的基本观念。高堂隆是西汉早期著名经师鲁高堂生之后，家世经学，可谓曹魏时期的硕儒。他的这种看法，大体可以代表当时儒家世族所秉持的经学思想。也就是说，当时的儒家世族基本上还是倾向于以经学治国。然而不幸的是，这和曹魏重刑名法术而轻视儒学②的基本治国方略是背道而驰的。

在上段引文中，曹叡借卞兰之口表达了自己和高堂隆不同的政治主张。在他看来："兴衰在政，乐何为也？化之不明，岂钟之罪？"即认为国家的兴衰主要在于君主的施政好坏，和音乐没有关系；教化不明，也不是

---

① 〔晋〕陈寿撰、〔宋〕裴松之注：《三国志》，北京：中华书局，1998年，709页。
② 参见陈寅恪《书世说新语文学类钟会撰四本论始毕条后》（《金明馆丛稿初编》，北京：三联书店，2001年，47页。）；及唐长孺著《九品中正制度试释》（《魏晋南北朝史论丛（外一种）》，石家庄：河北教育出版社，2002年，81页。）

乐器的罪过。在曹叡心目中，所谓君主之施政主要是指刑名法术，而不是儒家的礼乐制度。由于曹魏执政者信奉的是名法思想，因此在他们看来，国家社稷的兴衰完全取决于统治者的管理方式和施政水平，和听什么样的音乐没有关系。经学思想中音乐和社会政治的神秘关联，在名法家的思想中是没有地位的，因此他们尽可以按照自己的喜好去欣赏华美、窈窕的乐歌，而不用担心会招来上天的震怒，以致江山不保。资料显示，明帝在位时重名法而轻儒术：

《三国志·魏书·明帝纪》裴松之注曰：

《魏书》曰：帝生数岁而有岐嶷之姿……好学多识，特留意于法理。①

《三国志·魏书·高堂隆传》载，青龙年间：

时军国多事，用法深重。隆上疏曰："……今有司务纠刑书，不本大道，是以刑用而不措，俗弊而不敦。宜崇礼乐……改正朔，易服色。"②

景初中，杜恕上疏称：

今之学者，师商、韩而上法术，竞以儒家为迂阔，不周世用，此最风俗之流弊，创业者之所致慎也。③

---

① 〔晋〕陈寿撰、〔宋〕裴松之注：《三国志》，北京：中华书局，1998 年，91 页。
② 同上书，712 页。
③ 同上书，502 页。

明帝曹叡受其祖父曹操和父亲曹丕的影响，早年便留意于"法理"，执政以后也基本延续了这种施政方针，以至陈寿著《三国志》也称当时"军国多事，用法深重"。高堂隆更认为当时的官吏只注重利用刑律治理军国大事，却不务"大本"，也就是不重视儒家礼乐的教化作用，从而导致刑罚使用不当，世俗凋敝、民风失去了敦厚和淳朴，因此建议改正朔、易服色、施行儒家的礼乐之治。景初年间杜恕上疏也称："今之学者，师商、韩而上法术。"认为当时的执政者和学者纷纷崇尚刑名法术，鄙视儒家思想。在这样的社会氛围中，经学思想的影响被大大削弱了，而作为新声变曲的音乐艺术却得到了充足的发展空间。

出于统治的需要，曹叡执政后略改其父文帝之风，并没有一味忽略儒家经学的治国作用，还特意颁布过重视经学的诏书。太和二年六月他下诏称：

尊儒贵学，王教之本也。……申敕郡国，贡士以经学为先。①

太和四年春二月又下诏曰：

兵乱以来，经学废绝，后生进趣，不由典谟。岂训导未洽，将进用者不以德显乎？其郎吏学通一经，才任牧民，博士课试，擢其高第者，亟用；其浮华不务道本者，皆罢退之。②

明帝在曹魏政权的几个皇帝当中，算是英明果断，想做一番事业的人。《宋书·礼志一》上说："明帝即位，便有改正朔之意，朝议多异同，

---

① 〔晋〕陈寿撰、〔宋〕裴松之注：《三国志》，北京：中华书局，1998年，94页。
② 同上书，97页。

故持疑不决。"① 所谓改正朔，也就是更定前代的历法、确立新政权的元月，并制定一系列的礼乐制度，以示新政权是受命于天对前代政权进行革新，从而确立新政权的法统地位。这在当时的封建王朝是一件十分重大的事情。在经过朝臣们的博议之后，明帝听从了侍中高堂隆、太尉司马懿等人的建议，"改青龙五年春三月为景初元年孟夏四月，服色尚黄，牺牲用白，从地正也"②。改正朔、易服色背后的实际工作就是制礼作乐，即对以往的礼乐制度进行改革；这同时也意味着儒家经学传统的回流，使得坚持应该以儒家思想治国的经学之士看到了一线希望。然而曹魏政权的主要执政者毕竟还是以刑名法术为本，因此在制礼作乐这种国家大事上，就必然会出现二者意见上的分歧和论争。

在此种背景下，曹魏朝野出现了一场不同音乐理念之间的争论。其中一方代表两汉以来儒家世族所持守的经学传统，认为音乐上可以协调阴阳、天地、人神之关系，下可以移风易俗、教化百姓。另一方代表曹魏统治集团所倡导的刑名法术思想，以及正在崛起的新道家③思想；他们否定音乐具有协调阴阳、天地、人神的功能，认为国家的兴衰在于施政好坏，与音乐无关；同时他们并不否认音乐具有移风易俗的功能，只是具体观点和前者有差异。一方面，这种论争表现在现实的社会政治生活中，如上文所言高堂隆与明帝曹叡执政理念上的悬殊；另一方面，也表现为学术上的争论。而这种学术观念的不同，当然也表明了二者政治倾向上的根本分歧。夏侯玄的《辩乐论》就是一个很好的例证。

《太平御览》卷一六载：

---

① 〔梁〕沈约：《宋书》，北京：中华书局，2006 年，328 页。
② 〔晋〕陈寿撰、〔宋〕裴松之注：《三国志》，北京：中华书局，1998 年，712 页。
③ "新道家"一语，系借用冯友兰先生《中国哲学简史》之说。就本文而言，"新道家"泛指魏晋时期以老庄思想为本并对之进行了新发展的学术流派。但今天之学术界对此仍有各种不同见解，故此处统而称之，以略其繁。

夏侯玄《辩乐论》曰:"阮生云:'律吕协则阴阳和,音声适则万物类。天下无乐,而欲阴阳和调,灾害不生,亦以难矣。'此言律吕音声,非徒化治人物,乃可以调和阴阳,荡除灾害也。夫天地定位,刚柔相摩,盈虚有时。尧遭九年之水,忧民阻饥;汤遭七年之旱,欲迁其社,岂律吕不和、音声不通哉?此乃天然之数,非人道所招也。"①

阮生②认为,五声十二律相互协调了,天地阴阳之气才会和谐;演奏的音乐合适恰当了,宇宙万物才能各从其类、互不干扰。可是在他看来,当时天下根本没有真正的乐(古乐),而人们却期待阴阳和调、灾害不生,这是不可能的。这种看法,是两汉经学典型的音乐观,认为人演奏的音乐可以影响天地四时,既可以协调阴阳之气给人带来福报,也可以扰乱阴阳之气招来上天的惩戒。由此可见,阮生对当时曹魏的音乐状况是极为不满的,主张恢复旧乐传统,这和杜夔、高堂隆等人的观点,是基本一致的。

夏侯玄是曹魏统治集团的重要人物,奉行名法治国的理念,同时又深谙老庄之学,因此在学术上对两汉经学持批判态度。在他看来,天地各有自己确定的位置,刚柔相济、阴阳之变、日月盈亏都有自身的规律。至于自然灾害则是"天然之数",是一种自然现象,并非人的行为所能招致;言外之意,人为的音乐不可能具有协调天地阴阳之气的功能。若果真如阮生所言,尧和商汤都是上古有道的圣王、明君,律吕、音声自然是和谐恰当的,那他们为什么还会遇到九年洪灾、七年大旱呢?我们发现,夏侯玄的立足点乃是老子"天地不仁,以万物为刍狗"③的自然观,认为天地万

---

① 〔宋〕李昉:《太平御览》,北京:中华书局,1998年,82上页。
② 阮生,即阮籍,夏侯玄所引文字出自阮籍《乐论》。从这段话的内容来看,阮籍的思想仍然未脱两汉经学音乐观的范畴。由于《乐论》出自阮籍早期,其中保有经学思想的影响也是可以理解的。
③ 楼宇烈:《王弼集校释》,北京:中华书局,1999年,13页。

物都是自然现象，没有人格精神，它们都有自己的内在规律（"刚柔相摩，盈虚有时"），不随人道的变化而迁移。这样，夏侯玄就以来自道家的自然观否定了两汉经学传统中的天人感应论。

夏侯玄的音乐观，代表了曹魏统治集团的基本观念。当时参加这场音乐辩论的可能还有刘劭、何晏，他们都是曹魏的股肱之臣。明帝时，刘劭曾和庾嶷、荀诜等定科令，作《新律》十八篇，又著《律略论》；景初年间，他还受诏制定都官考课法，用以考察官吏是否称职，可见刘劭以刑名法术见长。他著有《乐论》十四篇，没有流传下来，内容不得而详。何晏著有《乐悬》一卷，存目于《隋书·经籍志》，内容也无从得知。何晏在曹魏正始年间位高势重，又是当时玄学名士的领衔人物，持新道家观点，其所著《乐悬》应该和刘劭《乐论》一样，都是从执政者的实用角度出发的，与两汉经学有一定距离。而这段有幸保存下来的夏侯玄《辩乐论》，使我们得以窥见当时音乐论战之一斑。

《声无哀乐论》同样出自这个时期，嵇康由此表达了自己的音乐和社会政治观点。嵇康在音乐上的主张，体现了他倾向曹魏而又不同于曹魏的政治理念。这表现在：一，他认为音乐自身并没有哀乐，从而抽掉了汉魏经学"悲声亡国"观念的理论基础。事实上，这无异于是为曹魏集团这帮文艺之士喜欢"悲声"，做理论上的辩护。二，他认为郑卫之音是最美妙的音乐，不应该承担惑乱天下的道德罪责。这样一来，魏氏三祖喜爱新声变曲，也就找到了理论依据。嵇康的这种观点，无疑是明帝"兴衰在政，乐何为也"主张的一个有力注脚。

然而，嵇康和曹魏集团的政治理念又是有差距的。在《声无哀乐论》中，一方面，嵇康指出圣王无为而治的仁德才是"无声之乐（yuè）"；另一方面，又强调在圣王无为而治之下百姓的"无声之乐（lè）"，描述了一个精神上的理想王国（详见第四章）。这和曹魏以名法治国的精神，显然是有距离的，带有很强的理想主义色彩。这一理想王国，寄托了他政治上的梦想，也注定了他在现实政治斗争中的悲剧命运——他亲近曹魏，却又不愿投身其执政集团；他想远离打着名教幌子的司马氏集团，却又因为其竹林名士兼曹魏姻亲的双重身份，令司马氏放心不下，最终被诬而遭杀害。

在曹魏音乐变革的过程中，嵇康的音乐观不仅和曹魏集团的审美趣尚是相同的，而且也顺应了艺术发展的时代潮流。同时我们也应该看到，嵇康的乐论和当时不同治国理念之间的斗争，也有着密不可分的关系。他的音乐思想，对两汉以来的经学是一种反动，间接地支持了曹魏集团的统治；而司马昭执政后，嵇康反经学的音乐观，也就无法迎合"以孝治天下"① 的司马氏统治集团的需要。但两汉经学毕竟已经成为过去，以玄远之学和名理之学为主流的时代已经开启。嵇康的音乐观以名理学为基础，站在时代乐论的顶峰，在主动消除传统观念束缚的同时，开创了音乐理论的新风尚。

---

① 《世说新语·任诞篇》载："阮籍遭母丧，在晋文王坐进酒肉。司隶何曾亦在坐，曰：'明公方以孝治天下，而阮籍以重丧，显于公坐饮酒食，宜流之海外，以正风教。'"（余嘉锡：《世说新语笺疏》，上海：上海古籍出版社，1993 年，727 页。）

第二章 嵇康乐论的名理学基础

嵇康不仅是一个音乐家,还是一个哲学家。他在音乐理论上所进行的创新和突破,与他的哲学思想息息相关;毋宁说,嵇康的哲学思想正是其音乐理论的坚实基础。魏晋时期流行名理之学与玄远之学,二者在论辩方式和思想旨归等方面,都具有很大的差异,因此,我们倾向于将二者看作两种不同的学术潮流。从整体上来看,嵇康擅长辨名析理,主张心物二分、主客二分,我们将之归于名理之学。名理之学在逻辑思辨上的成就,让嵇康的音乐哲学登上了一个新高度,但同时也让他在人生实践上付出了惨痛的代价。嵇康在天地之理、性命、自然等问题上辨名析理,见解独到,这令其音乐观大大超越了当时的经学思想,进入一个新的理论境界。嵇康认为,宇宙万物都有其自身之理,同时在万殊之理之上还有共同的根本法则(天理)。人有人理,物有物理,它们都是宇宙根本法则的具体体现,是事物自身本有的属性,是本来如此(即"自然")。性命有性命之理,音声有音声之理,二者具有根本的共通性,那就是"和"。这样,在嵇康的音乐观中,遵循性命之理养生,也就和音乐产生了密不可分的关系。正是这种深厚的思想基础,让嵇康的音乐观超越传统成为可能。

第一节 名理之学与玄远之学辩证

魏晋时期的学术思想,今人统称为魏晋玄学,但若深入辨析的话,又可以划分出两个不同的学术潮流,名理之学和玄远之学。这种区分,有利于加深我们对魏晋学术思潮的理解和把握,并对嵇康的哲学思想进行准确的学术定位。我们将嵇康的哲学思想归入名理之学,名理学擅长辨名析理而短于玄冥物我,这让嵇康的音乐哲学在当时脱颖而出,同时也让他在人生问题上矛盾重重,最终演绎成了一段令人扼腕嘘唏的历史悲剧。

对魏晋思想进行名理与玄远的划分,在中国学术史上早有先例。牟宗三先生曾言:"普通将魏晋思想分为两派:一为名理派。一为玄论派。"①而他的观点则是两派可以合而为一,统称为"玄学名理",因为"名理"一词从广义上讲也包括了玄论、玄理的意思在内②。汤用彤先生早在《魏晋玄学论稿》中就提出了"名理之学"和"玄远之学"的说法,认为前者的谈论对象是政论和才性,所以有政论名理(代表人物:崔寔、仲长统、王符、徐幹等)和才性名理(代表人物:傅嘏、李丰、钟会、王广等)之分。而"玄远之学"则以易、老、庄为谈论对象,所言贵玄远而忽略具体事物(代表人物:王弼、何晏、阮籍、嵇康、向秀、郭象等)③。牟、汤二先生对魏晋思想的划分具有一定的代表性,也为学术界普遍所看重。但可惜的是,他们并没有对这种学术现象作进一步的剖析与辩白,没有把玄论派与名理派的出现看作一件大事来看待,更不可能去深入挖掘其背后的精神内涵与意义,以见出二者的根本差别。

在具体问题上,汤用彤先生将嵇康划为玄论派,而牟宗三则把嵇康归于名理派,我们赞同牟氏之说。本文将尝试从另一个角度入手,对魏晋思想中的名理之学和玄远之学作进一步的分解和辨析,从中理出一些头绪,以便最终为嵇康的学术思想进行定位。我们认为魏晋思想中所存在的这种差异,实则是两种学术潮流的具体体现。之所以称之为两种学术潮流,是因为它们在学术方法和最终旨归上都有根本分歧。因此,我们不赞成把他

---

① 牟宗三:《才性与玄理》,长春:吉林出版集团有限责任公司,2010年,201页。
② 同上书,201—228页。
③ 汤用彤:《汤用彤学术论文集》,北京:中华书局,1983年,214—232页。

们划分为"名理派"和"玄论派",而是借用汤用彤先生的发明,称之为"名理之学"和"玄远之学",以凸显它们是两种不同的学术潮流。

查考魏晋时期的学术史料,对"名理"和"玄远"的不同本有论述:《三国志·魏书·荀彧传》裴松之注引《晋阳秋》说:

> 太和初,(荀粲)到京邑与傅嘏谈。嘏善名理而粲尚玄远,宗致虽同,仓卒时或有格而不相得意。裴徽通彼我之怀,为二家骑驿,顷之,粲与嘏善。①

《文心雕龙·论说》云:

> 魏之初霸,术兼名法。傅嘏、王粲,校练名理。迄至正始,务欲守文;何晏之徒,始盛玄论。于是聃周当路,与尼父争途矣。详观兰石之才性,仲宣之去伐,叔夜之辨声,太初之本无,辅嗣之两例,平叔之二论,并师心独见,锋颖精密,盖论之英也。②

从以上记述来看,荀粲擅长"玄远",而傅嘏擅长"名理",二人虽基本观点相同,但却常常不能很好地沟通,尚需一个中间人来搭桥。两人之所以"仓卒时或有格而不相得意",应该是善"玄远"和善"名理"的人谈论问题的方式有所不同,也就是说,他们谈论问题时所用的方法有差异。南朝刘勰也对魏晋时期的论说进行了"名理"和"玄论"的区分,认为傅嘏精通名理,而何晏擅长玄论。傅嘏字兰石,他的《才性论》今天已经失传。何晏字平叔,著有《老子道德论》二卷及《无为论》《无名论》。

---

① 〔晋〕陈寿撰、〔宋〕裴松之注:《三国志》,北京:中华书局,1998年,320页。
② 范文澜:《文心雕龙注》,北京:人民文学出版社,2000年,327页。

所谓"二论"大概应指《老子道德论》二卷①，今已失传；然《无为论》和《无名论》现存有片段，可资征引。刘勰当时还可以看到这些文章的全貌，从其论述来看，他也认为名理和玄论之间是有明显区别的；而且，他还指出了一个由名法、名理到玄论的发展过程。为了统一《三国志》和《文心雕龙》中的称谓，我们姑且把当时的这两种论辩潮流统称为"名理之学"和"玄远之学"。

刘勰说"魏之初霸，术兼名法"，是说曹魏初期的执政崇尚名法精神。所谓名法，也就是形名学和法术思想的结合，可以概括地称为"形名法术"。如果申而言之，魏晋时期的思想家多有以形名学谈论社会、政治、人生乃至学理者；而且当时不仅出现了形名学和法术思想的结合，还有形名学和儒家思想、道家思想的结合。汤用彤先生在《读〈人物志〉》一文中指出：

> 礼者国家之名器（刘劭劝魏明帝制礼作乐），法者亦须本于综核名实之精神。凡此皆魏晋间流行之学说，以名实或名形一观念为中心。其说虽涉入儒名法三家，而且不离政治人事，然常称为形名家言。至于纯粹之名学，则所罕见。②

汤先生认为，魏晋时期的形名家常常是和其他学派的思想相结合而出现的，至于纯粹的名学则很少见，也就是说此时鲜见先秦时期纯粹逻辑学意义上的名学，因为他们关注的往往是社会政治、人情事理，而非名词、概念上的逻辑思辨。就形名学和其他学派相结合这一点来看，我们认为在

---

① 《隋书·经籍志》著录有何晏《老子道德论》二卷。又《世说新语·文学四》载："何平叔注《老子》始成，诣王辅嗣。见王注精奇，乃神伏，曰：'若斯人，可与论天人之际矣！'因以所注为《道德二论》。"疑《道德二论》即《老子道德论》二卷。又今可见何晏《无为论》和《无名论》片段，不知和《老子道德论》有何关系，故刘勰所谓"二论"难得其确切所指。
② 汤用彤：《汤用彤学术论文集》，北京：中华书局1983年，204页。

魏晋时期，以综核名实、检校形名见长的"形名学"已经不能称为学派，而只是当时思想家们讨论问题时所使用的一种方法。这种讨论问题的方法类似于我们今天所谓的逻辑思辨，它是通过对名和实（形）之间逻辑关系的探讨来辨析问题，并遵循着一定的推理原则，力求获得一种严谨、清晰的知识，属于认知论的范畴。因此，我们在探讨魏晋名理之学和玄远之学时，并不把形名学当作一种学术流派，而仅仅把它当作魏晋思想家们讨论问题时所使用的一种方法，姑且称为"名辩之法"。广义而言，我倾向于认为，魏晋时期以名辩之法探讨社会、政治、人生、学理的学术，意在追求知识在逻辑上的严谨与可靠性，可统称为名理之学；至于玄远之学，它所使用的方法和名辩之法相比具有很大的不同，其旨归也根本有异。

首先，我们来考查一下名理之学。

《三国志》和《文心雕龙》都提到傅嘏善名理。考《三国志·魏书·傅嘏传》，傅嘏难刘劭考课法云：

> 夫建官均职，清理民物，所以立本也；循名考实，纠励成规，所以治末也。本纲未举而造制未呈，国略不崇而考课是先，惧不足以料贤愚之分，精幽明之理也。昔先王之择才，必本行于州闾，讲道于庠序，行具而谓之贤，道修则谓之能。乡老献贤能于王，王拜受之，举其贤者，出使长之，科其能者，入使治之，此先王收才之义也。方今九州之民，爱及京城，未有六乡之举，其选才之职，专任吏部。案品状（指根据一人之德行为其所定的评语）则实才未必当，任薄伐（指家世）则德行未为叙，如此则殿最之课，未尽人才。述综王度，敷赞国式，体深义广，难得而详也。①

从傅嘏的言论来看，他所关心的问题是人才的培养与荐举。他主张由

---

① 〔晋〕陈寿撰、〔宋〕裴松之注：《三国志》，北京：中华书局，1998年，623页。

"乡老"推荐的道修行具、德才兼备的人来担任官长，然后再以循名责实的方法考察他们是否称职。傅嘏所谓"立本""道修"，指的是儒家忠、孝、仁、义等人格精神的确立。他认为一个人的道德品性是根本，所以任人选才应该重视人伦。至于考核官吏才能的考课法，只能治末不能修本，所以他反对督官考课法；并且认为选才专任吏部，无法做到人尽其才、名实相符。而在当时名噪朝野的才性论战中，他是主张才性同的。由此推论，他的才性论可能使用了循名责实的名辩方法。但从根本来看，他重视官员的品性、德行，基本精神仍属于儒家。

三国时期另一著名的名理学家是钟会。《三国志·魏书·钟会传》记载：钟会"及壮，有才数技艺，而博学精练名理，以夜续昼，由是获声誉。正始中，以为秘书郎，迁尚书中书侍郎"①。又说："会尝论易无互体、才性同异。及会死后，于会家得书二十篇，名曰《道论》，而实刑名家也，其文似会。"② 钟会精练名理，而在他家抄没所得的《道论》却属于刑名家（形名家）。钟会为人隐深，擅长权谋智术，因其《道论》已经亡佚，我们不清楚其中是否有法术思想，但其使用了形名学的名辩方法应该是可以肯定的。《隋书·经籍志》著录有魏侍中刘廙的《政论》五卷，将其列入法家，其中我们可以看到他使用了形名学的名辩方法：

> 夫名不正，则其事错矣；物无制，则其用淫矣。错则无以知其实，淫则无以禁其非，故王者必正名以督其实，制物以息其非。名其何以正之哉？曰行不美则名不得称，称必实其所以然，效其所以成，故实无不称于名，名无不当于实。③

---

① 〔晋〕陈寿撰、〔宋〕裴松之注：《三国志》，北京：中华书局，1998年，784页。
② 同上书，795页。
③ 〔清〕严可均：《全三国文》，北京：商务印书馆，1999年，349—350页。

由此看来，形名相应、名实相符的逻辑方法同样可以用于法术；而名辩方法和法术的结合，就应该称为"名法"或者"刑名法术"。傅嘏使用名辩方法讨论任官选才的问题，但却坚持儒家的基本精神，或许可以称为"名儒"。但无论如何，这种立足于儒家或者法家思想同时使用名辩方法讨论社会、政治问题的学术，是以现实实用为目的，属于政论范畴。如果我们把这种学术也列入名理之学的话，借用汤用彤先生的发明，可以称之为"政论名理"。但魏晋时期这种以考察形名关系为基础的名辩方法的使用，并没有局限于现实社会、政治，而是向人生问题乃至纯粹学理问题领域伸展，并使自身逐渐趋于完善，成为一套比较系统的学术方法。我们以为，利用这种名辩方法讨论人生、学理问题的学术，才能称为真正的名理之学，即狭义的名理之学；而广义的名理之学还应该包括政论名理。当然我们不可能在魏晋学人的著作中找到关于这种方法的系统介绍，因为他们还不具备西方思想家的方法论意识，或者说那根本就不是魏晋思想家们所真正关心的问题。因此我们依然只能在魏晋思想家的著作中，去探寻这种学术方法所留下的痕迹，从中梳理其头绪。

《晋书·欧阳建传》载："欧阳建字坚石，世为冀方右族。雅有理思，才藻美赡，擅名北州。"[①] 此称欧阳建"雅有理思"，我们以为欧阳建也是擅长名理之学的，观其《言尽意论》可见一斑。观该文我们可以发现，欧阳建论证"言尽意"所使用的就是名辩之法，而且论理更加精湛。《艺文类聚》卷一九录有此文，现择要摘录于下：

> 夫天不言，而四时行焉；圣人不言，而鉴识存焉。形不待名，而方圆已著；色不俟称，而黑白以彰；然则名之于物无施者也，言之于理无为者也。而古今务于正名，圣贤不能去言，其故何也？诚以理得于心，非言不畅；物定于彼，非言不辩。言不畅志，则无以相接；名

---

① 〔唐〕房玄龄：《晋书》，北京：中华书局，1974年，1009页。

不辩物，则鉴识不显。鉴识显，而名品殊；言称接，而情志畅。原其所以，本其所由，非物有自然之名，理有必定之称也。欲辩其实，则殊其名；欲宣其志，则立其称。名逐物而迁，言因理而变；此犹声发响应，形存影附，不得相与为二；苟其不二，则无不尽，吾故以为尽矣。①

欧阳建认为，事物并不依赖于人们给它的名称而存在，事物内在之理也不会因为人们的语言而有所改变。也就是说，名、言属于人，是主观的；但事物及其内在的理则是客观的，不依赖于人的名言而存在。但是人们为了彼此相互沟通，就必须以一定的名指称一定的实，以一定的语言表达一定的理。这样不同的物也就有了不同的名，不同的理也就有了不同的语言来表达，二者彼此是相互对应的，如同形存影附。既然名言和事理是彼此相互对应的，那么名言也就完全可以表达内心所要说明的事理，故此言可以尽意。由此可以看出，欧阳建的逻辑思辨能力是非常强的，把名辩之法推上了一个更高的层次。这种西方逻辑学意义上的名辩方法，在欧阳建讨论言尽意之理时得到了充分的发挥。而他将名言和事理进行主观和客观之分的做法，又和嵇康"心之与声，明为二物"的观点，具有异曲同工之妙。这里应该指出的是，欧阳建的《言尽意论》还停留在有名、有形之域，并未进入王弼所谓忘言、忘象的无名、无形之域。

与欧阳建同时的另一位著名名理学家是裴頠。《世说新语·言语》载："诸名士共至洛水戏。还，乐令问王夷甫曰：'今日戏乐乎？'王曰：'裴仆射善谈名理，混混有雅致（刘孝标注引《冀州记》曰：'頠弘济有清识，稽古善谈名理。'）；张茂先论史汉，靡靡可听；我与王安丰说延陵、子房，亦超超玄著。'"②从王夷甫和刘孝标的话可以看出，裴頠擅长名理之学在

---

① 〔唐〕欧阳询：《艺文类聚》，上海：上海古籍出版社，2007年，348页。
② 余嘉锡：《世说新语笺疏》，上海：上海古籍出版社，1993年，85页。

当时是有公论的。裴仆射即裴頠，字逸民，著有《崇有论》，其中有一段著名的言论，可兹征引：

> 夫至无者无以能生，故始生者自生也。自生而必体有，则有遗而生亏矣。生以有为己分，则虚无是有之所谓遗者也。故养既化之有，非无用之所能全也；理既有之众，非无为之所能循也。心非事也，而制事必由于心，然不可以制事以非事，谓心为无也。匠非器也，而制器必须于匠，然不可以制器以非器，谓匠非有也。……由此而观，济有者皆有也，虚无奚益于已有之群生哉！①

我们先看裴頠对"有"和"无"的界定。他认为"至无"不能生"有"，而事物都是自生的。既然事物都是自生的，那么它就有体、有形，也就是"体有"；一事物有体、有形，也就有所亏缺和遗失，即"生亏"；事物以有体、有形为其本分，那么所谓的"虚无"也就是有体、有形的事物所亏缺和遗失的部分。可以看出，在裴頠的观念中，"有"和"无"是两个并列的概念，没有本末之分，也没有"有"生于"无"的问题。接下来他对主体和客体进行了明确的划分，认为人心不同于事物，工匠也和工匠制作出来的器皿不同；治理事物是需要人心的，但不能以人心否定事物之有，认为人心为无，而"无"中可以生"有"；这就如同器皿是工匠制作出来的，但却不能以工匠否定器皿之有，认为工匠是无，"无"中可以生"有"。也就是说，主体和客体都是"有"，有才可以济有，而有之亏缺和遗失（虚无）则无益于众有（群生）。这种对概念的分析和梳理，可谓清晰、明辨，但却并没有涉及王弼、何晏本体论所谓万物之本体"无"，基本上还是停留在认知论的范畴之内。

《三国志·魏书·刘放传》裴松之注引《孙氏谱》说："楚子洵，颍

---

① 〔唐〕房玄龄：《晋书》，北京：中华书局，1974年，1046—1047页。

川太守。洵子盛，字安国，给事中，秘书监。盛从父弟绰，字兴公，廷尉正。楚及盛、绰，并有文藻，盛又善言名理，诸所论著，并传于世。"① 这里所说的孙盛，字安国，东晋时人，也擅长名理之学。《广弘明集》卷五录有孙盛《老子疑问反讯》：

> "天下皆知美之为美，斯恶矣；皆知善之为善，斯不善矣。"盛以为美恶之名，生乎美恶之实。道德淳美，则有善名，玩嚣聋昧，则有恶名。……然则大美大善，天下皆知之，何得云斯恶乎？若虚美非美，为善非善，所美过美，所善违中，如此皆世教所疾。②

在这里孙盛运用名实之辩的方法，即通过对概念和概念所指事实之间关系的分析，来反对老子的观点，他认为名生于实，名实应该相互对应、互不舛错。如果出现名实不符的情况，就需要加以纠正。这显然和老子所要讲的问题是两码事。老子的话虽短，但蕴涵丰富深远，依我们可以理解为："天下人都知道美之所以为美，丑也就出现了；天下人都知道善之所以为善，恶也就出现了。"或者"天下人都知道美是美的，这就是丑；天下人都知道善是善的，这就是恶。"当然，我们还可以作出其他多种合理的解释。但孙盛却显然把这句话当成了一个简单的逻辑命题，即"美是不美的；善是不善的。"然而，我们却不能简单地否定孙盛的"幼稚"，因为此处恰恰体现出了两种思维方式的不同。这种不同，我们认为正是"名理之学"和"玄远之学"的一个根本差异。孙盛名理之学所运用的方法是逻辑的、思辨的和辨名析理的，论证从形名、名实之间的关系出发，可谓脚踏实地；而老子的思维方式（玄远之学）则是象征、隐喻、暗示和启发式的，内涵常常寄寓于言外（即文字之外），论说如天马行空，因为"道可

---

① 〔晋〕陈寿撰，〔宋〕裴松之注：《三国志》，北京：中华书局，1998年，462页。
② 〔清〕严可均：《全晋文》，北京：商务印书馆，1999年，668—669页。

道，非常道；名可名，非常名。"① 老庄的语言常常给读者以暗示和启迪，或用隐喻与象征手法，引领人进入那无以言表但可心会的境地，也就是玄远的境界。其言谈恰如"指月之手"，听者但可循手望月（忘指得月），切不可把手当作月亮，此正是玄远之学的基本特征。而名理之学则把更多的注意力放在了手指上，企图通过对手指（名言、概念）的考究去接近月亮的真义，自然也就隔了一层。

接下来，我们再看看魏晋玄远之学的特点。

荀粲是崇尚玄远之学的。《三国志·魏书·荀彧传》裴注所引《晋阳秋》在讲荀粲崇尚玄远的同时，还提到了这样一件事：

> 粲字奉倩。粲诸兄并以儒术论议，而粲独好言道，常以为子贡称夫子之言性与天道，不可得闻，然则六籍虽存，固圣人之糠秕。粲兄俣难曰："《易》亦云：'圣人立象以尽意，系辞焉以尽言。'则微言胡为不可得而闻见哉？"粲答曰："盖理之微者，非物象之所举也。今称立象以尽意，此非通于象②外者也。系辞焉以尽言，此非言乎系表者也；斯则象外之意，系表之言，固蕴而不出矣。"及当时能言者不能屈也。③

荀粲认为圣人（孔子）所谓"性"与"天道"连子贡都没有听到过，那么从孔圣人所编订的六经中去寻找"性"与"天道"，就更是枉然了，所以他称六经是圣人之糟粕。其兄长用《易传》中的话反驳他，而他的回答是：理之精微者，是不能用物象来表达的；《易传》说"立象以尽意"，显然"象"所表达的只是象内之意，而不能通达于象外；称"系辞焉以尽

---

① 楼宇烈：《王弼集校释》，北京：中华书局，1999年，1页。
② 笔者按：《三国志》此处作"意"字，从上下文义来看，我们以为此处应该是"象"字之误，今从"象"字进行解释。
③ 〔晋〕陈寿撰、〔宋〕裴松之注：《三国志》，北京：中华书局，1998年，319—320页。

言",则"系辞"所传达的也只是系辞内之言,而不能通达于系辞之外(系表);也就是说,"象外之意","系表之言(系辞以外的话)还是蕴而未出。这里我们注意到,荀粲所关心和追寻的并不是用形、名可以言说的义理,而是言、象所不能穷尽的玄远意蕴(性和天道)。既然这样的玄远意蕴不是名、象所能穷尽的,因此,他也就没有对之进行名言义理的逻辑分析,而是利用启发和暗示的方法,让听者自己去领会那"系表之言""象外之意"。这让我们联想到王弼的言象论,其《明象篇》云:

> 夫象者,出意者也。言者,明象者也。尽意莫若象,尽象莫若言。……意以象尽,象以言著。故言者所以明象,得象而忘言;象者所以存意,得意而忘象。……是故,存言者,非得象者也;存象者,非得意者也。象生于意而存象焉,则所存者乃非其象也;言生于象而存言焉,则所存者乃非其言也。然则,忘象者,乃得意者也;忘言者,乃得象者也。得意在忘象,得象在忘言。①

王弼虽然承认言可以传达象、象也可以表达意,但同时又强调只有忘言才能得象、只有忘象才能得意;象虽然是凭借言来传达的,但如果不能忘言也就不能得到真正的象;意尽管是通过象来表现的,但如果不能忘象也就不能得到真正的意。其实也就是说,象在言外、意在象表,即他所追寻的依然是言外之象、象外之意,而不是名词、概念所能传达的逻辑学意义上的义理,这和荀粲的主旨基本相同。二者所表达的思想,恰恰是对庄子"筌鱼之喻"宗旨的引申。《庄子·外物》云:"筌者,所以在鱼,得鱼而忘筌;蹄者,所以在兔,得兔而忘蹄;言者,所以在意,得意而忘言。吾安得夫忘言之人而与之言哉?"② 鱼篓和狗马是捕鱼、捉兔的工具,

---

① 楼宇烈:《王弼集校释》,北京:中华书局,1999 年,609 页。
② 〔清〕郭庆藩:《庄子集释》,北京:中华书局,1997 年,944 页。

得了鱼和兔，工具就可以放一边了。语言是用来表达心意的，只要领会了心意，具体的言辞也就不重要了；如果执着于言辞而忘了用心体会对方的心意，言辞反而会成为彼此交流的障碍。所以，庄子期待的是能通达于言外的神交者，而不是徒逞口舌的言论家。因为玄远之味在乎言象之外，需要的是会心，而不是对名言、义理的逻辑思辨和条分缕析。这也正是荀粲、王弼言象论背后的深意，是玄远之学所以幽玄的关键。

由此我们也可以看出，王弼和荀粲实质上都是主张"言不尽意"的，即名言、概念并不能穷尽言象之外的玄远意蕴，如性、天道、自然、性命、本体等等。欧阳建主张"言尽意"，则是建立在形名、名实一一相应的理论基础之上，认为名言、概念可以表达它们所要说明的义理。前者的旨归是言象以外的本体界，即无名、无象之域；而后者则停留在言象以内的现象界，即有名、有象之域。

《三国志·魏书·钟会传》裴注引何劭《王弼传》说："其论道傅会文辞，不如何晏，自然有所拔得，多晏也。颇以所长笑人，故时为士君子所疾。弼与钟会善，会论议以校练为家，然每服弼之高致。"① 从何劭叙述的语气揣测，王弼和钟会的论说方式应该有所不同。钟会擅长"校练名理"，而王弼之论说则与荀粲相仿，应属于玄远之学，用刘勰的话说，王弼属于盛张玄论的"何晏之徒"。王弼、何晏都讲"以无为本"，据《王弼传》记载："裴徽为吏部郎，弼未弱冠，往造焉。徽一见而异之，问弼曰：'夫无者诚万物之所资也，然圣人莫肯致言，而老子申之无已者何？'弼曰：'圣人体无，无又不可以训，故不说也。老子是有者也，故恒言无所不足。'"② 王弼虽然注释《老子》，但从这里的记述来看，他崇尚孔子（圣人）超过老子，因为孔子"体无"，而"无"又不可言说，故不说"无"；可老子是肯定"有"的，未能"体无"，所以谈论起"无"来没完

---

① 〔晋〕陈寿撰、〔宋〕裴松之注：《三国志》，北京：中华书局，1998年，795页。
② 同上。

没了。在王弼那里，"道"即"无"，"体无"其实也就是"体道"。由此看来，玄远之学不仅追寻言外、象外之玄远意蕴（天道、无），而且更强调人生的最高境界是"体道"，也就是人与天道（本体）的合一。

何晏也属于玄远派。《晋书·王衍传》云：

> 魏正始中，何晏、王弼等祖述老庄，立论以为："天地万物皆以无为本。无也者，开物成务，无往不存者也。阴阳恃以化生，万物恃以成形，贤者恃以成德，不肖恃以免身。故无之为用，无爵而贵矣。"①

又《列子·仲尼篇》张湛注引何晏《无名论》曰：

> 夫道者，惟无所有者也。自天地以来，皆有所有矣；然犹谓之道者，以其能复用无所有也。故虽处有名之域，而没其无名之象。……自然者，道也；道本无名，故老氏曰"强为之名"。②

何晏认为"无"是天地万物之本体，阴阳依靠它才能化生，万物依靠它才能具有一定的形体。道就是自然，就是"无"；它虽不离有名之域，却又无名无象，不可琢磨，不可称谓。从何晏说"道虽处有名之域，而没其无名之象"这一点来看，颇有佛家体用一如、本体与现象不二的意味；这是对道的一种描述，更是一种体道的精神境界；而这种境界则完全超乎于名象之外，进入了无名之域，这也就是王弼所谓"体无"的人生境界。裴𬱟虽然也讲有、无，但二者却是两个对等的概念，"无"并非"万有"

---

① 〔唐〕房玄龄：《晋书》，北京：中华书局，1974 年，1236 页。（清严可均辑《全三国文》将此条列入何晏《无为论》。）
② 杨伯峻：《列子集释》，北京：中华书局，1997 年，121 页。

之本体；而何晏所谓"无"却正是"万有"的本体。何晏讲的是本体论，而裴頠所论则属认知论。

《世说新语·文学》记载："初，注《庄子》者数十家，莫能究其旨要。向秀于旧注外为解义，妙析奇致，大畅玄风。……郭象者，为人薄行，有俊才。见秀义不传于世，遂窃以为己注。乃自注《秋水》、《至乐》二篇，又易《马蹄》一篇，其余众篇，或定点文句而已。后秀义别本出，故今有向、郭二《庄》，其义一也。"① 又《晋书·向秀传》云："向秀，字子期，河内怀人也。……庄周著内外数十篇，历世才士虽有观者，莫适论其旨统也。秀乃为之隐解，发明奇趣，振起玄风，读之者超然心悟，莫不自足一时也。惠帝之世，郭象又述而广之，儒墨之迹见鄙，道家之言遂盛焉。"② 在此，我们无意介入学术史上向、郭《庄子注》的讼争，权取传统之说，将《庄子注》作为向、郭二人的合著，其中之观点也视作两人共同的学说。以上资料告诉我们，向、郭二人《庄子注》的精神是一致的，而且为魏晋玄风的兴盛，做出了杰出的贡献。我们以为，向、郭之学应属于玄远之学，与荀粲、王弼、何晏之风尚相近。

向秀、郭象注《庄子·齐物论》"夫吹万不同，而使其自己也"条云：

无既无矣，则不能生有；有之未生，又不能为生。然则生生者谁哉？块然而自生耳。……故物各自生而无所出焉，此天道也。③

向、郭亦言有、无，但认为"无"即不存在。因此他们否定了王弼、何晏所谓万物之本体为"无"，向、郭认为"无"不能生"有"，有者自生。我们可以看到，在向、郭否定了作为万物之本体"无"存在的同时，

---

① 余嘉锡：《世说新语笺疏》，上海：上海古籍出版社，1993年，205—206页。
② 〔唐〕房玄龄：《晋书》，北京：中华书局，1974年，1374页。
③ 〔清〕郭庆藩：《庄子集释》，北京：中华书局，1997年，50页。

他们确立了另外一个本体,那就是"有"自身。裴頠也讲有者自生,但他所谓"有"是和"无"同级并列的一个概念,因此这个"有"还是指具体的事物。而在向、郭的思想体系中,"无"被取消了,"有"成为同时具备现象和本体双重含义的概念,这是他们的一个新发明。这样向、郭所谓"有"也就和裴頠所谓"有"具有了本质上的差异。万物自生背后的寓意在于,万物皆有其自性。一事物若能顺其自性而行,不被他物扰乱自性,同时也不干预他物之自性,那么它就可以成为一个自为自足的系统,因而达到自由逍遥的境界。《世说新语·文学》刘孝标注曰:

> 向子期、郭子玄逍遥义曰:"夫大鹏之上九万,尺鷃之起榆枋,大小虽差,各任其性。苟当其分,逍遥一也。然物之芸芸,同资有待,得其所待,然后逍遥耳。唯圣人与物冥而循大变,为能无待而常通,岂独自通而已?又纵有待者不失其所待,不失,则同于大通矣。"①

在向、郭看来,大鹏和尺鷃虽然资质各不相同,但只要它们能够各自循顺着自己的本性去行,那么它们同样都可以得到逍遥。事物如此,人亦如此。普通人和圣人虽然在资质、天性上各不相同,但他们都可以达到逍遥的境界。圣人由于天性和资质独厚,因此能够做到与天地万物相冥而随顺其变化,故无所依侍而常与大道相通。普通人在天性和资质方面虽然没有圣人深厚,但他只要随顺自性,该有所依侍就有所依侍,顺其自然,而不把它当作负担,那么普通人同样可以达到大通的逍遥境。在此,向秀和郭象不仅承认圣人可以达到大通、无待的逍遥境界,也肯定了普通人所能获致的有待的逍遥境界,甚至认为后者与前者并没有本质上的不同。就此而言,向、郭的思想为凡人开辟了通往圣境的道路,正与后来佛家所

---

① 余嘉锡:《世说新语笺疏》,上海:上海古籍出版社,1993 年,220 页。

谓人人皆有佛性、皆可以成佛的精神暗合。

行文至此,我们不妨对玄远之学和名理之学做一个简单的对比:一,所关注的问题:玄远之学对作为本体的"道""无""有"具有浓厚的研究兴趣,在本体论上具有独到的见解;而名理之学则大多关注与现实关系比较密切的政治、社会、人生、学理等问题,本体论不是其所关注的焦点,尽管他们可能也会以某种本体论作为其论述问题的基础。二,最终旨归:玄远之学直指言象之外的无名、无象之域,最终引导人进入一种本体与现象合一的精神境界,即体道之境;而名理之学则重视对形名关系、概念法则、事物条理的辨析,属于认知论,尚未出离"有名之域"。三,思维方式:玄远之学往往运用象征、隐喻、启发、暗示等方法,引导人去领会寄托于言象之外的深刻意涵,强调主客体的合一,具有体悟性特征;名理之学则采用逻辑的、思辨的、辨名析理的方法,突出主体与客体的分别,颇具认知性特征。四,思想基础:玄远之学的思想基础是相对比较一致的,即易学和老庄思想;名理之学的思想基础则比较复杂,可以是儒家思想(如傅嘏、孙盛等),也可以是道家思想(如裴頠和嵇康等),也可以是法家思想(如刘廙等,或可称之名法之学)。

在明确了玄远之学和名理之学的差异后,我们不难发现,魏晋名理之学的真正代表,其实应该是嵇康。《太平御览》卷五九五引李充《翰林论》云:"研核名理,而论难生焉。论贵于允理,不求支离,若嵇康之论,成文美矣。"① 李充不仅明确指出嵇康擅长名理,还对嵇康的文论推崇备至。《世说新语·文学》称:"旧云:王丞相过江左,止道声无哀乐、养生、言尽意三理而已。然宛转关生,无所不入。"② 东晋丞相王导所关注的三理,其中有两个就属于嵇康,可见嵇康名理学在当时的影响力。刘勰《文心雕龙·论说》云:"详观兰石之才性,仲宣之去伐,叔夜之辨声,太

---

① 〔宋〕李昉:《太平御览》,北京:中华书局,1998年,2678上页。
② 余嘉锡:《世说新语笺疏》,上海:上海古籍出版社,1993年,211页。

初之本无,辅嗣之两例,平叔之二论,并师心独见,锋颖精密,盖论之英也。"① 兰石是傅嘏的字,仲宣是王粲的字,两人都被刘勰目为名理学的行家,这里所提到的《才性论》和《去伐论》都已失传。嵇康的"辨声"应该就是《声无哀乐论》一文,排在兰石和仲宣之文的后面,应该也是出于有意;因为这篇文章是嵇康文论的代表,同时也是一篇"校练名理"的典型文章,基本符合上文所言名理之学的标准。而刘勰所言后三人的文章,夏侯玄的《本无论》、王弼的《周易略例》(上下)以及何晏的《老子道德论》,则是玄远之学的佳作。

综观嵇康之文论,很少讨论本体问题,而他所关注的往往是养生、言意之辩、音声哀乐、宅之吉凶、自然好学、明胆论、公私之辩等具体事项。我们所以把嵇康作为名理之学的代表,主要是因为他对名辩之法做出了突出的贡献。关于这一点,容肇祖先生早在 20 世纪初就已经指出:"嵇康的辨别名实,分析主观及客体,甚为明了。"② 认为嵇康在名学(相当于今天所谓的逻辑学)上颇有独到之处,并列举了嵇康文论中使用矛盾律和不容中律(排中律)的例子。台湾学者戴琏璋先生著有《嵇康思想中的名理与玄理》③ 一文,认为嵇康在"思辨的理则"方面使用了矛盾律、排中律和充足理由律;而在推理的方法上,则运用了推类辨物、辨名析理等方式。由此可以看出,嵇康在运用逻辑学的原则与推理方法上,确乎达到了先秦以来中国名学的一个新高度。

容肇祖先生已经指出,嵇康对主体与客体进行了明确的划分和深入剖析。我们以为,主客二分模式在主体思维中的确立,正是魏晋名理之学的理论基础。从欧阳建和裴頠的论文中我们都可以看到这一点,而嵇康则明确地将这个讳莫若深的理论前提,摆在了我们面前,

---

① 范文澜:《文心雕龙注》,北京:人民文学出版社,2000 年,327 页。
② 容肇祖:《魏晋的自然主义》,北京:东方出版社,1996 年,50 页。
③ 戴琏璋:《玄智、玄理与文化的发展》,台北:"中央"研究院中国文哲研究所,2002 年,122—134 页。

夫味以甘苦为称，今以甲贤而心爱，以乙愚而情憎。爱憎宜属我，而贤愚宜属彼也。可以我爱而谓之爱人，我憎而谓之憎人？所喜则谓之喜味，所怒则谓之怒味哉？由此言之，则外内殊用，彼我异名。声音自当以善恶为主，则无关于哀乐。哀乐自当以情感，则无系于声音。①

心之与声，明为二物。二物之诚然，则求情者不留观于形貌，揆心者不借听于声音也。察者欲因声以知心，不亦外乎？②

声之与心，殊途异轨，不相经纬；焉得染太和于欢戚，缀虚名于哀乐哉？③

爱憎属我，贤愚属彼；外内殊用，彼我异名；心之与声，明为二物；声之与心，殊途异轨。从这里不难看出，嵇康已经明确将主体与客体区分开来，建立起了对象性思维模式，即将作为主体的自我和外在于自我的对象严格对立起来。在这种情况下，所谓道、太和、本体也就成为与主体相对立的客体，是主体关注的对象。申而言之，主客交融的精神境界在此种思维模式中是无法建立的，因为生命境界的建立不是依靠分别心，恰恰相反，是分别心的泯灭。而玄远之学则不同，它从来不强调主客体的二分，而是努力以象征、隐喻、暗示和启发等方式，引领主体进入客体的情境，强调体会与领悟，也就是在主体与客体差别消融的情况下，获得一种体验性的精神境界。王弼、何晏、向秀、郭象的努力方向正是如此。魏晋以来，以关注生命为主旨的佛学所要解决的问题，就是人如何回归本体，如何实现现象与本体的合一。应该说佛学在南朝，恰恰是借助了魏晋玄风而大行其道。这里我们看到了名理之学的缺陷，那就是它在解决人生根本问

---

① 戴明扬：《嵇康集校注》，北京：人民文学出版社，1962年，199—200页。
② 同上书，214页。
③ 同上书，217页。

题时的力不从心，因为在主客对立的思维模式中，"我"是被孤立和抛离的存在者，其独立自存的代价就是家园（本体）的丧失。嵇康似乎也意识到了这个问题，所以他说：

> 天下微事，言所不能及，数所不能分。是以古人存而不论，神而明之，遂知来物。①
> 夫至理诚微，善溺于世，然或可求诸身而后悟，校外物而知之。②

嵇康好像已经意识到了那个名言所不能企及的世界——无名、无象之域。既然无名、无象之域是不可言说的，所以古人对此往往"存而不论"，只有具备特殊神明的人才能了然于心。同时嵇康还看到，幽微之理也是不容易认识的，只有通过亲身体验才可能有所领悟。这里也就出现了"可言"和"不可言"的问题。天道、性命、自然、本体、无、精神境界，均属本体界之问题，是无法通过清晰的逻辑语言加以描述和把握的。也就是说，名理之学所使用的名辩方法根本无法企及无名、无象之域；因为名理之学所能言的，只是形名、名实可以严格对应的现象界事物。本体界之问题无法进行名理的逻辑思辨和解析，并不等于说不可以言。对于无名、无象之域，老庄虽主张"道可道，非常道；名可名，非常名"③，但毕竟还是在说、在道，只不过他们使用的方法是象征、隐喻、暗示与启发等；当然，还有佛学常用的"遮诠"的方法，即通过否定来显明所要肯定的东西。魏晋玄远之学正是继承了老庄的言说方式，为世人通向本体界架起了桥梁。有些学者叹惜，魏晋辨名析理的逻辑学方法没有在中国得到进一步的发展，这当然有其自身的理由。但平心而论，名理之学的方法所以没有

---

① 戴明扬：《嵇康集校注》，北京：人民文学出版社，1962年，282页。
② 同上书，188页。
③ 楼宇烈：《王弼集校释》，北京：中华书局，1999年，1页。

得到进一步提升和发展，正是因为它在解决人如何回归本体问题时的局限性所致。毕竟，在魏晋时期，人生问题才是时代的主旋律，玄远之学和佛学在南朝的兴盛恰好说明了这一点。

嵇康擅长名理之学，这在一定程度上妨碍了他对有限生命与无限本体之矛盾的解决。同时，这也让他在自己的人生选择上，时常处在矛盾的纠葛与困扰之中。在当时危机四伏的政治环境中，要想养命全身，他有很多种选择。其一，他可以像山涛、王戎一样主动投身司马氏麾下，顺势而为，功名利禄并得；但他却选择了自己的政治理想，从而输给了残酷的社会现实。其二，他可以像阮籍、阮咸叔侄那样自毁名节，委曲求全；但他却选择了名节，而丢掉了性命。其三，他可以隐居山林，像孙登那样做一个不问世事的闲人，逍遥于山水自然之间；但他却出于社会正义，喊着"越名教而任自然"的口号，最终掉进了名教设下的陷阱。嵇康内心的这些矛盾与冲突，和他的思维方式是密不可分的，这种思维方式的出发点，就是心物二分、主客对立的基本理念。正是这种理念，让嵇康在处理自然与名教、理想与现实、名节与性命等矛盾问题时，总是陷入两端对立的冲突之中，不能将二者融会贯通，更无法超然物外、怡然自得，最后只能以选择一端的方式而终结，其人生的悲剧也就成了必然。

幸运的是，嵇康还擅长诗歌和琴艺，我们可以看到嵇康通过诗歌与音乐，同样达到了个体生命与无限本体的交融合一，实现了个体生命向本体世界的回归。嵇康以音乐养生所达到的，其实就是一种精神的境界，一种现象与本体复归一如的人生境界。

嵇康的名理学在魏晋时期达到了一个新高度，这在他关于音乐、养生、阴阳宅吉凶等问题的讨论中，体现得淋漓尽致。下面我们将从天地之理、性命、自然三个概念入手，对嵇康的名理学进行阐发、梳理和概括，以揭示其哲学思想的精神内涵。这些精神内涵就是嵇康讨论问题的思想基础，也是其音乐观的哲学基础。毋宁说，正是嵇康在天地之理、性命、自然等观念上的见解,让他的思想在魏晋时期闪烁出耀眼的光芒。而他在名理学上的成就,也为他的音乐哲学奠定了坚实的形上学基础。

第二节 天 地 之 理

魏晋思想家普遍认为,天地万物之中都存在一定的理,即条理、秩序、规则,这在嵇康的思想中尤为突出。在嵇康看来,宇宙万物各有其自身之理,同时彼此间又有共通性。这种共通性,奠基于宇宙万物都产生于一个共同的本原,即元气。因为嵇康保留了宇宙本原的思想,故其所谓天地万物之理,也就具有了一个共同的来源和归宿。嵇康所谓"和",就是贯穿于万事万物中的一个共理,是万物彼此交融的纽带和桥梁。人的性命之理为"和",音声之理为"和",而宇宙万物之至理为"太和",故宇宙、音乐、性命是三而一、一而三的关系,故此音乐可以作为天、人融通的中间媒介。

在魏晋人的语境中,"天地"通常是宇宙万物的代称,而"天地之理"也就是指宇宙万物之理。嵇康不仅承认宇宙万物各有其自身之理,而且认为,有些理可以通过理性认识加以获得;但有些理则不是通过语言分析、逻辑推理就能获得的,只有通过亲身的体悟和领会才能明白,甚至常规的方法根本就无法认识,只有独具神明的人才能窥见其中的奥妙。嵇康云:

> 嗜酒者自抑于鸩醴,贪食者忍饥于漏脯。知吉凶之理,故背之不惑,弃之不疑也。①
>
> 姣弄之音,挹众声之美,会五音之和,其体赡而用博,故心役于

---

① 戴明扬:《嵇康集校注》,北京:人民文学出版社,1962 年,175 页。

众理；五音会，故欢放而欲惬。①

若资偏固之音，含一致之声，其所发明，各当其分，则焉能兼御群理，总发众情耶？②

本疑前论，无非相命，故借长平之异同，以难相命之必然，广求异端，以明事理，岂必吉宅以质之耶？③

所谓"吉凶之理""众理""群理""事理"，是从各个方面言及宇宙间万殊之理。嵇康不仅承认众理之间各不同，而且认为万物之理是可以认识的。他认为在认识事物的过程中，"推类辨物，当先求之自然之理，理已足，然后借古义以明之耳"④。也就是说，考察具体的事物，必须把它和相关的事物进行对比，辨别它们的异同，并进行合理的推论，从而得出其内在的规律；至于前人的观点，只能作为旁证。因此，他十分强调亲自动手的重要意义，充分肯定了人自身的主观能动性。嵇康又说："苟知果有未达之理，何不因见求隐，寻端究绪，由子午而得丑未。夫寻端之理，犹猎师寻迹以得禽也。纵使寻迹，时有无获，然得禽，曷尝不由之哉？"⑤ 强调人的认识总是由已知到未知，而且已知者就是我们推论未知的前提，这就像猎人循着禽兽的足迹寻找猎物一样，追求知识也是这个道理。嵇康在此不仅肯定了认知的可能性，而且还提出了逻辑推理的方法。

同时嵇康也承认，有些"理"是不易知的，或者说根本就是无法用言、象、数这些传统方法来加以推求的：

---

① 戴明扬：《嵇康集校注》，北京：人民文学出版社，1962年，216页。
② 同上书，217页。
③ 同上书，299页。
④ 同上书，204页。
⑤ 同上书，307—308页。(此段原文多有缺略或讹错之处，均已根据戴明扬校注进行了疏通，不复一一注明，读者可据戴注本加以对照。)

夫至理诚微,善溺于世,然或可求诸身而后悟,校外物以知之者。①

况乎天下微事,言所不能及,数所不能分。是以古人存而不论,神而明之,遂知来物。故能独观于万化之前,收功于大顺之后。百姓谓之自然,而不知所以然。若此,岂常理之所逮耶?②

嵇康认为"至理"是十分微妙的,所以不容易为人所察觉;但是通过亲身的体验或者校理外物(类似今人所谓实验),就能够得到。至于"天下微事",他认为往往是语言所无法表达、术数所不能区分的;"古人"对此通常存而不论,只有"神而明之"才能通晓其理。嵇康所谓"神而明之"者,应该是指道家所谓神人、真人、至人、圣人之属,因为这些人能够通天地、贯鬼神,无幽不察。只有这样的人才能明澈万物之本原(万化之前),独创太平盛世而施功德于万民。但百姓却不知道其中的原因,还以为这是自然而然的事情。嵇康认为这是"常理"所不能达到的。既然不是常理,也就是一般语言所不能表述的。这样的理是什么呢?嵇康没有说,也根本无法说。

笔者以为,嵇康所谓"至理""天下微事"都是"非常之理",是宇宙万物的根本之理。它贯穿于万物之中而又不同于万物之理,可以意会而不可言传,一般人只能通过亲身实践对之有所体验,只有独具神明的圣人才能把握其幽玄奥妙。从这一点来看,嵇康不仅承认万物拥有各自分殊之理,还认为宇宙万物拥有根本之理,即"至理""天道":

纵令滋味常染于口,声色已开于心,则可以至理遣之,多算

---

① 戴明扬:《嵇康集校注》,北京:人民文学出版社,1962年,188页。
② 同上书,282页。

胜之。①

今信征祥，则弃人理之所宜；……持知力，则忘天道之所存。②

第一条谈养生，认为可以通过"至理"来调节、控制人的声、色、口、腹之欲，以此达到养生的目的。而声、色、口、腹各有其自身之理，都是具体的；既然"至理"可以遣之，说明"至理"并不是养生学说中的具体之理，而是根本之理。第二条涉及卜相问题，嵇康批评阮德如相信卜相之征兆，就贬低人事拥有自身的条理；强调人智力的作用时，就忘了宇宙万物之间还有"天道"存在。此处嵇康将"人理"和"天道"相对应，说明"道"和"理"是共通的，二者都有条理、法则、规律的意思。故"人理"可称"人道"，"天道"也可以称"天理"。嵇康这里所强调的，主要是其中的法则、条理之义。因此，"天道"和"至理"一样，都是指宇宙万物的根本之理。嵇康云：

天道害盈，好胜者残。③
以天道为一指，不识品物之细故也。④

嵇康认为"天道"损有余而补不足，所以好胜者必然会受到贬抑。此中之"天道"，显然是一种抽象的法则、规律，是充盈于宇宙之间的根本之理。同时他又说"以天道为一指"，强调"天道"是"一"不是"多"，认为天地万殊之理的背后，还有不可分殊的共理"一"。由此推论，在嵇康的观念中，不仅宇宙万物分别拥有自己的特殊之理，而且在宇宙万物之间，还有共同的根本法则在发挥作用。天地万物之理"万"，和宇宙的根

---

① 戴明扬：《嵇康集校注》，北京：人民文学出版社，1962年，175页。
② 同上书，280页。
③ 同上书，47页。
④ 同上书，135页。

本法则"一",二者是相辅相成的;"一"就体现在"万"中,"万"又以"一"为根本依归,它们是统一的。

关于这一点,嵇康和向秀具有本质上的差异,这可以从他们对"天理"(天道)的争论中看出来。向秀认为"天理"就是万物自身特殊之理,万物之理就是"天理",所以主张人要顺应自己的自然本性生活,而不该加以节制。嵇康认为向秀的观点是错误的,不仅违背养生之理,且有悖性命之情,不应该提倡。向秀《难养生论》云:

> 天理人伦,燕婉娱心,荣华悦志。服飨滋味,以宣五情。纳御声色,以达性气。此天理自然,人之所宜,三王所不易也。①

在向秀看来,口思五味、耳好五声、目耽美色乃至男女之欢,都是人自然的生理需要,是"天理自然",本来如此,连古代的圣王也不反对,所以应该获得满足。在向秀的观念中,显然蕴藏着放任情欲的因素,而养生又需要对人的生理欲望进行一定的节制,故嵇康不同意向秀的看法。嵇康反驳说:

> 子之所以为欢者,必结驷连骑,食方丈于前也。夫俟此而后为足,谓之天理自然者,皆役身以物,丧志于欲,原性命之情,又累于所论矣。②

嵇康认为,向秀所谓"天理自然",无非就是要顺从人的生理欲望,而不加节制。他反对这样的"天理自然",认为这样做就丧失了人对自我的把握和主导权,让身体为外物所奴役、心志为欲望所驱使。由此可以发

---

① 戴明扬:《嵇康集校注》,北京:人民文学出版社,1962年,166—167页。
② 同上书,188页。

现,嵇康和向秀对"天理"的理解是不同的。从根本上看,这种不同恰恰是基于他们彼此哲学理念上的差异。如果对比二者的思想,我们不仅可以看出他们天理观的不同,还可以发现嵇康思想中宇宙万物之根本法则的理论来源。

向秀主张适性逍遥,认为万物各任其性而不超越自己的本分,就可以自足于内,获得一种相对的自由。所谓"天理自然",就是顺应自己的天性、安守本分。向秀、郭象《庄子注》① 云:

> 臣妾之才,而不安臣妾之任,则失矣。故知君臣上下,手足外内,乃天理自然,岂真人之所为哉!②
>
> 此二人相为于无相为者也。今裹饭而相食者,乃任之天理而自尔耳,非相为而后往者也。③

君主有君主之才,臣妾有臣妾之才,君主居上、臣妾居下,从"天理"上讲这是自然而然的事情。此所谓"天理自然",是说君上臣下这样的事实,是由君主之才和臣妾之才自身的特性决定的,是他们各自的本性使然,所以说不是"真人之所为"。子舆和子桑是好友,子桑病倒之后,子舆去看望他。向郭注释说,他们两个人是"相为于无相为"的好朋友,子舆带着饭菜去看望子桑,并非出于二者是朋友从而需要相互帮助这种"相为"的特定关系,而是"任之天理而自尔";也就是说,子舆完全是出于自己的本性这样做。

所谓"相为"是指相互依恃,显然向郭并不认为子舆和子桑之间存在

---

① 本文依传统观点,将《庄子注》视为向秀、郭象二人的合著,因此其中的思想也可以代表向秀的看法。
② 〔清〕郭庆藩:《庄子集释》,北京:中华书局,1997年,58页。(《庄子·齐物论》:"如是皆有为臣妾乎?"注)
③ 同上书,286页。(《庄子·大宗师》:"子舆与子桑友。而霖雨十日,子舆曰:'子桑殆病矣!'裹饭而往食之。"注)

这样一种关系；同样，君上臣下也不是因为君臣之间存在某种特定的上下关系，而仅仅是因为他们彼此的自性使之而然。因此，在君臣、朋友、事物之间并不存在一种他定的关系，也就是说，它们彼此之间的关系并不是通过一个规则的制定者（比如天、道、根本法则）建立起来的。因此向郭所谓"天理"，指的仅仅是人、物之自性，而不是指在人、物自性之外还有统摄万物的根本法则。因为在向郭看来，"天"只是万物的名称，而宇宙万物又没有一个共同的本原，所以"天理"也仅仅是个别之理的总称，而不是根本法则。向郭《庄子注》云：

> 天地者，万物之总名也。①
> 无既无矣，则不能生有；有之未生，又不能为生。然则生生者谁哉？块然而自生耳。……夫天且不能自有，况能有物哉！故天者，万物之总名也，莫适为天，谁主役物乎？故物各自生而无所出焉，此天道也。②

在向郭的观念中，"天""天地"只不过是万物之总名，而非实体性的存在——即能生万物之"天"，也就是万物之本原。因此可以说，他们所谓"天道""天理"，实质上就是万物之规律、法则、条理的总名。同时他们还认为，万物并不是从一个共同的实体中化生出来的，而是"物各自生"；也就是说，万物是各自独立产生的，是自己创造自己，没有一个共同的本原。

先秦、两汉以来，传统的宇宙论大多承认宇宙万物都有一个共同的本原，例如：道、太一、太极、元气等等；相比之下，向郭的宇宙论则显得

---

① 〔清〕郭庆藩：《庄子集释》，北京：中华书局，1997年，20页。（《庄子·逍遥游》"若夫乘天地之正，而御六气之辩，以游无穷者，彼且恶乎待哉！"注）
② 同上书，50页。（《庄子·齐物论》"夫吹万不同，而使其自己也。"注）

独出心裁，似乎万物并没有一个产生的过程，而是一下子突然产生的（"块然而自生"）。在这种情况下，"天理"其实也就变成了万物各自的规律、法则、条理，而在万物各自的法则之上，并没有统摄全局的根本法则，所谓"物各自生而无所出焉，此天道也"，即这个意思。简言之，在向郭的观念中，"天理"其实就是"万物之自性"的同义词。由此可以看出，向郭讨论问题的立足点是万物之自性，他们根本否认万物之间存在共同的本原和根本法则。

嵇康则和向郭不同。在嵇康的观念中，万物是从一个共同的本原中诞生出来的，且有一个生成的过程。而在万物拥有一个共同本原的情况下，"天理""天道"就不可能只是万物的自生自化。嵇康说：

> 浩浩太素，阳曜阴凝。二仪陶化，人伦肇兴。①
> 夫元气陶铄，众生禀焉。赋受有多少，故才性有昏明。②
> 夫天地合德，万物资生。寒暑代往，五行以成。③

由以上内容来看，嵇康的思想还没有摆脱两汉以来的元气论和阴阳五行说的影响。换言之，他在无形中继承了两汉以来的宇宙生成论。《列子·天瑞篇》云："昔者圣人因阴阳以统天地。夫有形者生于无形，则天地安从生？故曰：有太易，有太初，有太始，有太素。太易者，未见气也；太初者，气之始也；太始者，形之始也；太素者，质之始也。气形质具而未相离，故曰浑沦。浑沦者，言万物相浑沦而未相离也。"④《广雅·释天》曰："太初，气之始也，生于酉仲，清浊未分也。太始，形之始也，生于戌仲，清者为精，浊者为形也。太素，质之始也，生于亥仲，已有素

---

① 戴明扬：《嵇康集校注》，北京：人民文学出版社，1962年，309页。
② 同上书，249页。
③ 同上书，197页。
④ 杨伯峻：《列子集释》，北京：中华书局，1997年，5—6页。

朴,而未散也。"① 以上两段文字都是讲宇宙生成的过程,这个过程包括太易、太初、太始、太素、浑沦等阶段。由此可知,嵇康所谓"浩浩太素"只是宇宙生成过程中的一个阶段。这个阶段是宇宙的"质之始",因此我们又可以把"太素"看成宇宙形成初期的构成质料。这种质料混沌未分,从理论上讲和元气十分接近,二者都可以看成是宇宙诞生初期混沌未分的状态;同时,它们又是万物的本原,是一种实体性存在。

嵇康认为,宇宙万物之生成是因为太素、元气等原初质料的分化,从中产生出阴、阳,而阴阳之变化又生出五行及人和万物。所谓"天地合德,万物资生",其实就是阴阳(天地)和合、万物滋生的意思。《易传·系辞上》云:"《易》有太极,是生两仪,两仪生四象,四象生八卦。"②"两仪"指乾坤,亦可以理解为阴阳。嵇康所说"二仪陶化,人伦肇兴",即阴阳和合而生人、进而有人伦之序。他认为人都是禀受元气而生,但因为禀受元气多少不同,故产生了贤愚、昏明的差异。因此可以说,在宇宙生成问题上,嵇康所采用的仍然是两汉以来所流行的元气论及阴阳五行说,并把它们融汇在一起,来解释宇宙和万物的生成。

不可否认,嵇康在这里引入了一个作为万物之本原的实体性存在,即元气或者太素;也就是说,在嵇康的思想中万物拥有一个共同的本原,一个作为统摄者的实体性存在。如果在此种情况下考察嵇康所说的"天道""天理",就可以发现他和向秀在这个问题上的根本差异。

向秀所说的"天"仅仅是万物的总名,是非实体性的。嵇康所说的"天"则不仅是对万物的统称,同时还具有实体性的特征;这样的"天"在一定程度上具有万物之本原的意义,可以和"元气""太素"相提并论,是万物的最高统摄者。作为万物之本原的"天",不仅拥有质料方面的特征(如元气、太素之类),同时还具有形式方面的特征(即根本法则、

---

① 〔清〕王念孙:《广雅疏证》,北京:中华书局,2004年,280页。
② 《四书五经·周易》,天津:天津市古籍书店,1993年,62页。

规律、条理等）。嵇康思想中的"天"，一方面因其继承了两汉以来的宇宙生成论，因而具有万物之本原的实体义；同时，又被赋予了万物的根本法则之义（天道）。在这种意义上，我们也就可以发现"天地合德，万物滋生"的新义。万物都是由元气或太素中化生而出，一方面，它们从宇宙之本原禀受了质料而拥有各自的形体；另一方面，又从宇宙本原禀受了法则而具有各自不同的条理。万物虽然形体万殊，但从根本上讲其本原无异；万物尽管各有其理，但归根结底又受到"天道""天理"（根本法则）的统摄。

在宇宙论问题上，汉人主要讲元气、阴阳、五行之气，讲阴阳和合化生万物及其生成过程，因此更加重视宇宙万物的本原和构成质料；嵇康则更多地讲天道、天地之理、万物之理，更重视宇宙万物的内在法则和条理，即宇宙万物之间的秩序和相互关系。这种由实体向内在法则的转变，是嵇康哲学不同于汉人哲学的一个重要特征。

要言之，虽然嵇康、向郭都讲"天地之理"，但二者却并不相同。在向郭看来，天地万物各有其理，而且它们彼此都是各自独立、互不相干的；因此，在向郭的观念中，宇宙万物之间并不存在作为统摄者的根本之理。嵇康则不仅承认天地万物各有分殊之理，而且认为万理之上还有根本之理；根本之理是"一"，贯穿于宇宙万物之中；同时，天地万殊之理又归依于根本之理，二者是合而为一的。故在嵇康的思想中，万物之理和宇宙根本之理是相互汇通的，这在他的养生论和音乐理论中都有所体现。

嵇康认为"和"就是宇宙万物的根本法则，是天地万物之共理。在嵇康看来，整个宇宙就是一"太和"，而音乐之本体是"和"，养生之理也是"和"，故音乐由此而成为天人交融的媒介。由于音乐可以和谐人心，故"和声"在嵇康的养生论中扮演着重要的角色，甚至可以打开"和心"与"太和"之间的通道，达到养寿延年的目的。正因为"和"是宇宙万物根本之理，同时又贯穿于天地万物之中，从而实现了"一"和"多"的统一。嵇康乐论及其养生论，也因之而具有了形上学的内涵。

第三节 性　　命

嵇康崇尚养生，认为性命可以陶养、人寿可以延长，故对性命之理多有探讨。与汉魏时期的性命天定论不同，嵇康认为个体在养性延年问题上，依然拥有主观勤求的权利，从而为自己的养生学说奠定了思想基础。但嵇康的性命观也具有自身的缺点和内在矛盾。他虽然主张性命可以延长，但认为长生不死的神仙之术，并不是通过学习就能达到的。因此，嵇康的养生论并没有真正解决他所关注的生死问题，充其量只是对此稍有缓解。也正是因为此，嵇康最终走向音乐，力图通过对人生艺术境界的追求，消除个体之有限和宇宙之无限之间的冲突。

就性命观来看，一方面，嵇康的思想仍然受到传统天命论的影响；另一方面，他也对当时所流行的观点进行了改造。故在嵇康的观念中，二者时常还会发生理论上的冲撞，这显示他的思想也存在一定的内在矛盾。嵇康说：

穷达有命，亦又何求。古人有言，善莫近名。①
故神农曰：上药养命，中药养性者，诚知性命之理，因辅养以通也。②
齐万物兮超自得，委性命兮任去留。③

---

① 戴明扬：《嵇康集校注》，北京：人民文学出版社，1962年，31页。
② 同上书，150页。
③ 同上书，96页。

以上资料表明，嵇康是承认"穷达有命"的，即"命"是上天所决定的，人力无法改变，因此主张人生不必汲汲于人为的追求。可是他又引用《神农经》①中的养生思想，认为上等之药可以养命，中等之药可以养性，"性"和"命"又进入了人力可以努力的范围。更令人惊奇的是，他还说"齐万物兮超自得，委性命兮任去留"，认为性命可以抛弃，因为只有这样，一个人才能达到齐物自得、自在逍遥的精神境界。由此来看，嵇康的性命观似乎存在着不可调和的内在冲突。冯友兰先生讲到嵇康的性命观时就曾经说，"既然是'任去留'，那就用不着'吐故纳新'，吃药，以求长生了"②。那么，我们到底应该如何看待嵇康思想中的这个矛盾呢？就此而论，我们首先必须弄清在嵇康的观念中，"性命"的具体内涵及其规定性到底是什么。

嵇康距汉末大儒郑玄在世的年代尚不久远③，故郑玄对"性命"的解释，也就具有一定的可参考性。《礼记·中庸》云："天命之谓性，率性之谓道，修道之谓教。"郑玄注曰：

> 天命，谓天所命生人者也，是谓性命。木神则仁，金神则义，火神则礼，水神则信，土神则知。《孝经说》曰："性者，生之质；命，人所禀受度也。"④

就郑玄的解释来看，性和命的含义几乎是同一的。从"天"的角度而言，天命其实也就是上天对人的赐予，即人从上天那里获得的禀赋；而从人的角度讲，天命则是人的本性、天性，故二者可以统称为性命。这样的

---

① 笔者注：古籍《本草》《养生经》《神农经》中均有和"上药养命、中药养性"类似之语，嵇康此处所引典籍似应指《神农经》。
② 冯友兰：《中国哲学史新编》（第四册），北京，人民出版社，1995年，85页。
③ 据严可均《全后汉文》，郑玄生于后汉永建二年（127年），死于建安五年（200年）。而嵇康则生于黄初五年（224年），距离郑玄司农去世仅23年。
④ 《汉魏古注十三经·礼记》，北京：中华书局，1998年，193上页。

解释基本上符合《中庸》本义。需要指出的是，郑玄所谓"天"乃是两汉通用的含义，即一个拥有某种意志的最高实体，这一点在嵇康思想中也有所保留。阮德如曾经和嵇康辩论阴阳宅是否有吉凶的问题，阮氏在《释难宅无吉凶摄生论》中说："夫命者，所禀之分也。"① 认为"命"是人从上天那里所禀受的本分，同样把命看作是人的本性或者天性。《中庸》、郑玄、阮德如对"性"和"命"的解释，给我们提供了二者的同一性，但却没有讲明二者的差异。而郑玄注所引《孝经说》，恰恰给了我们一个明确的答复："性"是人生命的品质、质地、质料；而"命"则是上天赋予人生命的限度、限止、规定性。

以上分析告诉我们，"性命"是指人从上天所获得的材质以及这些材质的使用限度。也就是说，人的性命并不是无限的，而是有限止和规定性的，所以人对自己的性命并不拥有决定权；人只有在性命的限度内，具备一定自我行为的权利。在这一点上，嵇康和汉魏人是一致的。然而在这个限度到底有多大、人到底拥有哪些自主权的问题上，嵇康和传统的观念是有差距的。汉魏人普遍相信"性命天定"，认为个体在此基本上没有发言权。例如：

> 人禀性命，或当压溺兵烧，虽或慎操修行，其何益哉？②
> 若令性命可以智德求之者，则发旦二子足令文父致千龄矣。③
> 道之将行也，命之将贵也，……不求而自得，不徼而自遇矣；道之将废也，命之将贱也，岂独君子耻之而弗为乎？盖亦知为之而弗得矣。④

---

① 戴明扬：《嵇康集校注》，北京：人民文学出版社，1962年，286页。
② 黄晖：《论衡校释》，北京：中华书局，1996年，468页。（《刺孟篇》）
③ 〔宋〕赜藏主辑：《弘明集·广弘明集》，上海：上海古籍出版社，1991年，8中页。（后汉佚名《正诬论》）
④ 〔梁〕萧统辑、〔唐〕李善注：《文选》，上海：上海书店，1993年，733页。（魏李康《运命论》）

以上所言基本上代表了汉魏时期一般人的性命观。在他们看来，一个人生下来性命就已经被上天决定了，无论人的智慧还是品德，都不能改变他的性命。一个人命中当贵，不求而自得；命中当贱，即便努力也无济于事。甚至在一个人所禀受的性命中，还包括他会怎样死去，如：被压死、烧死、淹死或被兵器杀死等等，连这些也是人力所无法避免的。因此在汉魏人的观念中，人生之吉凶、祸福乃至一切遭遇都由先天之性、命决定，是上天已经安排好的，后天的努力毫无意义；也就是说，人只能接受上天已经安排好了的命运，主观上的作为无益于事。如此这般，人几乎被剥夺了在个体性命问题上所有主动的权利。

这种观念无疑是养生论的劲敌。因为养生的目的是养性延命，既然性、命是被上天严格规定的，个体也就无权干预性命自身的趋势乃至每一个细节。嵇康主张养生有益，首先就必须从理论上证明性命可以改善的可能性。在和阮德如关于阴阳宅吉凶的辩论中，嵇康充分表明了自己和传统观念的分歧，极力扩大性命自身的限度，为个体争取改变性命的权利。他在《难宅无吉凶摄生论》中说：

> （阮氏）论曰：百年之宫，不能令殇子寿，孤逆魁冈，不能令彭祖夭。又曰：许负之相条侯，英布之黥而后王，皆性命也。（嵇氏）应曰：此为命有所定，寿有所在，祸不可以智逃，福不可以力致；英布畏痛，卒罹刀锯，亚夫惧饿，终有饿患；万物万事，凡所遭遇，无非相命也。……即如所论，虽慎若曾颜，不得免祸，恶若桀跖，故当昌炽，吉凶素定，不可推移；则古人何言："积善之家，必有馀庆""履信思顺，自天佑之"？必积善而后福应，信著而后佑来；犹罪之招伐，功之致赏也。苟先积而后受报，事理所得，不为暗遇之也。……既曰寿夭不可求，甚于贫贱；而复曰善求寿强者，必先知灾疾之所从来，然后可防也。然则寿夭果可求耶？不可求耶？既曰彭祖七百，殇子之夭，皆性命自然；而复曰不知防疾，致寿去夭；求实于虚，故性

> 命不遂。此寿夭之来，生于用身，性命之遂，得于善求。然则夭短者，何得不谓之愚？寿延者，何得不谓之智？苟寿夭成于愚智，则自然之命，不可求之论，奚所措之？①

阮德如认为，彭祖所以长寿而殇子所以短命，周亚夫（条侯）先为将相而最后饿死，英布受黥刑而后被封王，这些都是上天赋予他们的性命使之而然，也就是说这是命中注定的。这一观点正是汉魏间所流行的观念，即性命天定论。嵇康显然不同意这样的看法。他认为，如果人的寿夭、福祸都是上天早就安排好的，人力无法改变，那么，即便人们像曾子、颜回一样谨慎，同样不能避免灾祸；即便邪恶如夏桀、盗跖，同样能够兴旺发达。这样的结论显然是常人所不能接受的，因此嵇康引用古人的话进行了反驳。他认为，《易传》中说"积善之家，必有余庆""履信思顺，自天佑之"，就是说人们先积善而后就有福报来临，持守诚信、顺应天理就会得到上天的保佑；这就如同有罪的人被惩罚，有功的人得到奖赏，是人自己努力的结果，怎么能说都是性命中早就注定的呢？

阮德如认为，人之长寿与短命都是人力所不能改变的，但同时他又说要想长寿就得学会预防灾害和疾病，这就在无形中承认了人力在长寿中的作用。嵇康说，既然长寿需要人力的追求，那为什么不能说短命是因为愚钝、长寿是因为聪明呢？既然寿夭是由于人们的聪明和愚笨所导致的，那又怎么能说性命天定（性命自然）、人的追求是无能为力的呢？

显然，嵇康认为在"性命"问题上，人力依然有所作为，并非一切都是上天已经安排好了的。在《答释难宅无吉凶摄生论》中，嵇康表达了同样的思想：

> 吾适以信顺为难，则便曰信顺者，成命之理。必若所言，命以信

---

① 戴明扬：《嵇康集校注》，北京：人民文学出版社，1962年，275—277页。

顺成，亦以不信顺败矣。若命之成败取足于信顺，故是吾前难寿夭成于愚智耳，安得有性命自然也？①

既然信顺能够促成性命，那么同样也可以败坏性命。也就是说，人的长寿与短命是由人的聪明和愚钝所导致的，怎么能说性命是上天决定的呢？（此处所谓"性命自然"即"性命必然"，是性命天定的意思。）由此可见，嵇康的性命观和汉魏间所流行的"性命天定论"具有根本的差异。后者认为，"性命"是上天已经安排好的，人的主观努力无所作为；而嵇康则认为，人的后天行为对性命是有所助益的，充分肯定个人作为性命之主体，在养性延命问题上，拥有一定自主行动的权利。嵇康在论述养生时对此讲得更加清楚：

> 富贵多残，伐之者众也；野人多寿，伤之者寡也，亦可见矣。今能使目与瞽者同功，口与聩等味，远害生之具，御益性之物，则始可与言养性命矣。②
> 且螟蛉有子，果蠃负之，性之变也。橘渡江为枳，易土而变，形之异也。纳所食之气，还质易性，岂不能哉？③

嵇康认为，乡野之人高寿而富贵者短命，是因为后者纵欲伤性，而前者寡欲反得保生。所以他主张远离害生之具，多纳益性之物，就可以陶养性命。他甚至以螟蛉"变为"果蠃、橘子"变成"枳这种所谓性变说明，如果人能行吐纳、食气之术，同样可以改变自己的"性命"，成为长生不死的神仙。在前引资料中，嵇康还借用《神农经》中的话，说上药可以养

---

① 戴明扬：《嵇康集校注》，北京：人民文学出版社，1962年，297页。
② 同上书，180页。
③ 同上书，185页。

命、中药可以养性,认为人的性命可以通过药物加以调养。这些都表明,在嵇康的观念中,不仅保养性命是人力所及的范围,甚至认为通过努力就可以改变性命。这样的观点,无疑是对汉魏时期"性命天定论"的一种反动。

然而不容忽视的一点是,在嵇康的著作中,我们仍然可以发现"性命天定"的影子。嵇康说:

> 尧孔虽禀命有限,故导养以尽其寿。①
> 火蚕十八日,寒蚕三十日余,以不得逾时之命,而将养有过倍之隆。温肥者早终,凉瘦者迟竭。断可识矣。②

嵇康承认帝尧和孔子"禀命有限",也承认蚕有"不得逾时之命",甚至说"穷达有命,亦又何求?"③ 由此可以看出,在嵇康的观念中,人乃至生物的性命仍然具有一个无法冲破的限度。这个限度就是"命",它禀自于"天"(宇宙之本原实体),是上天为人和生物所确定的最终法则和界线。嵇康一方面承认"性命天定",另一方面又说人力可以改变性命,看起来似乎是矛盾的。那么,如何解释嵇康思想中的这种自我冲突呢?笔者以为,这个问题恰恰是理解嵇康性命观的关键,也是他和汉魏流行的"性命天定论"的根本分歧。其原因就在于,嵇康对汉魏间所流行的"性命天定",有自己全新的看法。

在嵇康的观念中,仍然保留了作为宇宙万物本原的实体之"天"。因此,说人的性命禀自于"天",是自然而然的事情,这和汉魏时期所流行的观念并没有多大出入。然而嵇康的贡献在于,他已经悄悄地用天地之

---

① 戴明扬:《嵇康集校注》,北京:人民文学出版社,1962年,177页。
② 同上书,179—180页。
③ 同上书,31页。

理,置换了那个作为宇宙万物本原的实体之"天"。他不仅认为宇宙万物之间存在共同的根本法则,同时也相信万事万物各有其自身的规则和条理,人当然也有其"性命之理"。如嵇康《养生论》曰:"诚知性命之理,因辅养以通也。"① 又说:"至于导养得理,以尽性命"②,"悟生理之易失,知一理之害生"③,都承认性命有其自身客观的内在理则,而人只有顺从性命之理,才能达到养寿延年的目的。

依嵇康之理推论,性命之理当然是来自宇宙的根本法则。因此在嵇康的思想中,所谓性命之理也就是宇宙根本之理赋予性命的限止和规定性。他所说的"禀命有限""不得逾时之命",也就是性命所具有的限止、界线,是客观的法则。如果说嵇康也具有"性命天定"观念的话,他所说的"天"主要是指宇宙的根本法则;而其主要思想则是,人的性命受到宇宙万物之根本法则的约束,但同时人又可以顺应性命之理进行养生。但汉魏人"性命天定论"中的"天",则主要是指实体性之天,甚至带有很强的意志特征;在这种"天"的规范下,人几乎被剥夺了所有主动性。就此而言,嵇康为个体生命向"天"争得了他所应有的主动性——循理养生。

此外,嵇康对性命限度的理解,和汉魏时期所流行的观点也有出入。在嵇康看来,和人们日常的经验性认知相比,性命自身的限度可能要宽广得多。只是因为我们通常囿于常见,才对养性延年持怀疑态度,这完全是由我们认识的局限性所决定的。因此,嵇康在谈到养生时说:

> 驰骋常人之域,故有一切之寿。仰观俯察,莫不皆然。以多自证,以同自慰,谓天地之理,尽此而已矣。纵闻养性之事,则断以所见,谓之不然。④

---

① 戴明扬:《嵇康集校注》,北京:人民文学出版社,1962 年,150 页。
② 同上书,144 页。
③ 同上书,146 页。
④ 同上书,153 页。

> 驰骛于世教之内，争巧于荣辱之间，以多同自减，思不出位，使奇事绝于所见，妙理断于常论；以言变通达微，未之闻也。①

所谓"常人之域""世教之内"，是指普通人的日常生活经验。在他看来，普通人常常囿于世俗之见，又有从众心理，所以思考问题往往不能跳出自己狭小的圈子，对于奇事和妙理常常持否定态度。一般人对于人的寿命长短也往往局限于常识，认为天地之理就是如此，不相信养生可以延年的道理。这表明嵇康已经深刻意识到，汉魏时期所流行的性命观，仅仅囿于世俗经验之谈，没有充分的理论依据。也就是说，在性命问题上，汉魏间所流行的观念只是一些经验常识。那么，在经验常识之外是否还有未知领域呢？汉魏流行的性命观显然否认这一点，而嵇康则为此预留了可能性。

在嵇康看来，"天地广远，品物多方，智之所知，未若所不知者众也"②。正因为他拥有这种观念，所以并不否定常识之外的可能性。而从另一个角度看，嵇康认为性命自有其内在的客观法则和限度，是超越于日常经验之外的，不能仅仅根据我们的常识就否定其存在。要言之，汉魏人的流行观念往往基于经验常识，认为性命的限度不能超越于经验常识之外；而嵇康则突破了汉魏人在性命问题上的常识之域，扩大了性命的限度，为养寿延年提供了理论上的依据。

嵇康承认"命由天定"，同时又强调可以养性延命，就是出于以上复杂的原因。当然，由于其思想中还保留着两汉以来"性命天定论"的痕迹，矛盾又是难以避免的。但毕竟对于传统"性命天定论"的冲击，才是其思想对历史的真正贡献。南朝宋刘孝标《辩命论》云："萧远论其本而不畅其流，子玄语其流而未详其本。"（唐李善注云："李萧远作《运命

---

① 戴明扬：《嵇康集校注》，北京：人民文学出版社，1962年，187—188页。
② 同上书，282页。

论》，言治乱在天，故曰论其本。郭子玄作《致命由己论》，言吉凶由己，故曰语其流。")① 三国魏李康字萧远，其基本主张是，人的性命是由上天决定的，我们的主观行动于此无能为力。郭象的《致命由己论》已经亡佚，由篇名和李善注来看，其基本观点是，性命吉凶是由人自己的主观行动所决定的。他们同属魏晋时期，从去世时间看，李康早于嵇康而郭象晚于嵇康。在性命问题上，李、郭二人分别体现了当时思想界的两个极端，而嵇康则恰好是这两极的中间环节，既主张性命具有"天道"所规范的法则和限度，同时又主张人拥有在性命问题上主动行为的权利。

需要特别强调是，按照嵇康的观念，人的性命虽然禀自于"天"，但每个人却又各不相同，有长有短，不能强求一致。他甚至相信世间还有神仙，因为他们从宇宙本原禀受的性命是特殊的，所以能够长生不死，但这不是通过学习就可以达到的②。由此可见，嵇康的理论既为普通人养生延年提供了可能性，同时也从名理思辨的角度，为道教的神仙学说提供了支持。事实上，嵇康的思想体现了世俗追求和宗教信仰兼顾的二重性。

嵇康说"齐万物兮超自得，委性命兮任去留"③，其中体现了一定的宗教情怀，但我们更倾向于把它看作一种人生的境界追求。这种境界可以在宗教信仰中达到，也可以在自由的审美体验中达到。养生毕竟只能延长有限的生命，却无法消除有限生命面对无限宇宙时的紧张与惶恐。悲剧就在于，肉体终归是有限的，而神仙虽有却又不可学，故走向精神境界的追求，也就成为嵇康必然的选择。嵇康精于琴艺、诗赋，这为嵇康打开了通往无限的一条路径，因为在艺术化的人生境界中，有限和无限的对立于无形中被消解了。

---

① 〔梁〕萧统辑、〔唐〕李善注：《文选》，上海：上海书店，1993年，747页。
② 嵇康《养生论》云："夫神仙……似特受异气，禀之自然，非积学所能致也。"（戴明扬：《嵇康集校注》，北京：人民文学出版社，1962年，144页。）
③ 戴明扬：《嵇康集校注》，北京：人民文学出版社，1962年，96页。

第四节 自　　然

在嵇康的观念中，"自然"一语大体上有三义：即必然、本然和自由。就万物的内在理则而言，嵇康认为客观事物之间存在某种必然的关联，是人为的原因所无法改变的。从个别事物的角度看，嵇康认为事物自身都有它的本相、本性，一个事物"本然"如此，这也不是外力可以改变的。而"本然"之义落实在人性上，就是"自由"，这恰恰是嵇康思想中最具特色的部分。追求必然和自由的统一，既是嵇康的人生理想，也是其艺术精神的最高目标。

嵇康认为客观事物之间存在着一定的内在条理，因此可以遵循性命之理养生，也可以"循端究序"探求万物的内在法则。所以如此，是因为在嵇康的观念中，万物之间的法则具有必然性，是客观存在的一种事实，只要仔细推究就可以获得。嵇康文论中的"自然"一词，就具有必然之义。嵇康称：

> 律吕分四时之气耳，时至而气动，律应而灰移，皆自然相待，不假人以为用也。①
>
> 按如所言，无故而居可占者，必谓当吉之人，瞑目而前，推遇任命，以暗营宅，自然遇吉也。然则岂独吉人，凡有命者，皆可以暗动而自得。正是前论，命有自然，不可增减者也。②

"律吕"是指乐律学中的十二律。在汉魏传统乐律学中，一年四季之气分别由乐音的十二律来标识。当不同季节之气来临时，就会和那个月份

---

① 戴明扬：《嵇康集校注》，北京：人民文学出版社，1962 年，212 页。
② 同上书，301 页。

的律管相应，因此律管里的蒹葭灰便应气而飞，这个律管的音调也就代表该月之气。从物理学的角度讲，五声、十二律都是前人在大量测量实践基础上获得的，具有特定的音高，不是可以随便人为改动的。十二律对应一年十二月，各是一个特定的音高；凡每月之气降临，该月律管之音便与此相应，这是必然的事情，非人力所致。故嵇康所谓"自然相待"，也就是必然相应的意思。这同时也说明，在嵇康看来，天地之间所存在的理具有客观必然性，不是人力可以改变的。

嵇康在和阮德如论阴阳宅时认为，如果说人的性命是上天已经确定好的，那么命中当吉的人，就是闭着眼睛走路、随意造房起宅，也必然会遇到吉事。推而论之，只要有命的人，不管他占卜还是不占卜，该吉的必然会吉，该凶的也必然会凶。嵇康认为，这就是阮德如所说的"性命自然"，即人的性命吉凶都有其内在的必然性，卜与不卜都不能对它有任何增减。在此段文字中，两个"自然"都是必然之义。故嵇康所使用的"自然"概念，具有必然之义，这也是符合嵇康本人思想的。因为嵇康相信，宇宙万物都遵循着一个根本法则，这个法则体现在万物之中，就是众理、万殊之理；也就是说，宇宙万物具有内在的必然秩序，彼此之间也存在着必然的关联。正是这一点，使得我们对世界的认识成为可能。

在"必然"的意义上使用"自然"一词，并不是嵇康的首创。在王弼的思想中，"自然"的"必然"义就是十分突出的，同时他还建立了一个"物无妄然，必由其理"[1] 的必然世界的宗统。王弼主张"物有其宗，事有其主"[2]；又说，"事有宗而物有主，途虽殊而其归同也，虑虽百而其致一也。"[3] 认为宇宙万物拥有一个共同的宗主，那就是"道""一""无"，万事万物都由这个最高的宗主所统摄。王弼解释《老子》"人法地，地法

---

[1] 楼宇烈：《王弼集校释》，北京：中华书局，1999年，591页。
[2] 同上书，129页。
[3] 同上书，126页。

天、天法道、道法自然"时说：

> 法，谓法则也。人不违地，乃得全安，法地也。地不违天，乃得全载，法天也。天不违道，乃得全覆，法道也。道不违自然，乃得其性，法自然也。法自然者，在方而法方，在圆而法圆，于自然无所违也。自然者，无称之言，穷极之辞也。①

在王弼的观念中，天、地、道、自然的主要含义是"法则"，而不是实体。从人法地、地法天、天法道、道法自然的序列来看，"自然"就是宇宙万物的根本法则，即便宇宙万物之宗主"道"也取法于"自然"。因此可以说，"道"和"自然"其实只是一体二用之称，"道"表述本原义，"自然"表述法则义，它们都是对宇宙万物之宗主的表述和称谓。"自然"既是宇宙万物的根本法则，也就无物可以违背它，所以说"物无妄然，必由其理"，故"自然"其实也就是"必然"。楼宇烈先生谈到王弼的自然义时也说："在一定意义上讲，王弼所谓的自然无为，也就是'必然'。……这也就是说，整个世界，包括天地万物和人类社会都是按照一个必然的秩序发生、发展，这个必然的秩序也就称作'自然'。"② 可见在王弼看来，宇宙万物都遵循着一个共同的根本法则。嵇康在接受这一观念的同时，还用"天道""天理"，来称谓那个统摄一切的根本法则。这样，整个世界也就纳入了一个拥有必然秩序的结构当中，这是人类认识世界的潜在前提，更是嵇康辨名析理的理论前提。

在嵇康的思想中，"必然"只是"自然"的其中一义。综观嵇康论文，其使用"自然"一词的基本含义是"本然"，即本来的样子，或者说是宇宙万物之本相、真相。如果说"必然"侧重的是万物之间的同一性，那么

---

① 楼宇烈：《王弼集校释》，北京：中华书局，1999 年，65 页。
② 楼宇烈：《王弼集校释·前言》，北京：中华书局，1999 年，10 页。

"本然"强调的就是具体事物的个性和自性。嵇康谓：

> 夫推类辨物，当先求之自然之理。①
> 夫同声相应，同气相求，自然之分也。②
> 终日驰思，莫窥其外；故能成其私之体，而丧自然之质也。③
> 是以困而后学，学以致荣；计而后习，好而习成，有似自然，故令吾子谓之自然耳。④

所谓"自然之理"，是指事物自身所存在的规律和法则；"自然之分"，是指事物之间彼此相互共鸣这一现象的客观存在。此种"自然"都是讲客观事物的本相，可谓之"物之自然"。"自然之质"，是指人心本来的质地，即没有受到染污的纯白之质；第四条中的两个"自然"，也是指人心的内在品质，因此可谓之"心之自然"。由此可见，嵇康观念中的"自然"既用于指称客观事物之本相，同时也用于指称主体内心之本相。但无论"物之自然"还是"心之自然"，都是从个别事物（包括人在内）的角度着眼，故此之谓"自然"，和万事万物之本性、自性、天性十分接近。就此而言，以上资料中的"自然"一词，完全可以用"本然"加以置换，指事物的本来面目。

当然，嵇康诗文中的"自然"并不能完全换成"本然"，但它们的内在含义却是相通的。上文所谓"必然"义，同样可以表述为"本然"。因为宇宙万物必须遵循的根本法则，就是客观事物"本然"具有的规律和法则，它存在于事物本身而不在事物之外。虽然从逻辑上讲，宇宙万物的根本法则高居于具体事物之上；但从宇宙万物的运动变化来看，根本法则就

---

① 戴明扬：《嵇康集校注》，北京：人民文学出版社，1962年，204页。
② 同上书，306页。
③ 同上书，240页。
④ 同上书，260页。

贯穿在这种大化流行当中，与具体事物合而为一。因此，从统摄宇宙万物的根本法则角度看，"自然"既是事物之本然，也是事物之必然，必然就是本然。

"物之自然"，既可以理解为事物本然的天性、自性，又可以理解为它们所要遵循的规则和条理。事物本身的天性、自性，虽然属于其内在规定，但在嵇康的思想中，它们又同是禀自于宇宙之本原，受到天的统摄。事物所遵循的规则、条理，也不仅属于自己，而且是宇宙万物根本法则的具体体现。在这一点上，"物之自然"体现了必然和本然、共性和个性的统一。

"心之自然"，即人性之本然、本相，同样可以理解为人的自性、天性，也可以理解为人心的内在规则和条理。从养生的角度来看，每个人所禀自于天的性命各不相同，因此年命也有差异；即便遵循性命之理养生，也要受制于天命的限止，因此个体性命之本然和天命之必然是一致的。可是，如果从规则和条理的角度来考察，如何理解"心之自然"，就不那么简单了。嵇康云：

> 感而思室，饥而求食，自然之理也。诚哉是言！今不使不室不食，但欲令室食得理耳。夫不虑而欲，性之勤（动）也；识而后感，智之用也。性动者，遇物而当，足则无余。智用者，从感而求，勤而不已。①

> 推其原也，六经以抑引为主，人性以从欲为欢。抑引则违其愿，从欲则得自然。然则自然之得，不由抑引之六经；全性之本，不须犯（笵）情之礼律。故仁义务于理伪，非养真之要术；廉让生于争夺，非自然之所出也。由是言之：则鸟不毁以求驯，兽不群以求畜；则人

---

① 戴明扬：《嵇康集校注》，北京：人民文学出版社，1962年，174页。

之真性无为，不当自然耽此礼学矣。①

在嵇康看来，男女之情、饮食之欲，是人本然的生理欲求。他认为养生并不是要禁止这些生理上的需要，而是要让它们符合性命之理。第二条资料告诉我们，人的本性在于追求欲望的满足，欲望得到了满足就是自然；人性之自然（本然、本相）不需要儒家六经的引导，生命本性的保全也不需要社会礼仪和律法的约束；所谓仁、义、廉、让，都是人为造作和争名逐利的结果，并非人性之本然（"非自然之所出"）。

由此看来，嵇康认为人拥有共同的本性，那就是本然的生理欲求，或者说是人禀受于天、而没有被人为扭曲的天性。嵇康所言"人之真性无为"，就是说人的本性没有人为的造作；所谓"不虑而欲，性之动也"，"性动者，遇物而当，足则无余"，就是说人的本性如果没有智巧思虑等因素的干扰，碰到外在的欲求对象往往适可而止，不会逐物不还。因此从根本上讲，人的本性反对外在的扭曲和造作；而且其中不应该包含外在的强制，这就是天性，即"心之自然"。在嵇康的观念中，各人的天性也是有差异的：

> 君子百行，殊途而同致，循性而动，各附所安。故有处朝廷而不出，入山林而不反之论。②
> 夫人之相知，贵识其天性，因而济之。……足下见直木必不可为轮，曲者不可为桷，盖不欲以枉其天才，令得其所也。③

嵇康认为人的天性各不相同，所以在现实生活中就应该"循性而动，

---

① 戴明扬：《嵇康集校注》，北京：人民文学出版社，1962年，260—261页。
② 同上书，116页。
③ 同上书，123—125页。

各附所安",而不应强求一致。朋友相处,更要"识其天性,因而济之",不能强人所难,让朋友去做违背自己天性的事情;这就如同直木不能作车轮、弯木不能作方形椽子一样,不应该枉费其天然之才,而要令它们各得其所。由此可见,嵇康已经深刻认识到保持事物之本性并让事物循性而动的重要意义;对于人而言,就是要顺应其各自不同的天性,这样才能够逍遥自在。作为一个抽象的人生原则,这种观念似乎是令人鼓舞的;但如果落实在具体生活中,却隐含着一个致命的弱点。当我们说顺从人的天性的时候,意味着人心拥有了自由选择、甚至不受约束的权利;而"心之自然"也就变成了"心之自由","自然"一词在这里的明确意涵就是"自由"。那么,人心是否应该具有绝对"自由"(自然而然)的权利呢?

在这个问题上,嵇康和向秀显然是有分歧的。从向秀的观点来看,他所谓"自然"就具有绝对自由的含义。向秀在《难养生论》中说:

> 有生则有情,称情则自然,若绝而外之,则与无生同,何贵于有生哉?且夫嗜欲,好荣恶辱,好逸恶劳,皆生于自然。①

依向秀的观点,人生来就好荣恶辱、好逸恶劳、好吃懒做,并且拥有各种各样的情欲和贪恋,这些都获得了满足,才算是"自然";如果人活着连这些都达不到,和死了又有什么区别呢?这种观点虽然极端,但和向秀、郭象的"逍遥义"却是一致的。向郭《逍遥游注》云:"夫小大虽殊,而放于自得之场,则物任其性,事称其能,各当其分,逍遥一也,岂容胜负于其间哉!"② 在他们看来,事物只要顺任自己的本性,无论大鹏和小鸟都可以获得逍遥,没有高低贵贱之分。逍遥就是自由、自然。向郭的理论虽然赋予了人人都可以获得逍遥的权利,却留下了一个致命的漏

---

① 戴明扬:《嵇康集校注》,北京:人民文学出版社,1962 年,162 页。
② 〔清〕郭庆藩:《庄子集释》,北京:中华书局,1997 年,1 页。

洞——如果一个人的本性是邪恶的，那该怎么办？由于向郭"逍遥义"只照顾到了事物各自的本性，并没有考虑万物是否应该受到一个根本法则的约束，所以个体事物的自由也就变成了绝对的。然而，没有约束的自由是不被社会所接受的，嵇康就发现了这个问题。他敏锐地指出：

> 今若以从欲为得性，则渴酌者非病，淫缅者非过，桀跖之徒皆得自然，非本论所以明至理之意也。①

嵇康认为，如果说只要适性就能够获得逍遥和自由，那么像夏桀和盗跖那样的恶人，他们做坏事也可以说是顺从自己的本性（心之自然），不应该受到谴责，显然这是我们所无法接受的。向郭"逍遥义"确实存在这样的缺陷。其根本原因在于，他们的理论赋予了个体事物以自由，却没有同时在理论上为这种自由确立规范。这恰恰体现了嵇康和向郭在"自然"问题上的差异。在向郭的观念中，"自然"仅仅是指事物个体而言，这就造成了"自由"的泛滥；而嵇康的"自然"则保留了必然义，也就是说，他为个体事物保留了万物必须遵循的根本法则，为个体事物的自由制定了规范。

在嵇康看来，万事万物虽然拥有各自的本性、天性，但同时又要服从它们从宇宙本原所禀受的法则、条理。因此，个体的自由是受到宇宙根本法则制约的，任何事物都应该是必然和自由的统一，人也不例外。这一点在解释人的社会行为时，就充分体现出了它的优越性。嵇康并不否认人具有各种各样的生理本能，而且认为应该因顺人的本性，使之在一定程度上自由发展。但嵇康并没有赋予个体之本性冲破社会道德规范的权利，在他的观念中，忠、孝、仁、义、公、信等儒家的道德理念，本身就具有宇宙根本法则的意涵，是人必须遵守的规范。嵇康谈到儒家的这些道德理念

---

① 戴明扬：《嵇康集校注》，北京：人民文学出版社，1962年，188页。（《答难养生论》）

时说:

> 管蔡皆服教殉义,忠诚自然,是以文王列而显之;发旦二圣,举而任之。①
>
> 若夫申胥之长吟,夷齐之全洁,展季之执信,苏武之守节,可谓固矣。故以无心守之,安而体之,若自然也,乃是守志之盛者(可)耳。②

在《管蔡论》中,嵇康称赞管叔和蔡叔"忠诚自然",也就是说,他们对周天子的忠诚是发自内心的,是本来如此,因此文王、武王、周公对他们的任用都是理所当然的,并没有错误。第二条出自嵇康狱中所作《家诫》,他告诉自己的儿子,像春秋时楚人包申胥的忠诚,周初伯夷、叔齐人格的高洁,春秋时鲁国大夫柳下惠的正直守信,西汉时苏武对母国的忠贞,都是非常坚固的。只要以无为之心去守护并认真体会,就能够做到让道德准则像从自己的心里发出来一样,这才是善于守志的人。言下之意,他认为道德理念和人的本能欲求一样,都可以是自然的,这里的"自然"即"发自本心"。所谓"本心",不仅是指生而具有的本能(天性),也可以是后天修养所得的信念(道德规范)。这样,嵇康思想中的"心之自然",也就转换成个体之本性和社会规范的结合,即自由和必然(社会道德规范对个体的必然要求)的统一。

由于人后天修养所得的信念,已经化为主体自律的行为,因此"心之自然"也可以称为自由、自律的统一。笔者认为,只有在此种意义上理解嵇康所谓"越名教而任自然",才更接近嵇康思想之本义。

《释私论》云:

---

① 戴明扬:《嵇康集校注》,北京:人民文学出版社,1962 年,245 页。
② 同上书,316 页。

夫称君子者，心无措乎是非，而行不违乎道者也。何以言之？夫气静神虚者，心不存乎矜尚；体亮心达者，情不系于所欲。矜尚不存乎心，故能越名教而任自然；情不系于所欲，故能审贵贱而通物情。物情顺通，故大道无违；越名任心，故是非无措也。是故言君子，则以无措为主，以通物为美。言小人，则以匿情为非，以违道为阙。①

"措"即安放、放置，此处引申为隐藏、隐匿②，"无措"也就是坦诚、坦荡的意思。嵇康认为，真正的君子应该做到两点，一是心胸坦荡、不隐藏自己的是和非，二是不违背天地之道。君子为人身心敞亮、通达，情感不为个人欲望所左右，就能深刻省察事物的贵贱、通达万物的情状，故能做到不违天道。君子神气渊静虚阔，内心没有骄矜和自恃，故能够"越名教而任自然"，也就是"越名任心"；君子能够超越世俗之名教而随顺本心，所以不会隐藏自己内心的是非。嵇康进一步认为，君子的标准就是通达物情和心地坦荡无私、不隐匿自己的真情；而小人的缺陷则是违背天道、隐匿自己的真实情怀。君子和小人人格上的高下，在嵇康的论述中剖判分明。

我们可以清楚地意识到，嵇康所谓"越名教而任自然"，指的是君子而非小人，只有君子才能够做到"越名任心"，随顺自己的本心行事。这里的"自然"，显然是指"心之自然"，即人内心的自由。嵇康为什么说"矜尚不存乎心，故能越名教而任自然"呢？"矜尚"即人内心的骄傲和自恃。一个内心没有骄矜和自恃的人，定然是心胸坦荡的君子。嵇康说：

---

① 戴明扬：《嵇康集校注》，北京：人民文学出版社，1962年，234页。
② 戴明扬校注云："《广雅》：'措，置也。'"结合《释私论》所言公、私问题，笔者以为，"措"的含义即安放、放置，在此引申为隐藏、隐匿之义，也就是"私"；"无措"就是不放置、不隐匿，即"公"。"心无措乎是非"，即心中不隐匿自己的是非，言君子心胸坦荡，不管是非，都不匿于怀。嵇康认为第五伦"有非无措"，就是说第五伦虽然有过错，但能不隐于怀，所以仍然称得上是"公"而非"私"。

> 心无所矜，而情无所系，体清神正，而是非允当。忠感明天子，而信笃乎万民。寄胸怀于八荒，垂坦荡以永日。①

可以看出，嵇康心目中"矜尚不存乎心"的君子，是那些禀性高洁、精神纯正、是非判断恰当公允的人。这样的君子，其忠心一定能感动并明示于天子，信义也一定能为万民所仰慕、笃信。他们胸怀宇宙、内心坦荡，永为世人之垂范。他们怀仁抱义、忠信可嘉，对于他们而言，社会的道德规范并不是外在的束缚和制约，而是自觉、自律的要求。嵇康认为，只有这些自觉、自律的君子，才能够超越世俗名教而随顺自己的本心。因为他们的本心时刻都有道德的自律，所以凡事都能任心而行（"任自然"）而不逾越社会规范；也就是说，他们超越于世俗名教之上，达到了自由和自律的合一。因此，"越名教而任自然"的真实含义，就是心灵自由和道德自律的统一，是必然和自由的统一。用孔子的话说，就是"从心所欲而不逾矩"，这是一种极高的人生境界。

由此可以明白，嵇康在自己的思想中为宇宙根本法则保留位置的现实意义。在嵇康的观念中，社会道德规范似乎就是人从"天"禀受而来的法则，是人必须遵守的律令，也就是"心之必然"。而嵇康观念中的"心之自然"，其实就是"心之必然"和"心之自由"的统一。

嵇康的这种精神境界是崇高的，但却是很难做到的，尤其在道德沦丧、小人和奸雄当道的魏晋之际。嵇康引用管仲的话说："君子行道，忘其为身。"② 又说："是以大道言：'及吾无身，吾又何患？'无以生为贵者，是贤于贵生也。"③ 嵇康自己也意识到，如果他坚持"越名教而任自然"的人生理念，很可能会付出生命的代价。因为当虚伪的名教当道的时

---

① 戴明扬：《嵇康集校注》，北京：人民文学出版社，1962 年，242 页。
② 同上书，235 页。
③ 同上书，234 页。

候，真正坚持名教理念的人反倒会为假名教所戕害。嵇康的好友吕安被兄长吕巽诬告捆母不孝，叔夜毅然挺身为之辩解，正是他"越名任心"的最好体现。而嵇康最终和吕安一起被杀的悲剧，也可以从他的人生信念中得到一些诠释。

  嵇康的自然观追求的是必然和自由的统一，他不仅承认宇宙万物之间存在必然之理，同时也肯定人作为个体所拥有的行为自由。嵇康认为，音乐的本质特征是"自然之和"，即"和"才是音乐的本然之理，从而扫除了前人强加给音乐的道德、情感等主观属性；但在音乐鉴赏活动中，他并不反对音乐可以兴发人的情感乃至道德情操，从而把主观想象的自由又还给了审美主体，使音乐之必然和审美之自由有机地结合起来。

第三章 论音乐之自性

历来论嵇康音乐思想者,对其"和声无象说"往往重视不够。所谓"和声无象",其实并非简单地否定音乐自身拥有具体的形象,而是在乐论领域扫除象数影响的一种尝试。剥离了具体艺术形象的纯音乐,在审美接受上,反而赋予了欣赏者更大的自由与想象空间;同时,剔除了象数观念影响的音乐,则摆脱了神秘主义氛围的束缚,回归音乐自身。嵇康主张"声无哀乐","和声无象"是重要的理论依据之一;而其核心的理论和思想根据则是"心之与声,明为二物"的哲学认识论。从认知活动的角度看,嵇康否认音乐自身具有哀乐等情感,但从审美活动的角度看,他并不否认音乐可以感发人的情感;这一点从近代西方的"移情说"和中国的"境界说",都可以得到证明。嵇康扫除了音乐中的象数和情感等因素,使音乐自身唯一所剩下的就是形式。他认为音乐的本质是"和",但内涵已经不再是儒家所谓"中和",而是富有道家本体论意义的"和",是不可分割的"一",与"道"相近;它本身虽然没有特定的形象和情感,但却赋予了审美主体情感兴发和审美想象的最大自由。

第一节 和声无象(上)

"和声无象"是嵇康"声无哀乐"思想的重要理论依据之一,但嵇康自己并没有充分展开这个命题,而只是把它当做一个不证自明的前提来加以使用。向来讨论嵇康音乐思想者也很少涉及,更不用说提起大家的充分重视了。我们以为，嵇康的"和声无象"说恰恰触及了汉魏音乐观的一个核心问题，即象数观念。汉魏士人的音乐观基本上还处在象数观念的笼罩之下，带有一种神秘主义色彩，而"哀乐"也属于音乐的象数特质之一，故在汉魏士人的思想中，音乐具有哀乐属性是天经地义的事情，无须多言。因此，在音乐中扫除象数观念的影响，也就成为嵇康音乐哲学的基本任务之一。而要弄清嵇康"和声无象说"的基本内涵和理论意义，也就必须要把汉魏士人音乐观中的"乐象"问题搞清楚。

谈到《声无哀乐论》中的"和声无象"，我们马上就会遇到一个难题，那就是嵇康《琴赋》中大量具体而微且华美瑰丽的音乐艺术形象。那么，二者是否存在矛盾呢？关于这一点，台湾戴琏璋先生有一个看法值得我们注意。他在《玄学中的音乐思想》一文中说：

> 所谓和声无象，是说和谐的声音无所模拟，无所反映。这里的"象"字，与《周易·系辞上传》"圣人有以见天下之赜，而拟诸其形容，象其物宜，是故谓之象"的"象"字用法相同，取模拟、反映的意思。嵇氏也用"象"字作动词，例如："此为文王之功德与风俗之盛衰皆可象之于声音。"其中"象"字也是模拟、反映的意思，出于一种有意的仿效和设计。嵇氏《琴赋》中描写琴声时说它"状若崇山，又象流波，浩兮汤汤，郁兮峨峨"。据此似乎也可以说嵇氏认为"琴声有象"。不过这"象"字当取类似或意象义，它是聆听者通过想象作用而产生的，与"和声无象"的"象"字不同。①

戴先生的论述可谓一针见血，指出嵇康《声无哀乐论》中的"和声无象"之"象"，和《琴赋》中的崇山、流波之"象"的含义并不相同。只是戴氏言之甚简，惜其未能提供更充分的论据并加以展开，尤其对"和声

---

① 戴琏璋：《玄学中的音乐思想》，台湾《"中国"文哲研究集刊》第10期，1997年，59—90页。

无象"的解释失之粗略。汉魏时期,"象"的含义是十分丰富的,不能一概而论;因此,我们必须把"象"放回汉魏具体的文化环境中进行考察。嵇康在《声无哀乐论》中提到了若干有关音乐传说的故事,它们在汉魏时期具有广泛的影响,可以代表当时思想界的主流观念,这为我们提供了一把打开音乐之"象"的钥匙。

在解释音乐之"象"以前,我们有必要对嵇康所谓"声""音声"(或"声音")作一个界定。在嵇康《声无哀乐论》一文中,"声"或者"音声"主要是指音乐,但同时也泛指一切声音——自然界的或者人为的。就"音乐"这层意思而言,嵇康主要强调的是器乐;而涉及声乐的时候,则主要是指纯粹的乐音组合,不包含歌词以及表演行为(如舞蹈以及带有情节和表情的举止)。嵇氏《声无哀乐论》中有如下表述可资印证:

> 夫治乱在政,而音声应之,故哀思之情表于金石,安乐之象形于管弦也。又仲尼闻韶,识虞舜之德;季札听弦,知众国之风。①
>
> 言比成诗,声比成音。杂而咏之,聚而听之。心动于和声,情感于苦言。②
>
> 夫声音,气之激者也,心应感而动,声从变而发。③
>
> 然律有一定之声,虽冬吹中吕,其音自满而无损也。④

第一条所谓"金石""管弦""弦",指的是打击乐和管弦乐。第二条则明确将诗、言和声、音区别开来,说明音声是指单纯的乐音,并不包括歌词在内。第三条和第四条则着重强调音声的物理特征,认为音声是气的振动与波荡,进一步将音声界定为纯粹的音响乃至气息的波动。通观叔夜

---

① 戴明扬:《嵇康集校注》,北京:人民文学出版社,1962 年,196 页。
② 同上书,199 页。
③ 同上书,205 页。
④ 同上书,212 页。

《声无哀乐论》，其所谓音声大体如此。由此我们可以推测，嵇康思想观念中的音乐，通常仅仅是指单纯乐音的规律性组合。蔡仲德也有类似看法，他认为，"《声无哀乐论》之'声'是指音乐，但并非如一般古代乐论那样指诗、歌、舞三位一体的音乐或乐舞，而是指无诗（"言"）、无舞（"形"）的纯器乐，或曰纯音乐。"① 蔡先生"纯音乐"之论可谓一言中的，恰恰道出了嵇康所谓音乐的本质特征，即不包含歌词和舞蹈动作的纯粹曲调与乐音。但汉魏以前通常所谓"乐"，则主要是指诗歌、音乐、舞蹈三合一的一种艺术形式。② 故此可以明确，嵇康《声无哀乐论》所谓"音声"，指的是纯粹的乐音（包括乐曲的旋律、节奏、音色等）以及所有自然的和人为的纯粹音响（不包括可以传情达意的语言）。

关于音声之"象"，嵇康在《声无哀乐论》中说：

哀思之情表于金石，安乐之象形于管弦也。③
此为文王之功德，与风俗之盛衰，皆可象之于声音。④
今必云，声音莫不象其体而传其心。⑤

以上表述说明，在嵇康观念中"象"字有名词（第一条）和动词（第二、三条）两种含义。名词意为形象、表象，动词意为反映、模拟。戴琏璋根据《易传》断定，此中"象"的含义是模拟、反映，应该说是颇有见地的，但戴氏却忽视了"象"字的名词义。我们以为，嵇康文中的上述说法以及他提出"和声无象"的观点恰恰表明，"音声有象"的思想正

---

① 蔡仲德：《〈乐论〉〈声无哀乐论〉注译与研究》，杭州，中国美术学院出版社，1997年，352页。
② 如春秋时期的《诗经》，战国时期的《楚辞》，以及宋人郭茂倩所辑《乐府诗集》，都记载了大量汉魏以前的乐舞歌词，表明汉魏以前所谓音乐，大多还是诗、乐、舞三者的合一。
③ 戴明扬：《嵇康集校注》，北京：人民文学出版社，1962年，196页。
④ 同上书，203页。
⑤ 同上书，208页。

是汉魏士人的流行观念。因此，我们将尝试从汉魏时期关于音声的资料中，去窥测"象"的具体内涵。

象数观念虽然源出于《周易》，但是却并不止于卦爻之用。到汉魏时期，象数观念在音律学方面也获得了长足进展，并且还用到了占卜上，发展出了音律占。三国时期魏国的管辂即擅长此术，他和王弼、何晏、嵇康等人大约同时，是非常有名的术士，被陈寿列入《三国志·魏书·方技》。相传管辂占卜之术十分灵验，其弟管辰说："夫晋、魏之士，见辂道术神妙，占候无错，以为有隐书及象甲之数。辰每观辂书传，惟有《易林》《风角》及《鸟鸣》《仰观星书》三十余卷，世所共有。"① 其中说管辂拥有《鸟鸣》一书，显然是用鸟鸣来进行占卜的著作。而且据管辰所言，这种书在当时社会上十分常见，可知音声占卜在三国时期非常普遍。管辂占鸟鸣甚精，略举两例：

> 辂又至郭恩家，有飞鸠来在梁头，鸣甚悲。辂曰："当有老公从东方来，携豚一头，酒一壶。主人虽喜，当有小故。"明日果有客，如所占。恩使客节酒、戒肉、慎火，而射鸡作食，箭从树间激中数岁女子手，流血惊怖。②

> 辂至安德令刘长仁家，有鸣鹊来在合屋上，其声甚急。辂曰："鹊言东北有妇昨杀夫，牵引西家人夫离娄，候不过日，在虞渊之际，告者至矣。"到时，果有东北同伍民来告，邻妇手杀其夫，诈言西家人与夫有嫌，来杀我婿。③

以上事例出自史官之笔，真确与否无从得知。我们这里关心的并不是

---

① 〔晋〕陈寿撰、〔宋〕裴松之注：《三国志》，北京：中华书局，1998年，827页。
② 同上书，815页。
③ 同上书，816页。

事情的真伪，而是假定管辂占卜可靠的话，他是怎样通过鸟鸣之声获得上述信息的。当有人问及管辂为何占卜如此灵验时，管辂的回答是：

> 辂答曰："夫天虽有大象而不能言，故运星精于上，流神明于下，验风云以表异，役鸟兽以通灵。表异者必有浮沉之候，通灵者必有宫商之应……此乃上天之所使，自然之明符。考之律吕则音声有本，求之人事则吉凶不失。昔在秦祖，以功受封，葛卢听音，著在《春秋》，斯皆典谟之实，非圣贤之虚名也。"①

通观上文，并结合汉魏象数观念流行的事实可以发现，管辂认为天地间幽微之事可以通过星辰、风云、鸟兽等的变换之"象"体现出来。就声音而言，五声、十二律都有其自身的规律，因此通过辨别鸟兽的鸣叫，就可以预知人事之吉凶，这些都是上天向人显明祸福休咎的手段。同时五声十二律本身，就是象数的组合体。例如五声：宫声数八十一，象为君；商声数七十二，象为臣；角声数六十四，象为人；徵声数五十四，象为事；羽声数四十八，象为物。推而言之，其象又可以为土、金、木、火、水，或季夏、秋、春、夏、冬等等②。而在这复杂的音律和象数组合中看出吉凶，确实不是一件容易的事情。《辂别传》云：

> 义博从辂学鸟鸣之候，辂言："君虽好道，天才既少，又不解音律，恐难为师也。"辂为说八风之变，五音之数，以律吕为众鸟之商，六甲为时日之端，反复谲曲，出入无穷。义博静然沉思，驰精数日，卒无所得。义博言："才不出位，难以追征于此。"遂止。③

---

① 〔晋〕陈寿撰、〔宋〕裴松之注：《三国志》，北京：中华书局，1998年，816页。
② 可参考《晋书·律历志上》。（〔唐〕房玄龄：《晋书》，北京：中华书局，1974年，486—487页）
③ 〔晋〕陈寿撰、〔宋〕裴松之注：《三国志》，北京：中华书局，1998年，815—816页。

学习鸟鸣之占必须了解八风之变、五声十二律的规律，没有音律天赋的人是根本做不到的。从管辂所谓"考之律吕则音声有本，求之人事则吉凶不失"这一点来看，他认为音声拥有自己的规律，只要深晓其理，就能够从鸟兽鸣叫之声中发现吉凶祸福的征兆。我们以为，上文所谓"老公东来"和"东北有妇杀夫"，都是鸟鸣之声本身所传达出来的"象"，因为管辂深解音律，所以能够从中辨别出吉凶休咎。简言之，即鸟兽之声借由音律可以形成事物之象，因此可以用来占卜祸福。在这里，"象"成为天人之间的媒介，上天可以通过"象"给人以预警，人也可以通过"象"了解天意。此处之"象"，作为名词是"征象"义，作为动词是"象征"义，具有预示和征兆的内涵。管辂曾提到"葛卢听音"的故事，嵇康《声无哀乐论》中的秦客也讲过，类似故事还有"羊舌母闻儿啼""师旷吹律以校声"等。而且秦客也认为，通过音声可以占卜吉凶，故云："推此而言，则盛衰吉凶，莫不存乎声音矣。"由是可见，秦客确实是汉魏士人音乐观的一个典型代表。秦客所说的故事典出于下：

《左传·僖公二十九年》："冬，介葛卢来，以未见公故，复来朝。礼之，加燕好。介葛卢闻牛鸣，曰：'是生三牺，皆用之矣。其音云。'问之而信。"①

《国语·晋语》："杨食我生，叔向之母闻之，往。及堂，闻其号也，乃还。曰：'其声豺狼之声，终灭杨氏之宗者，必是子也。'"②

《左传·襄公十八年》："晋人闻有楚师，师旷曰：'不害。吾骤歌北风，又歌南风，南风不竞，多死声。楚必无功。'"③

---

① 杨伯峻：《春秋左传注》，北京：中华书局，2000年，477页。
② 上海师范大学古籍整理研究所：《国语》，上海：上海古籍出版社，1998年，453页。
③ 杨伯峻：《春秋左传注》，北京：中华书局，2000年，1043页。

以上三条均可见于《左传》，该书于西汉末年因刘歆之力列入学官，从此成为官方认可的经学典籍，东汉以后影响尤大。东晋范宁《春秋谷梁传序》说："《左氏》艳而富，其失也巫。"① 认为《左传》的缺点是巫术色彩太浓，大概就是指上述不经之谈。但以上这类神异之谈所以能盛行于汉魏时期，应该和两汉以来以阴阳五行和象数观念为基础的"天人感应论"拥有密不可分的关系。如果说在春秋时期这类故事还停留在巫术阶段的话，那么到了汉魏期间，它们反而具有了理论上的强大支持，那就是阴阳五行学说和象数观念。由两汉乐律学和象数观念可以推论，音声乃气激而成，音声彰而成"象"，"象"显则吉凶祸福由之而出，这就是汉魏音声占卜的基本理论依据。

葛卢闻牛鸣之声，见其三子为牺牲（祭祀用牲畜）之象。羊舌母（叔向之母）闻儿啼，听其哭声有豺狼之象，所以推定此子（杨食我）将来一定会断送羊舌氏之宗族。师旷歌南风又歌北风，见南方有衰败之象（死声），所以断定楚国军队一定会打败仗。在汉魏乐律学和象数观念的笼罩下，这些带有巫术色彩的故事，反而成了当时许多人深信不疑的事实，如《声无哀乐论》中的秦客。嵇康从名理之学追求客观知识的目标出发，运用主客二分和逻辑思辨的方法，对这些传言不仅提出了强烈的质疑，还进行了有力的理论反驳。无疑，嵇康对于音声可以象征吉凶是持否定态度的，他的"和声无象"说就直接挖掉了这种音乐观的根基，认为音声本身并不能传达具体的形象。

但就汉魏士人普遍的音乐观而言，由于他们深信音声具有某种神秘的功能，所以"音声有象"也就是一种很自然的观念了。那么，音声之"象"的首要内涵就是"象征""征象"义。在这个意义上，音声就可以成为吉凶祸福的一种征兆、一种象征。

音声之"象"的第二义是"表象""表现"，前为名词，后者动词。

---

① 〔清〕严可均：《全晋文》，北京：商务印书馆，1999年，1343页。

就此而言，汉魏士人普遍认为音乐本身具有一定的表象，听音乐的人可以通过这些表象，得知音乐创作者或演奏者的精神世界，甚至可以看到他们的内在德性和外在风貌。反过来，音乐创作者或演奏者也可以把自己所想象的事物表现在乐曲中，形成音乐的表象。在《声无哀乐论》开篇，秦客即向东野主人发难，提出了两个当时所谓的常识："仲尼闻《韶》，识虞舜之德；季札听弦，知众国之风。斯已然之事，先贤所不疑也。"① 看来秦客对以上两件事是深信不疑的，而嵇康则持不同的看法。孔子闻《韶》之事见《论语》：

> 子谓《韶》："尽美矣，又尽善也。"②
> 子在齐闻《韶》，三月不知肉味。曰："不图为乐之至于斯也！"③

季札聘鲁听弦之事，见《左传·襄公二十九年》：

> （季札）请观于周乐……为之歌《王》，曰："美哉！思而不惧，其周之东乎！"为之歌《郑》，曰："美哉！其细已甚，民弗堪也。是其先亡乎！"为之歌《齐》，曰："美哉，泱泱乎！大风也哉！表东海者，其大公乎！国未可量也。"……为之歌《秦》，曰："此之谓夏声。夫能夏则大，大之至也，其周之旧乎！"④

从秦客的表述来看，他认为孔子听到《韶》乐，就能够从中看出舜的美德；而吴公子季札出使鲁国，每听乐官演奏一国的曲子，就能够从中听出这个国家的风土人情。也就是说，圣王大舜之德可以通过《韶》乐表现

---

① 戴明扬：《嵇康集校注》，北京：人民文学出版社，1962 年，196—197 页。
② 杨伯峻：《论语译注》，北京：中华书局，33 页。
③ 同上书，70 页。
④ 杨伯峻：《春秋左传注》，北京：中华书局，2000 年，1161—1163 页。

出来，而众国的风土人情也可以在乐曲中形成表象，因此欣赏者通过音律就可以作出判断。在秦客的思想中，无论《韶》还是季札所听众国之乐，都被看作仅仅是器乐曲（即纯音乐）。所以如此，无非是为了神化古人听声辨形的能力，以及音乐本身有象可察这样一种观念，而这些观念恰恰是在汉魏阴阳五行和象数观念的基础上形成的。真实情况是，春秋时期所谓"乐"通常是指诗歌、音乐、舞蹈的合一，其中诗歌部分可以表达众国的风土人情和人的情感、品德，而舞蹈甚至可以形象化地以肢体语言传达故事情节。因此，孔子和季札就可以很容易地从"乐"中，看出它所要表现的内容。故《左传·襄公二十九年》说季札在鲁"观于周乐"，而不说"闻于周乐"，拥有其深刻的时代内涵。嵇康就看到了这一点，但在《声无哀乐论》中，他所谓音乐是指不包含诗歌和舞蹈的纯音乐（或者器乐），这也就为他的"和声无象"说提供了更为坚实的理论基础。正是因为秦客受到汉魏象数之学的深刻影响，故对音声之象也确信不疑。

此外，《声无哀乐论》中提到的"伯牙理琴而钟子知其所志"和"师襄奏操而仲尼睹文王之容"两个故事，可以帮助我们进一步理解汉魏士人所谓音声之象的表象、表现义。

> 刘向《说苑》卷八："伯牙子鼓琴，其友钟子期听之，方鼓而志在太山，钟子期曰：'善哉乎鼓琴，巍巍乎若太山。'少选之间，而志在流水，钟子期复曰：'善哉乎鼓琴，汤汤乎若流水。'钟子期死，伯牙破琴绝弦，终身不复鼓琴，以为世无足为鼓琴者。"①
>
> 《孔子家语·辩乐解》："孔子学琴于师襄子，襄子曰：'吾虽以击磬为官，然能于琴。今子于琴已习，可以益矣。'……孔子曰：'某未得其为人也。'有间，孔子有所缪然思焉，有所睪然高望而远眺。

---

① 向宗鲁：《说苑校证》，北京：中华书局，1987年，183—184页。(此事又见于《吕氏春秋·本味篇》、《韩诗外传》卷九、《列子·汤问》等书)

曰：'某殆得其为人矣，近黬而黑，颀然长，旷如望羊，奄有四方，非文王其孰能为此。'师襄子避席，叶拱而对曰：'君子圣人也，其传曰《文王操》。'"①

第一则故事流传很广，言钟子期能够从伯牙的琴声中听出其太山、流水之志。也就是说，伯牙心中想到高山、流水，就能够把这些形象用琴声表现出来，而钟子期也能准确地从琴声中辨别出高山、流水之象。第二则说孔子习古曲，能够从琴声中听出创作者的形象——那个人面貌黝黑，身材颀长，心志高远有如站在高处远望群羊，因此孔子推测这个人一定是文王。这两则故事都想说明，音乐可以表现人内心的思虑、想象，并把它们凝结在音律中形成一定的表象，即音声之象，而欣赏者也可以通过音律获得同样的音声之象，两者是一一对应的。这种"表象"与"表现"的完成，我们只能按汉魏乐象观来理解，即乐音自身具有某种神奇的"凝象"功能，把音乐创作者的内心情感和想象，凝结在了乐曲当中，而且还可以重新播放和还原，就像今天的光盘或存储器。嵇康显然是不同意此种观点的，"和声无象"说本身就是一个明确的回答。同时，嵇康在《声无哀乐论》一文中，也进行了有理有节的反驳。

就音声之象的"表象""表现"义来看，嵇康认为音乐并没有特定的表象，也不能表现特定的内涵。嵇康的反对当然无法改变汉魏士人的乐象观，音声之"象"的表象、表现义，自然也是影响深远的。这是音声之"象"的第二义。

下面我们来讨论音声之"象"的第三义，"气象"与"象感"。

《礼记·乐记》云："凡奸声感人，而逆气应之，逆气成象，而淫乐兴焉。正声感人，而顺气应之，顺气成象，而和乐兴焉。倡和有

---

① 陈士珂：《孔子家语疏证》，上海：上海书店，1987年，204页。(此事又见《韩诗外传》)

应,回邪曲直,各归其分。而万物之理,各以其类相动也。"①

此谓人心为音声所感,就会有一定的体气与之相应:比如人为奸声所感就会生起逆气,逆气凝结为象便生淫乐(lè);人为正声所感就会生起顺气,顺气凝结为象便生和乐(lè)。我们以为,此段文字中的两个"象"可以理解为"气象",即体气在人的容貌和举止上的显现,也就是人心中喜怒哀乐等情感的外在表现。这种"象"既可以表现于个体之举止成为个人气象,也可以表现为群体的意愿和行动,因而呈现为一个群体或某一历史时期的社会气象。同时此种"气象"又能够通过音乐表现出来,并感染他人。嵇康《声无哀乐论》言"安乐之象形于管弦",这里所谓"安乐之象"即社会气象。刘向《说苑·修文篇》云:

> 子路鼓瑟,有北鄙之音……孔子曰:"……南者,生育之乡;北者,杀伐之域。故君子执中以为本,务生以为基。故其音温和而居中,以象生育之气也。……彼小人则不然,执末以论本,务刚以为基。故其音湫厉而微末,以象杀伐之气。……昔舜造南风之声,其兴也勃焉。至今王公述无不释。纣为北鄙之声,其废也忽焉。至今王公以为笑。彼舜以匹夫,积正合仁,履中行善,而卒以兴。纣以天子,好慢淫荒,刚厉暴贼,而卒以灭。今由也,匹夫之徒,布衣之丑也。既无意乎先王之制,而又有亡国之声,岂能保七尺之身哉?"②

此中两个"象"字都是动词,可以释为"体现出……之象",前者意谓君子演奏音乐"体现出生育之气象",而后者言小人奏乐则"体现出杀

---

① 《汉魏古注十三经·礼记》,北京:中华书局,1998年,136上页。
② 向宗鲁:《说苑校证》,北京:中华书局,1987年,508—510页。(此事又见《孔子家语·辩乐解》)

伐之气象"。子路弹瑟有"北鄙之声",而北方象征杀伐,因此乐曲中体现出杀伐的气象,所以孔子对子路提出了批评。孔子认为"北鄙之声"有杀伐气象,商纣就是因为此而招来杀身之祸,所以他担心子路会因此而不能保全七尺之躯。子路后来果然被卫国篡君蒉聩所杀害,未得善终。① 《说苑·修文篇》的叙述可能经过了刘向等人的改造,透漏出一股浓厚的天人感应论气息。它认为君子演奏音乐有生育气象,所以能够助长百物;而小人演奏音乐则有杀伐气象,会招来杀身之祸。子路奏瑟有杀伐气象,而其最后之不得善终正应了孔子的"预言",恰好说明这个故事的出台具有天人感应论的背景。汉人主张"同声相应、同气相求",天人感应的媒介是"气",而万物无不由气构成,上文所谓"气象"更是如此。这样,以"气象"为中介同样可以发生天人之间的相互感应,所以音乐能够导致天人之间的互动也就不足为奇。汉人本来就有"天降灾异,缘象而至"② 的观念,王充《论衡·乱龙篇》也记载了时人的这种观念,说:"楚叶公好龙,墙壁盂樽皆画龙象,真龙闻而下之。夫龙与云雨同气,故能感动,以类相从。"③ 可见天人之间也是可以通过"气象"来相互感通的。

音声之气象不仅可以令天人交感,同样也能够导致人与人之间的相互感应。嵇康《声无哀乐论》提到"鲁人晨哭,而颜渊察其生离"的故事。刘向《说苑·辨物》记载:

> 孔子晨立堂上,闻哭者声音甚悲。孔子援琴而鼓之,其音同也。孔子出,而弟子有咤者,问:"谁也?"曰:"回也。"孔子曰:"回何为而咤?"回曰:"今者有哭者,其音甚悲,非独哭死,又哭生离者。"孔子曰:"何以知之?"回曰:"似完山之鸟。"孔子曰:"何如?"回

---

① 子路被杀之事,详见《史记·仲尼弟子列传》。
② 〔南朝宋〕范晔:《后汉书》,北京:中华书局,1973 年,1992 页。
③ 黄晖:《论衡校释》,北京:中华书局,1996 年,698—699 页。

曰:"完山之鸟生四子,羽翼已成,乃离四海,哀鸣送之,为是往而不复返也。"孔子使人问哭者。哭者曰:"父死家贫,卖子以葬之,将与其别也。"①

颜回早晨听见有人哭泣,不仅能够感受到"其音甚悲",而且能够从中听出生离死别之象。这哭声就像完山之鸟的鸣叫,因为它生有四个孩子,四子长大之后即将各奔东西,所以彼此悲鸣相送。后经询问,果然这家人死了父亲,但因为家里贫穷无以葬父,只好卖子葬之,不仅有死别之痛,马上又要遭生离之苦。这样的故事表明,在汉人心目中悲伤之气可以凝结为一定的象,而听者通过这些"气象"就可以知道悲哀之所由来。《后汉书·蔡邕列传》载:

> 初,邕在陈留也,其邻人有以酒食召邕者,比往而酒以酣焉。客有弹琴于屏,邕至门试潜听之,曰:"僖!以乐召我而有杀心,何也?"遂反。将命者告主人曰:"蔡君向来,至门而去。"邕素为邦乡所宗,主人遽自追而问其故,邕具以告,莫不怃然。弹琴者曰:"我向鼓弦,见螳螂方向鸣蝉,蝉将去而未飞,螳螂为之一前一却。吾心耸然,惟恐螳螂之失之也,此岂为杀心而形于声者乎?"邕莞然而笑曰:"此足以当之矣。"②

此文所记与子路鼓瑟有杀伐之气象相类。弹琴者见螳螂捕蝉,恐其失手,所以心中为螳螂着急,便起了杀心,其心中的杀气也就不自觉地体现在琴声当中。蔡邕本人即是鼓琴的高手,且鸣噪一时,自然也就从中听出

---

① 向宗鲁:《说苑校证》,北京:中华书局,1987 年,473—474 页。(此事又见《孔子家语·颜回篇》)
② 〔南朝宋〕范晔:《后汉书》,北京:中华书局,1973 年,2004—2005 页。

了杀伐的气象,心有所感,以为主人对自己心怀叵测,故抽身而逃。后经主人解释,才打消了蔡邕的疑虑,彼此豁然冰释。

这样的事例告诉我们,在汉魏之际,人们普遍认为音声本身不仅可以传达一定的气象,而且通音律者也可以准确地感应到这些气象,从而达到相互感通的目的。这似乎是一种通识。此种观念认为,人内心的喜怒哀乐以及所思所想,都会在人体中形成一股气,这些气又可以进一步凝结而表现为外在的气象。同时,具有此种气象的人弹奏音乐,乐曲中就会体现出这种气象。此种气象不仅可以感染他人,甚至可以和上天产生彼此之间的相互感应,招致上天的赐福或罪罚。这是音声之象的第三种内涵,我们概之为"气象""象感"义。所谓气象,是指人心中之气凝结而为象。象感,是指因气象相类而引起的相互感应,汉人常说的"天人感应"就包含此意。

以上我们概述了汉魏士人关于音声之"象"的三种内涵:其一,征象、象征;其二,表象、表现;其三,气象、象感。其中的核心问题在于,汉魏士人的音乐观基本处在阴阳五行和象数观念的笼罩之下,带有浓厚的神秘主义色彩。这种观念认为,无论一首乐曲还是任何音声,都从最初的制造者(人或动物等)那儿携带了特定的信息,这些信息经由"气"又转化为"象"而凝结在音声当中。更为重要的是,精通音律的人就可以通过这些"象"逆推出音声所要传达的信息,且准确无误。同时,因为"象"由"气"成,故象感相召,根据同声相应、同气相求的道理,所以人和人、人和物乃至天人之间,就可以通过音声相互感召,达到彼此生气相通的目的。而人,也就可以从中窥测天机、趋吉避凶。

因此可以说,汉魏士人的音乐观还是一种天人感应论,其核心就是"气"和"象"这两个概念,而音乐的神秘功能也在于此。由于"象"由气聚而成,故否定了"象"也就等于砍掉了汉魏传统音乐观的一条腿,那套神秘的音乐理念也必然遭到重创。我们以为,从这个高度来看待嵇康的"和声无象说",才能真正领会它所具有的时代震撼力。

第二节　和声无象（下）

"和声无象说"不仅在嵇康乐论中占有重要地位，而且在整个汉魏乐论的发展过程中，也具有举足轻重的作用。它打碎了汉魏传统音乐观中的象数观念，将表象、征象、气象等内涵从传统音乐观中一扫而空；同时，也将汉魏士人赋予音声的表现、象征、象感等神秘功能，从音乐中剥离出来。这样做的结果，既为论证"声无哀乐"扫清了诸多障碍，也为音乐走向独立与自觉开辟了道路，让音乐鉴赏者拥有了更大的自由与想象空间。但综合考察嵇康的音乐观可以发现，尽管嵇康从理论上扫除了音声之象，但他在《琴赋》中却又充分发挥自己的想象力，赋予音乐以丰富的艺术形象。这种看似矛盾的表现，只有我们深入了解了嵇康"和声无象"说的内涵，才能得到一个完满的答案。

从字面上解释，"和声无象"是指和谐的音乐不包含特定、具体的艺术形象。也就是说，音乐本身根本无法通过具体的艺术形象，来表达特定的内容，因为音乐的特质是形式上的和谐，即"和声"，这种和谐的形式本身并无形象特征。那么，嵇康又是如何看待这个问题的呢？在他看来：

> 夫哀心藏于内，遇和声而后发；和声无象，而哀心有主。夫以有主之哀心，因乎无象之和声，其所觉悟，唯哀而已。[①]

人们在欣赏音乐的时候，常常会兴起哀乐等情绪。在嵇康看来，音乐鉴赏者之所以会产生悲伤的心情，并不是因为乐曲本身包含令人悲伤的形象，而是因为人心里本来就有哀恸的情绪存在，遇到和谐的音乐才感发出来，此即所谓"和声无象，而哀心有主"。也正是由于听众本来就怀有一

[①] 戴明扬：《嵇康集校注》，北京：人民文学出版社，1962年，199页。

颗感伤之心,所以尽管他听的是没有哀乐形象的协和乐音,内心所觉悟到的却只有悲哀。由此可以看出,音乐自身包含有哀乐之象,并且能够导致听众的哀乐,似乎是当时人的一种共识。这同时也说明,在汉魏传统音乐观看来,音乐本身不仅包含特定、具体的艺术形象,而且还能以此来感染和影响听众。《声无哀乐论》中的秦客就是这种观点的代表,而嵇康恰恰对此提出了挑战。通过秦客和东野主人(嵇康)的辩论,我们可以清晰地感受到这两种观点的交锋,从中也可以解开嵇康"和声无象说"的迷团。

秦客举"季札听弦,知众国之风""师襄奏操,而仲尼睹文王之容"为例,证明音乐可以传达特定的艺术形象。季札是春秋时吴国的公子,据《左传·襄公二十九年》记载,他出使鲁国时观看歌舞表演,观赏到一国之"风"①,就能够马上说出该国的风土民情。师襄子是春秋时著名的乐师,据《孔子家语·辩乐解》称,孔子跟随他学习鼓琴,居然能够从乐曲中听出周文王身材颀长、心志旷远的高大形象,师襄子非常佩服孔子,告诉他那首乐曲正是《文王操》。秦客借此所要说明的,就是音乐自身拥有特定的艺术形象和内容。创作者在完成一首曲子以后,他所要表达的内涵就会凝结在乐曲当中,当后人在演奏和欣赏它的时候,也能够从中听出作者所要表达的情感,并观想到其中的艺术形象。换句话说,一首乐曲本身拥有自己特定的艺术内容与形象,只要精通音律的人,就能够把它们进行最大限度的还原,甚至看到某些神秘的征兆。但是按照这种说法推演的结果,不仅会剥夺了音乐鉴赏者的想象自由,同时也会出现逻辑上的自相矛盾,根本无法自圆其说。嵇康敏锐地发现了这些问题,并提出了自己的看法。

嵇康从两个方面对这种观念进行了诘难。首先,从音乐发展史角度看,他认为"季札听弦,知众国之风"拥有特定的时代背景,需要具体看待,不能笼统地说音乐自身就包含各国的风土民情。因此他反驳说:

---

① 此处所谓"风"即《诗经》里的《国风》,其中大部分是采自当时不同诸侯国的民歌。

> 季子在鲁，采诗观礼，以别风雅。岂徒任声以决臧否哉？①

在嵇康看来，季札在鲁国听众国之"风"，是通过采诗、观礼来辨别风雅的，而非单纯凭借听"声"进行判断。这个看法基本上是准确的，也恰好道出了春秋时所谓"乐"和汉魏人所谓"音声"的区别。正如嵇康所言，春秋时的乐还包括诗和礼。例如《诗经》，其中的大多数篇目，在当时都是配上器乐来进行歌唱的，同时还伴随着具有一定故事情节的表演活动，嵇康所说的"礼"就体现在其中。因此用今天的话来说，春秋时的乐是一种综合艺术，其中不仅有器乐，还有描写一定社会生活内容的诗歌，以及表现一定风土民情的舞蹈表演。故此，季札当时观看鲁国乐人表演的曲目，能够说出它表现的内容，并不难于理解。所以嵇康认为，季札观乐而能辨别各国风情，是因为有诗歌和礼仪表演活动的帮助，而不是仅凭音乐，即单纯的器乐。因为在嵇康观念中，音乐是指没有歌词和舞蹈的纯音乐，或者器乐，是纯粹的音声组合。

其次，嵇康还从音乐实践和理论思辨的角度入手，对秦客"音乐有象"的观点进行了批评。这体现在以下两则资料中：

> 案如所云，此为文王之功德，与风俗之盛衰，皆可象之于声音。声之轻重，可移于后世，襄涓之巧，能得之于将来。若然者，三皇五帝，可不绝于今日，何独数事哉？若此果然也，则《文王》之操有常度，《韶》、《武》之音有定数，不可杂以他变，操以余声也。……此皆俗儒妄记，欲神其事而追为耳。②

> 今必云，声音莫不象其体而传其心，此必为，至乐不可托之于瞽史，必须圣人理其管弦，尔乃雅音得全也。舜命夔"击石拊石，八音

---

① 戴明扬：《嵇康集校注》，北京：人民文学出版社，1962 年，200 页。
② 同上书，203—204 页。

克谐,神人以和。"以此言之,至乐虽待圣人而作,不必圣人自执也。①

嵇康在音乐实践中注意到两种现象:其一是古今乐曲的变化,即前世流传下来的曲目,到了后代往往会发生很大的变化,严格意义上讲已经不再是真正的"古曲";其二,即便是同一首乐曲,演奏时因各人的处理不同,同一首曲子却往往出现不同的效果,即演奏者所表现出来的乐曲,实质上已经和创作者的原本意图并不一致。嵇康由此出发认为,《文王操》传到师襄、孔子之时早就发生了变化,已经失去了"常度"和"定数",掺杂了后人的变化和"余声",不再是原来的《文王操》,怎么可能从中听出文王之象呢?另外,如果说音乐能够传达创作者的特定意念,具有特定的形象,那么只有创作者自己演奏才能准确表达原意,其他人演奏的话就不能达到同样的效果。可是圣王大舜却让夔代替自己奏曲,同样达到了"八音克协,神人以和"的目的。这就说明音乐自身并没有特定的形象,也不能表现特定的内容。因此嵇康认为,那些描写"音声有象"的故事,都是俗儒为了神化古人听声能力而编造出来的,并不可信。

上文谓"文王之功德与风俗之盛衰,皆可象之于声音",意思是说:文王的功德和社会风俗的变迁,都可以通过音乐表现、反映出来。又说"声音莫不象其体而传其心",意思是说:音乐可以表现圣人的德行及其内心所思所想。就此而言,两个"象"字都是表现、传达之义,即认为音乐是人传达心意的媒介,客观上承载着一定的表象。这正是汉魏时期所流行的乐象观。这种观念强调音乐本身作为媒介的意义,认为它可以凝结创作者的意图及其所要表现的特定内容。

现代审美心理学的研究表明,一首乐曲在创作完毕交付听众的时候,就已经不再是作者自己的专利,欣赏者同时也成了第二创作者,乐曲往往

---

① 戴明扬:《嵇康集校注》,北京:人民文学出版社,1962 年,208 页。

加入了听者自己的理解和发挥。因此，即便作曲家想通过一首曲子表现某种特定的内容，但到了听众的耳朵里，就已经变成了另一回事。这就是嵇康"和声无象"说在音乐鉴赏上的理论意义。嵇康作为一个高超的音乐家，拥有丰富的创作和音乐鉴赏实践的经验，这让他看到了音乐创作和欣赏之间的根本差别。同时他也深刻认识到，音乐自身的内在特质是形式上的和谐，客观上不可能拥有具体的形象。而欣赏者内心世界的千差万别，更使得人们在听同一首曲子时，完全会出现哀乐两种截然相反的情绪。这就是嵇康所谓"和声无象，而哀心有主"的深刻内涵。否则，音乐鉴赏者就完全变成了被动的接受者，而丧失了主动参与音乐意境再创造的精神自由，鉴赏也就不能称其为鉴赏，而是被灌输和复制信息了。

嵇康主张"和声无象"，这对汉魏时期的象数传统是一种反动。

汉魏时期象数观念十分流行，其源出于《周易》，旨在通过卦爻之"象"和"数"预测人事的吉凶。但这种观念逐步扩展，使得"象数"不再局限于《周易》的卦爻，而是延伸到现实生活中各种具体事物的"象"和"数"，并以此来认识事物的变化。象数观念同样反映在汉魏士人的音乐观当中，乃至乐律有时变成了占卜的工具。汉代京房即擅长象数之学，并于五声、十二律之外另创六十律，但目的不是为了音乐创作与鉴赏，主要是为了通过音声进行占卜，以认识事物自身内在的幽微之理[①]。三国时期魏国的管辂亦擅长音声占卜之术，而且据史书记载十分灵验[②]。由此可见，通过音声之"象"（音声即听觉之象）、"数"考校物理，也是汉魏时期的一种风尚。

在嵇康的观念中，音声（主要指音乐）有其自身之理，那就是"和"。他所谓"和"并非单纯指和谐的乐音，而是具有其深刻的形上学意涵，是

[①] 《后汉书·律历志上》记载，京房擅六十律之法，称"以六十律分期之日，黄钟自冬至始，及冬至而复，阴阳寒燠风雨之占生焉"。（〔南朝宋〕范晔：《后汉书》，北京：中华书局，1973年，3000页。）

[②] 可参考《三国志·魏书·管辂传》。

不可分割的"一",和道家所谓"道"具有同一性。在此种情况下,音声之理"和"就已经不再是一般的物理,而是"至理""非常之理",具有形而上的意蕴。嵇康认为,"非常之理"是不能通过言、象、数这种一般的方法来进行认识的。在他看来,"形象著明,有数者犹尚滞之"①。即形象分明且有数可求者,往往还无法认识。至于非常之理"和",则是"天下微事,言所不能及,数所不能分"②,更不能用象数之理去追求,而只能通过切身的体悟和领会去加以把握。嵇康对音声之"和"的把握,就得力于其丰富的音乐实践和审美体验。他在《琴赋》中谈到自己对音乐的亲身感受时就说:

> 性洁静以端理,含至德之和平,诚可以感荡心志,而发泄幽情矣。③

他认为音乐自身含有端静之理、至德之和平,可以感荡人的心志、发泄内心的幽情。而所谓至德之和平,正是在音乐的审美体验中把握到的,而不是通过名理和象数的分析获得的知识。因此,嵇康所谓"和"乃是体悟之理,而不是逻辑辨析之理,无法通过象、数加以推求。他提出"和声无象"说,不仅从根本上否认音声拥有具体的形象,也否定了音声之理可以通过象数推求、甚至可以用来预测人事吉凶等传统观念。

嵇康在音乐中扫除"象"的举动并不是孤立的,这和王弼在易学中扫除"象数"具有异曲同工之妙。魏晋之际玄学兴起,以王弼为首的以老解易之风十分盛行,易学经历了一次道家思想的洗礼,人们对于言、象是否能达到对事物自身之"意"的认识,也产生了争论。王弼、荀粲对此都有

---

① 戴明扬:《嵇康集校注》,北京:人民文学出版社,1962年,282页。
② 同上。
③ 同上书,106页。

精彩的论述，认为意在言、象之外，是言、象所不能企及的领域。《三国志·魏书·荀彧传》注所引《晋阳秋》中，记载了荀粲谈论言、象、意的一段话：

> 盖理之微者，非物象之所举也。今称立象以尽意，此非通于象①外者也。系辞焉以尽言，此非言乎系表者也；斯则象外之意，系表之言，固蕴而不出矣。②

《周易》本身是通过卦爻之象及其数理变化来揭示天地万物的奥秘，后人又通过"系辞"对此作了进一步的解释和演绎。但荀粲认为天地间的幽微之理并非象数和言辞所能穷尽，若拘拟于言象，其背后的意蕴就可能被淹没。因为言、象只能表达事物表层的含义，而不能深达"理之微者"，即形而上的意旨。荀粲并没有说明如何才能达到"象外之意"，王弼则给出了自己的答案。在王弼看来：

> 言者所以明象，得象而忘言；象者所以存意，得意而忘象。……是故，存言者，非得象者也；存象者，非得意者也。得意在忘象，得象在忘言。故立象以尽意，而象可忘也；重画以尽情，而画可忘也。③

王弼强调得意的关键是忘言、忘象，而存言、存象则会妨碍其背后意蕴的呈现。也就是说，言、象可能会成为我们通达天地奥秘的障碍，必须予以清除，方法是"忘"。由此可见，在王弼看来形而上的"意"并不能通过言、象和逻辑的推理获得，根本的方法就是忘言、忘象，即通过亲身

---

① 笔者按：《三国志》作"意"字，从上下文义来看，此处应是"象"字之误，今从"象"进行解释。
② 〔晋〕陈寿撰、〔宋〕裴松之注：《三国志》，北京：中华书局，1998年，319—320页。
③ 楼宇烈：《王弼集校释》，北京：中华书局，1999年，609页。

体会和领悟去把握。只有扫除了具体的象数和名言,我们才能通达超言绝象之境。因此,在荀粲、王弼看来,具体的言、象根本就无法企及幽微之理,这和嵇康"天下微事,言所不能及,数所不能分"① 的观点是一致的。嵇康又称:"吾谓能反三隅者,得意而忘言"②,意谓一个人要想做到举一反三,就必须得意而忘言。可见他对王弼"忘"的方法似乎也有所体认。

王弼、荀粲在易学中扫除象数,为人们追求言外之象、象外之意提供了新的路径。嵇康主张"和声无象",在音乐领域扫除象数的影响,则是为了摆脱具体之象对音乐的束缚,从而直追音乐之本体"和",那个只有通过审美体验才能把握的音声之理,同时也是心灵的一种极高境界。因此,嵇康的"和声无象"说,是对汉魏传统音乐观的突破,也是对当时象数之学的一种突破。"和声无象"这一论断,将音乐中具体而特定的"象"剥离出来,也就彻底否定了汉魏士人所谓音乐之表象、征象和气象。那么,汉魏士人通过这些特定之象而赋予音乐的神秘功能,也就同时被取消了。在《声无哀乐论》中,嵇康正是抓住了"和声无象"这一要点,将纯音乐从汉魏传统乐律观中解放出来,让音乐艺术回归自身,而不是被阴阳五行和象数观念所绑架。当音乐摆脱了"象数"枷锁的束缚,无论音乐创作者、演奏者和欣赏者,也都获得了极大的精神解放和艺术创造上的自由。

"和声无象"说将特定而具体的"象"从音乐中扫除净尽,从而突出了音乐自身所具有的"和"。然而在音乐实践中,尤其是音乐审美活动中,随着一首乐曲悠扬、跌宕的旋律,我们又会不由自主地进入一个想象的世界,在我们的脑海中常常会出现瑰丽多姿的风景画面,甚至清晰的艺术形象,将我们的心灵带进一种生动活跃、缥缈悠长的意境中。这种情况在我

---

① 戴明扬:《嵇康集校注》,北京:人民文学出版社,1962 年,282 页。
② 同上书,209 页。

们欣赏音乐时常常发生，而且具有普遍性，并不是偶然的心血来潮。既然嵇康说"和声无象"，我们又如何理解这种现象的产生呢？尤其在嵇康《琴赋》中，这种场面也时常浮现：

> 尔乃理正声，奏妙曲，扬《白雪》，发《清角》。……状若崇山，又象流波，浩兮汤汤，郁兮峨峨。①
> 乘险投会，邀隙趋危，譬若离鹍鸣清池，翼若浮鸿翔层崖，纷文斐尾，慊縿离纚，微风余音，靡靡猗猗。……疾而不速，留而不滞；翩绵飘邈，微音迅逝。远而听之，若鸾凤和鸣戏云中；迫而察之，若众葩敷荣曜春风。②

嵇康描述自己演奏音乐时的心境，极尽艺术想象之能事。他用崇山、流波、离鹍、浮鸿、鸾凤、众葩等艺术形象描写音乐，将本来流淌于琴弦之上的无形旋律，描绘为一幅幅绚丽多彩的生动画面，大大增强了艺术感染力。这种描述当然易于为普通音乐鉴赏者所接受，也是一种通识。但这和嵇康自己所主张的"和声无象"说似乎存在矛盾，钱锺书先生就曾经指出这个问题：

> 《琴赋》初非析理之篇，故尚巧构形似（visual images），未脱窠臼，如"状若崇山，又象流波"等。《声无哀乐论》则扫除净尽矣。③

钱氏认为，《琴赋》所以崇尚艺术形象的巧妙构思，是因为这篇文章不是为了辨名析理，所以没有摆脱以往诗赋的窠臼。而《声无哀乐论》才

---

① 戴明扬：《嵇康集校注》，北京：人民文学出版社，1962年，93页。
② 同上书，99—101页。
③ 钱锺书：《管锥编》（第三册），北京：中华书局，1999年，1087页。

是名理之辩的论文，所以将音乐中的形象扫除净尽。钱锺书先生把这种矛盾归结为文体差异，虽然已经触及问题的要害，但却言之不详，更没有从音乐鉴赏和音乐哲学的高度进行深入的理论探讨与挖掘。钱氏所言并没有说明这种现象的内在原因，只是蜻蜓点水般轻轻一触，便飘然而去，让人心生意犹未尽之叹。

我们认为，嵇康的"和声无象"说与音乐鉴赏中的艺术想象并不矛盾，而且前者恰恰是后者的理论前提。原因在于，"和声无象"中的"象"是指音乐自身所特有的形象，是音乐的客观属性。例如：一个作曲家创作了一首曲子，他在这首曲子中寄托了自己的一些特定情怀和心境，其中包含各种事物的具体形象。而在汉魏传统音乐观看来，所谓音乐之象就是指作曲家所赋予乐曲的那些具体而特定的形象，甚至还包括作曲家本人的心境和形象，这些都能够通过曲子传达给音乐欣赏者。嵇康所否定的，正是这种音乐本身所具有的客观之"象"，它是在乐曲创作时就被赋予的，后来者并不能随便加以改变。这种音乐观意味着，鉴赏者被强行规范在一首乐曲所谓的"客观情境"中，失去了审美想象的自由。

然而我们注意到，《琴赋》中所谓崇山、流波之象，并不是指音乐自身所具有的"客观形象"，而是嵇康在音乐审美活动中自由想象的结果，即在审美想象中所生成的"艺术意象"。这些意象并非来自音乐本身，而是来自审美主体的主观想象，与"和声无象"中的"象"（表象、征象、气象）完全是两码事。由于嵇康从理论上消除了汉魏音乐观中的客观音乐形象，从而把审美主体从所谓的"客观情境"中解放出来，让音乐鉴赏者真正拥有了审美想象的自由，并参与到音乐艺术的再创造当中。嵇康这种超越于时代的音乐理论，和我们今天的审美心理学暗相契合，可谓开时代风气之先，历久而弥新。

从另一个角度看，嵇康的"和声无象"说是从认知活动入手，立足于主体与客体的二分，强调主体对客体（音乐自身）属性的认识，排除了主观因素的介入，从而认为音乐自身是没有客观形象的。但是在具体的审美活动中，他又强调审美主体的想象自由，并不否认在音乐的审美想象中，可以产生具体的艺术形象——意象。因此可以说，"和声无象"这一命题属于认知活动范畴，而《琴赋》中的艺术想象，则属于审美活动范畴。正是因为嵇康扫除了音乐自身所具有的特定之象，所以审美主体才会拥有更大的自由，以一切"艺术意象"去解读音乐的内涵。而审美主体地位的凸显，则进一步为音乐艺术的发展开辟了道路。

第三节　声无哀乐（上）

《声无哀乐论》是嵇康乐论的集中体现，在我们对"声无哀乐"这一观点展开论述之前，有必要先看一下嵇康本人是如何论证"声无哀乐"的，及其最后所得出的结论。这篇文章采用的是辩难体，即一问一答、一驳一辩的方式，对话是在秦客（难者）和东野主人（嵇康）之间展开。和嵇康对话的秦客，我们今天已无从考证其人，"对号入座"也没有太大的理论意义，我们所能够明确的，是他代表了汉魏时期一般士人的音乐观念，或者说汉魏时期所流行的音乐观。厘清二人辩论的内在逻辑和线索，其中的是非、得失与利弊也就可以看得更加清楚一些。我们就顺着二人的辩论，尽量把他们各自的观点、论据和思路，简明扼要、提纲挈领地展现出来。

一难：秦客从《乐记》"治世之音安以乐，亡国之音哀以思"出发，认为太平治世百姓生活安乐，故安乐之象就会显现在他们的乐歌中；国家衰败、濒临灭亡、百姓生活凄苦，哀思之情就会表现在乐歌中。所以，古人认为音乐本身是有哀乐之情的。例如：孔子在齐国听到《韶》乐，能够从中识别出圣王大舜的仁德之治（及百姓的康乐）；季札在鲁国欣赏众国的乐曲，能够从中看出不同诸侯国的民情（哀思与凯乐）。因此，他质问东野主人为什么认为"声无哀乐"，并请他讲出理由和根据。

一答：嵇康主要是从辨别名实和区分主客这两个角度来进行回答的。

首先，从名实角度看，人们一般把哭泣称为哀，把歌唱名为乐，然而事实上，哭泣的人心里不一定悲哀，歌唱的人内心也不一定快乐。例如：不同的地区风俗不同，歌唱和哭泣所表达的情感也不同，如果把它们交错而用，听见哭泣的人可能会高兴，听到歌唱的人反而会悲伤。同时，我们以同一种情感可以发出若哭、若欢、若歌、若泣等万千种声音，可见音声本身并没有常度，它和人的内心情感也不是一一对应的关系，哭声与歌声并不等于哀伤和欢乐。由是可知，音声本身并没有哀乐，有哀乐的是人心。其次，从主体与客体二分的角度看，音声和气味一样，都是天地间客观存在的事物，而哀乐则属于主体内在的情感，主客有别，不能相互混淆。味道的甘苦是客观存在的，不能因为我喜甘便称之为喜味，我怒苦便称之为怒味，我喜爱的人则称为爱人，我憎恶的人就称为憎人。同理，如果我们听一首乐曲产生了快乐的情感，不能说这就是一首乐（lè）曲；另一首乐曲让我们产生了悲伤的情感，也不能就称之为哀曲。因为哀乐属于主体情感，而音乐本身则是一种客观存在物，两者不能等同。

　　再次，音乐是一种和谐的声音，和谐的乐音本身并没有哀乐的征象、表象与气象，和谐才是它的本质，此之谓"和声无象"。人们听一首乐曲所以会有哀乐之情，是因为内心先有了哀乐之事，在听到和谐的乐曲之后才兴发出来。这种情况是人心中已有哀乐之情在先，而听音乐在后；音乐本身并没有哀乐之象，哀乐之情乃是从人内心发出，故不能说"声有哀乐"。所谓"亡国之音哀以思"，是说国家衰败、百姓疾苦、人心思变，故发出哀切之言，言比成诗、歌而咏之、聚而听之。百姓内心本来就有悲戚之情，再听到这样的歌曲，不免就会涕泣流连、悲叹不已。国史采集这样的乐歌，目的是为了从中审查政教的得失、国风的盛衰，并以此警戒君王注意这些亡国的先兆。"亡国之音"本身只是和谐的乐曲，并没有哀乐可言，有哀乐的只是百姓和唱歌的人。

　　至于季札，他在鲁国听的《国风》，除了器乐，还配有诗歌、乐舞等礼仪表演活动，故能从中看出各国的风土民情，而不是单纯凭音声得出的结论。孔子在齐国闻《韶》，不过是感叹乐曲的和谐专一、美妙至极，未必就是从中看到了虞舜的仁德与百姓的和乐。

二难：第一，虽然八方异俗、歌哭万殊，心哀者可以歌唱，心乐者也可以悲泣，但对那些善于听声察形的人来说，即便音声变化无常，也能从中分辨出背后的隐情。例如：伯牙理琴，钟子期从琴声中识其山、水之志；隶人击磬，钟子期能从磬声中得知他内心的悲哀；鲁人晨哭，颜回能从哭声中辨别出生离死别之情。可见，对于神明独察者而言，音声背后的隐情历历可见。因此，你的论据并不能证明"声无哀乐"，反而说明音声还是有哀乐的。第二，你说季札是听诗、观礼而知众国风情，孔子感叹《韶》的美妙而未必识见舜王的仁德，这是什么话呢？那么，师襄子弹琴，孔子从琴声中睹见文王之容；师涓向卫灵公进献琴曲，而师旷知道那是殷纣王所听的亡国之音；按照你的看法，像孔子、师旷这样的神妙独见，也是通过听诗、观礼才得出的结论吗？请不要以自己的一管之见，去污蔑、否定前贤微妙独察的能力。第三，即便我所爱者不能称为爱人，我所憎者不能名为憎人，但毕竟爱因其可爱（贤）而起，憎由其可憎（愚）而生。同理，既然音乐能够让人产生哀乐之情，怎么能说音声本身没有哀乐属性呢？

二答：嵇康的回答集中于两点，一，通过思辨否定古人具有"神妙独察"的能力，借此挖掉秦客立论的基石；二，重申心物二分、和声感人的内在机理。首先，嵇康认为，如果说季札仅凭听音乐就能识别众国的风情，而师襄奏操、孔子睹文王之容，和师涓献曲、师旷辨声这类事情是真实的，那么，它就隐含着一个前提。这个前提是：众国风情、文王功德、商纣亡国的征象、表象与气象都可以凝结在乐曲中，而乐曲本身及演奏者的技巧也必须完整地保留下来，且乐曲本身在流传过程中还不能发生变化或被他人演绎与篡改。（显然，这个前提是不成立的）只有这样，乐曲所要传达的信息（意象）才能完整、准确、不变形，并被季札、孔子、师旷这样的人解读出来。如果真是这样，那么，认为无论音声怎么变化无常，像钟子期这类神妙独察的人都能从中辨别出背后的隐情,就是没有根据的。反之,如果钟子期的"神妙独察"是真的,那么季札、孔子、师旷也就不需要凭借乐曲来识别其背后的隐情;换句话说,他们并不是从乐曲中听出了什么,而完全可能是心里已经有数,不过借题(乐曲)发挥罢了。由此可以推断,这类记载应该是俗儒妄记,目的是想借此夸大和神化古人的能力。

其次,贤德招人喜爱、愚鄙遭人憎恶,这是人情之大体。但是,人听音乐而产生哀乐之情,却不可如此类比,不能说"悲伤的音乐"让我悲伤、"快乐的音乐"让我快乐。无论快乐和悲伤,都是"和谐的乐音"感发人情的结果。和谐的乐音并没有哀乐,只是因为人心中先藏有哀乐之事,而在听到和谐的音乐后心灵受到触动,故哀者发其哀、乐者发其乐,如是而已。这就像喝酒一样,同样的人喝同样的酒,有的人发怒,有的人却欣喜不已。酒本身只有甘苦之味,而没有喜和怒的特性。同理,乐曲本身也只有好听、不好听之分,而没有哀乐属性。

三难:秦客重申人具有神明独察的能力,认为一个人的内在情感是可以通过声音辨别出来的。通常一个人的内心变化都会表现在气色上,因此,观察一个人的气色,就可以了解其内在情感的变化。同样,一个人心动了,内在气息便会受到激荡,表现在外就是他的声音,心有起伏,声音自然会有高低、大小之应。既然喜怒可以彰显为气色,那么,哀乐当然也可以表现为声音。所以声音是有哀乐的,只不过暗昧的人无法察觉,而钟子期这样的人便可颖然独见。试想,一个盲人面对墙壁却一无所见,而离娄却可以在百步之外看到秋毫之末,这就是人与人之间能力上的差距。我们不能因为自己无法分辨声音的哀乐,就否认世界上存在孔子、师旷、钟子期这样神明独察的人。事实上,古往今来这样的事例很多,不能一概都斥之为俗儒妄记。

三答:嵇康利用归谬法乃至诡辩,从秦客的观点出发,将其放大、夸张从而推向反面,以彰显其观点的荒唐。第一,如果说钟子期之徒真的拥有神明独察的能力，那么汉代富豪郅氏和浊氏之饱足，首阳山伯夷、叔齐之饥馑，卞和献宝而蒙受奇冤，伯奇至孝却被后母污蔑，蔺相如含怒目视秦王，陈不占的无勇而有义，如此种种千变百态，让他们各自都发出一声歌唱或弹拨几下琴弦，钟子期果然就能听出其中的原委吗？第二，秦客认为喜怒和哀乐都出于人身，既然喜怒能从气色上观察出来，那么哀乐也就能从声音上辨别出来。嵇康推论说，放屁也是从人身发出，假如有人放了个响屁，那么师旷、钟子期是否也能辨别出屁声的淫邪与中正，乃至放屁之人的心情呢？又如：人在高兴、悲伤和被烟熏了眼睛时都会流泪，如果让味觉敏锐的易牙尝一尝，他必定不会说乐泪甜而哀泪苦，这是人所共知的常识。人的肌体只要受到适当的刺激，就会流泪或者出汗，而泪、汗本身却没有哀乐。就像酒，即便漉酒的器具不同，也不会改变酒的味道。声音和汗泪一样，都是从人的身上发出来的，为什么声音就一定要有哀乐之情呢？第三，如果说音声本身必然承载着一定的意象、表象和征象，并能传达作者的心情，那么像《咸池》《六茎》《大章》《韶》《夏》这样的古代圣王之乐，就必须圣人自己操弦鸣管，而不能让乐官们代劳，才能保证雅音信息传递的完整性。事实上，乐官夔代替大舜演奏音乐，同样达到了和谐人神的目的。其中的原因在于，乐曲的本质是其自身所拥有的和谐，此和谐得之于金石、管弦之器的相互协调，它本身并没有哀乐之情，而且和作曲及演奏者的情感也没有关系。至于和谐之音能感发出哀乐之情，那就是听曲者自心的问题了。

四难：辩难的矛头和焦点逐渐指向世间是否存在"神明独察"的人。秦客以为，葛卢闻牛鸣而获知它的三个牛犊都做了牺牲，师旷吹律管校音发现南风不强而判断楚国军队必然失败，羊舌母闻儿啼而断定这个孩子长大了会败家，都是在古代应验了的事情，所以记录在史书当中。由此推论，盛衰吉凶、人情哀乐的信息应该都保存在声音当中，只要善察就可以发现。史书的记载应该是有根据的，否则史官录史还有什么意义？既然东野主人对此持否定态度，请明确其因由。

四答：第一，如果葛卢闻牛鸣之事是真，无非通过两种途径：一，牛心与人心相通，老牛知道自己的三个孩子作了牺牲而悲哀，故遇到葛卢而向他倾诉。人和牛是两种不同的生物，说牛拥有一颗人心，这事儿令人生疑。二，老牛拥有像人一样的语言，葛卢恰好因为某种原因而通晓这种话语，所以把它的话翻译了过来。这属于异言互译，而不是从牛鸣的声音中察觉出了悲哀的信息，但这事本身就是不靠谱的。譬如圣人从一个国度到另一个国度，风俗语言不通，如果他想和那里的人沟通的话，要么通过翻译交谈，要么通过观气采色、打手势等行为语言来进行交流，这些都不足为难，常人也可以做到。如果说圣人是通过吹律校音去考校异域之人所发出的声音，仅凭音声就可以判断他们心里所想，那么，假如这人心里想的是马却误言"鹿"，圣人也应该仅凭"鹿"的发音就知道他要说马，这事儿本身就有点儿玄。即便如此，这种情况恰恰属于心口不一，证明声音和内心可以不一致，心哀可以言"快乐"，心乐也可以说"悲哀"。人和人都不能强行沟通，何况人和牛呢？由此言之，葛卢不知牛鸣是很显然的事儿。

第二，说师旷吹律校声而知楚风不竞，故楚师必败，这是令人怀疑的。首先，楚国在晋国南边，二者之间夹着梁国和宋国，楚之南还有吴国、越国，师旷是在晋国吹的律管，他焉能确定律管中的风是来自楚国而不是梁宋吴越呢？其次，风乃四时之气，由天地阴阳之气激荡而成，而六律六吕则是对四时之气的一种标识，是固定不变的，即便冬吹中吕（孟夏之律），对它（中吕）的音高、音色也不会有什么损伤。师旷用晋人之气吹固定不变的律吕之音，楚国的风又是怎么进到律管中的呢？可见此事并不靠谱。再次，如果非要找一种合理解释的话，是不是因为师旷博学多识，早就知道晋楚胜败的形势，但为了稳定人心、安抚众情，所以借吹律来神化其事、故弄玄虚呢？

第三，羊舌母闻儿啼而知其长大之后会败家，可能是因为她神心独悟、有特异功能，也可能是经验之谈。如果是神心独悟，这和儿啼的声音没有关系,并非考校音声得出的结论。如果是经验之谈,这便是利用从甲啼之声得到的经验,去推论乙啼之声的吉凶。声音和人心的关系,就如同相貌和人心的关系一样,有的貌同而心异,有的情同而貌乖,声音和人心之间也不是一一对应的关系,故用甲啼之经验去推论乙啼之声的吉凶,这是不可靠的。人口激气发声,就像箫笛纳气发音一样,再高明的乐师也无法改变箫笛本身音色的清浊,而小孩子哭声的难听与否则只跟发声器官有关,和他内心的善恶是没有关系的。嵇康再次申明主体与客体之间的关系,认为"心之与声,明为二物",人心和声音之间没有必然的联系,不能把它们的关系固定化,并由此出发,听到一个人的声音不悦耳,就武断地推论其内在心灵的善恶。羊舌母就是犯了这样的经验性错误。

五难:秦客从不同的器乐、不同的乐曲能引发人不同的情感出发,进一步论证音声本身具有哀乐等情感属性。首先,平和之人听到筝笛、琵琶这类乐器演奏的曲子,通常会形体躁动、心志激越;听到琴瑟之声,则会形体安静而内心闲适。其次,同样的乐器演奏出不同的乐曲,人听了以后,情感也会随之变化。比如:听秦地的曲子会慷慨激昂而欢欣赞叹,听齐楚之曲则精神专注而情思一致,闻姣弄之音即欢快窃喜而心花怒放。既然不同的乐曲能够让人形体或躁动或闲静,为什么人情哀乐就不是由乐曲导致的呢(也就是说,乐曲自身就带有哀乐属性)?主人断言音乐的本体是和,而把情感的产生归于听者自己的心,说人情的产生与音乐无关,这恐怕是顾此失彼吧?

五答:嵇康的回答依然紧扣主客二分这一立足点,将音乐本身和人心哀乐明确区分开来。第一,琵琶、筝笛演奏的乐曲,特点是间促声高、变化多而节奏快,故听起来让人形体躁动而心志激越。琴瑟演奏的乐曲,特点在于间辽音低、变化少而音声清澈,如果不虚心静听,就无法曲尽其妙,所以听者会形体安静而内心安闲。齐楚之曲重复多而变化少,所以听者会精神专注而情思一致。姣弄之音集中了五声之和、众曲之美,所以音声美妙至极,听者自然会神情欢放而窃喜不已。就音乐自身而言,无非形式上的单复、高低、美妙不美妙而已，乐曲虽然千变万化，但其本体都是由声音之高低、长短、快慢、音色等所铸就的和谐，其中怎么可能会有哀乐之情掺杂其间呢？

第二，如果一个人内心真是平和的话，那么听了和谐乐曲之后的反应，只能是或躁动或安静。假如真产生了哀乐之情，那就是内心已经有哀乐之事酝酿其中，遇到和谐的乐音后释放了出来。由此可见，音乐的激发功能仅止于身心的躁动和安静，至于哀乐之情则是人心自己酝酿所成，不能说人情哀乐是由乐曲导致的。尽管乐曲有高低、猛静之别，但它们还是以和谐为本体，至于感发出的是哀还是乐，就得看听众自己内心酝酿的是什么样的情感了。譬如会宾盈堂、酒酣奏琴，听的都是同样的乐曲，但有人忻然而欢，有人却凄然而涕。显然，同样的乐曲不可能给这个人灌输的是悲伤，而给另一个人灌输的是快乐，快乐和悲伤只能来自听者自己的内心世界。由此可见，乐曲本身是没有哀乐之情的。如果乐曲本身真有固定的哀乐之情，那么悲哀之曲则只能激发悲哀之情，快乐之曲只能激发快乐之情，而不可能一首乐曲却同时激发出悲伤、快乐等多种情感。

第三，总而言之，音乐还是以和谐为本体，故可以感发出各种情志；而情感则以人心自我事先酝酿为主，遇到和谐的乐音才释放出来。人心是人心，音乐是音乐，二者殊途异轨、不相经纬，音乐自身的太和（和谐之至）不可能染上人心的欢戚，而给和谐的乐曲缀上一个哀乐的虚名，也没有意义。

六难：秦客认为，酒酣奏琴而欢戚并现，这是事实。但乐曲本身还是拥有一定的哀乐之情，只不过音乐感人比较迟缓，不像我们买东西一样，一手交钱一手交货，马上就能兑现。一个人的偏重之情不可能很快迁移，内心极度悲伤的人即便听到快乐的曲子，也可能会继续悲伤；而内心极度快乐之人，听到悲伤的曲子，也会继续快乐之情。因此，同样一首或悲哀或快乐的曲子，听者有的悲伤、有的欢快，这是很自然的事情。听同一首乐曲而哀、乐同时出现，并不能说明音乐自身就没有哀乐之情。

六答：第一，假定音乐自身拥有一定的哀乐之情，比如《鹿鸣》是一首快乐的曲子，让内心悲伤的人来听，即便音乐对他的感化比较迟缓，不能让他很快高兴起来，但怎么可能会让他更加悲伤呢？（换句话说，快乐的曲子可以让人不快乐，但应当也不至于让人悲伤）这就像一支火把，虽不能让一个屋子温暖起来，但也不会让屋里变得更冷。火不会增加寒冷，快乐也不可能增加人的悲伤。故此，音乐自身不可能拥有哀乐之情。酒酣奏琴而欢戚俱现，真正的缘由，就是乐音的和谐深入人心，疏通壅滞、导发幽情，让人内心的各种情感自己宣泄出来罢了。

第二，再说偏重之情，譬如悲伤至极者，由于他心中怀念故去的人，所以一看到亲人用过的机杖、车马、衣物等就会悲泣起来，这种情况乃是有感于人亡物存，故睹物而思人。所以如此，都是内在和外在因缘和合的结果，并非平白无故而伤心。会宾盈堂、酒酣奏琴，悲泣者并没有看到亲人的机杖、车马、衣物等引人悲伤的器物，仅仅在听到和谐的乐曲后就淌出了眼泪，可见和声之感人，只不过是让人内心已有的情感得以自己发泄出来罢了。

七难：音乐能引发人的哀乐情感，这是客观存在的事实，秦客从这一客观成效出发，继续申明音乐本身的情感属性。他认为，人情大体上分为欢欣和悲戚两种情况，悲戚伤心则哭泣为用，欢欣动情故生笑貌。从整体上看，听了齐楚之曲的人，我们只看到过他们哀涕的样子，却没有见过他们欢笑的容貌。由是而言，一定是齐楚之曲本身就以哀伤为本体，故感发出来的情感都是悲戚，怎么可能是因为齐楚之曲在形式上重复多而变化少，故导致听者精神专注而情思一致呢？既然齐楚之曲可以导致人哀泣，那就证明，音乐自身是有哀乐属性的。

七答：首先，你说人情分为两种，悲戚则显为哀伤哭泣，欢欣便体现为喜笑之貌，这恐怕不符合实际情况。事实上哀乐也有大小，小哀略毁形貌，大哀才会哭泣；小乐只会容颜微悦，至乐才会笑出声。譬如双亲身体健康时，孝子就会恬淡自若、神情自得；一旦双亲由病情危急而转危为安，孝子之心便陡然而喜，恨不得手舞足蹈。两种情况比较而言，还是前者胜于后者。其次，神情自得和手舞足蹈虽都是欢欣之情，但神情自得从容貌上却看不出来，因为喜悦也可以表现为恬淡自若、心意泰然。听了齐楚之曲的人未见笑乐之貌，（我相信也不都是哀泣之容，这一点你恐怕有点夸张了），笑乐之貌虽未见，但不等于他们就是悲戚，完全可能是心意自得而恬然自适、乐在其中，而我们看不出来罢了。我们听过的乐曲，欣赏后没有体现为欢乐之貌的，又岂止齐楚之曲呢？因此，由听齐楚之曲而不见欢笑之貌，推论说齐楚之曲具有悲哀的情感属性，这是站不住脚的。

八难：到此为止，秦客和东野主人关于"声无哀乐"的辩难基本结束，秦客也似乎接受了主人的观点。可是，一旦承认了"声无哀乐"，传统的乐教观就会面临巨大的冲击。其一，孔子说"移风易俗，莫善于乐"，是因为传统观点认为音乐自身拥有哀乐之情，能感化人心，故圣人通过音乐教化众生、改善风俗。假如像东野主人所言音乐自身没有情感属性，那么，移风易俗是通过什么实现的呢？其二，古人对于靡靡之音、恼耳之声是十分慎重的，因为它们拥有伤风败俗、亡国之音的恶名。像郑卫之音就属于此类，所以孔子说"放郑声，远佞人；郑声淫，佞人殆"，提倡雅乐而摒弃郑卫之音，目的也是为了移风易俗。既然声无哀乐，没有情感属性可言，那么，又如何看待所谓淫声（郑卫之音）呢？

八答：嵇康从"移风易俗，莫善于乐"的内涵、圣王乐教的目的和郑卫之音的真相三个方面，对秦客的疑问进行了回答，同时也就音乐教化和郑卫之音发表了自己独到的见解。首先，嵇康阐释了自己所理解的"移风易俗，莫善于乐"。在他看来，"移风易俗"是指在社会衰落凋敝之后，古代圣王为了让百姓恢复元气、休养生息，故采用道家无为而治的办法，君静于上、臣顺于下，让天下百姓自求多福、饱足安逸，恬然自足而不知其所以。百姓内心和乐了，自然会和气外现，并用歌舞来表达凯乐之情。这时再让乐官对百姓的歌舞加以美化处理，令其八音克谐、文采斐然，风雅俱备而太和之气昭然，百姓欣赏到这样美妙的乐舞，自然受到感化，会更加神气通和、情理相顺、和乐相处。这就是所谓的"凯乐之情,见于金石"。如此下去,必然万国同风、熙然而化,此即"移风易俗,莫善于乐"的真意。其中的关键,是圣王之治能给人民带来恬然自足、幸福和乐的生活,所以百姓才会乐于圣王的风化。圣王的德治才是"无声之乐",真正能够移风易俗的是百姓内心的和乐,是他们的自觉自愿,而非乐官美化后的乐舞。

其次,圣王乐教的内在机理和目的,当然和音乐自身也有关系。由于音乐美妙和谐、感人至深,容易让人情不自已、荒废事业,但人情所钟又不能轻易废弃,故圣人制礼作乐,将人伦、社会之序等内容加入其中,使之成为一种教化的手段。这样,孩子们从小在学校中就接受礼乐之治的教化,礼仪的施行伴随着美妙的丝竹,优雅的举止应和着乐音的节奏,话语谈吐也和歌诗一般,令人陶醉其中,不知不觉受到一种社会化的教育。而这些礼乐活动、斯文举止,同时又贯穿在君臣、庶士的日常工作与生活中,使之逐渐变成一种社会风俗与生活方式,这是圣王用乐的目的之一。由于歌舞、音乐为大家所喜闻乐见,因此朝会、宴饮、外交聘问等场合都少不了它,因此,国史借机将国家风俗的盛衰表现在歌诗、乐舞当中,让君臣听了以此为鉴,同时提建议的人(乐工)也不至于因言获罪,这是圣王用乐的第二个目的。可见,乐教并不是因为音乐自身有哀乐之情,而是因为人们喜欢歌舞、音乐,故借题发挥,在美妙的乐曲中加入教化的内容罢了。

再说郑卫之音,其实,它是音乐中最美妙的乐曲。妙音感人,就像美色、好酒、佳肴一样,容易让人沉溺其中、不知自拔。古代圣王担心世人沉迷妙音、乐而忘返,以至于玩物丧志、荒废家业,故捐弃惑人心志的妙曲,而播之以平和中正的所谓"雅乐",防止人心过度耽于享乐,迷途而忘归。美妙的音乐自身没有罪,有问题的是人性的脆弱与缺失。假如对妙曲、美色、佳肴这类东西不加节制的话,一国之人都沉迷于享乐,自然会上失其道、国丧其纪、人心沦落,以至于男奔女随、荒淫无度,逐渐养成一种奢侈糜烂的社会风俗与习气。到了这个时候，我们再谴责百姓的淫乐还有什么用呢？这种风气一旦形成，美妙的乐曲与表达情志的诗歌、舞蹈相随，其生活风俗也就和音乐合二为一，所以他们的乐曲也就被称为"淫声"了。事实上，荒淫的是人心、是风俗，而不是美妙的乐曲。音乐自身并没有淫邪、雅正问题，只有人心才有正、邪之分。由此观之，所谓郑卫之音与雅乐问题，也就不言自明了。

整体而言，嵇康紧紧抓住音乐自身和人情哀乐二分这一主题，将哀乐归于主体之情感属性，而将音乐自身形式上的和谐归于客体之本性，由此也就成功地将"哀乐"从"音声"中分割开来，实现了对"声无哀乐"的论证。他最终的落脚点不是排斥美妙的音乐，而是反对社会上所流行的荒淫奢靡之风，主张无为而治（无声之乐），让百姓休养生息、恢复元气，以达到社会和谐、政治昌明的目的。这一点应该是嵇康看到了当时曹魏政权的腐败与危机，有感而发，算是由音乐问题而引发的政治感慨，也是嵇康本人的政治立场使然。

第四节　声无哀乐（下）

嵇康所谓"声无哀乐"，是指音乐自身没有哀乐等情感属性，而不是说音乐不能唤起人的哀乐等情感，这是两个不同的问题。然而从秦客和东野主人辩论的过程来看，这两个问题却始终纠缠在一起。嵇康虽然主张音乐没有哀乐，但却并不否认音乐可以"唤起"[①] 人的哀乐；他对前者进行

[①] 关于"音乐能否唤起人的哀乐"，笔者以为有必要进行一些澄清。如果我们假定音乐自身是有情感的，那么悲伤的曲子自然会让听者产生悲伤的情绪，欢快的曲子自然让人产生快乐的心情，这是一般所谓通识；但正如嵇康所言，音乐的实践表明，同一首曲子往往能同时引起哀乐两种不同的情感，从而否定了"特定的音乐必然引发特定的情感"这一命题。如果说"音乐能唤起人的哀乐"意指"特定的音乐必然引发特定的情感"，那么嵇康的回答无疑是否定的。然而，嵇康认为音乐的本质特征是"和"，自身并不包含特定的情感；所以，当我们说"音乐能否唤起人的哀乐"的时候，恰当的表述应该是"人听音乐能否产生哀乐之情"，能产生则谓之能"唤起"，不能产生则谓之否。笔者正是在此种意义上使用"唤起"一词，意谓音乐能够引导人兴发出各种各样的情绪。

了有力的证明，却没有对后者加以明确解释。在现实生活中，我们通常会说"这首曲子是欢快的""那首曲子是忧伤的"，仿佛音乐自身是有情感的。对于这种情况，嵇康没有涉及。但通过近现代文艺理论中的"移情说"和"境界说"，我们就可以对此有一个更加清醒的认识，从而对一千七百多年前的嵇康乐论有一个公允的评价。

对于"声无哀乐"这一论题，秦客和东野主人往复多次进行辨正，由此引出了嵇康自己的观点和证明。《声无哀乐论》一开篇，秦客即引用传统资料中的观点，提出了自己的主张，即"声有哀乐"，并质问东野主人为什么反其道而行之。秦客云：

> 闻之前论曰："治世之音安以乐，亡国之音哀以思。"夫治乱在政，而音声应之，故哀思之情表于金石，安乐之象形于管弦也。……今子独以为声无哀乐，其理何居？①

秦客引用《乐记》中的文字，认为太平之世的音乐是祥和、快乐的，而亡国之世的音乐则是哀伤、凄凉的。在他看来，国家的治乱兴衰，都可以反映在音乐中：人民生活困苦时，哀思的情绪可以体现在乐曲中；人民生活幸福时，安乐的气象也可以体现在乐歌里。故在秦客的观念中，音乐本身就拥有哀伤和快乐的情绪。这里需要澄清的是，《乐记》所谓"音"主要是指声乐，即百姓自编自唱的歌曲，其中包括特定的内容，乃至歌唱者的表情及其悲哀的腔调，很容易听出其中的哀乐；而秦客所谓音乐则已经偷换成了器乐，即他所说的"金石""管弦"，如果没有特定的演奏场合及有意的提示（如曲名、场景介绍等），并不容易听出其中的哀乐。因此就纯粹的器乐而言，如果消除了乐曲自身的各种背景及特意的暗示，那么，我们又如何知道它是欢快的、还是悲伤的呢？

---

① 戴明扬：《嵇康集校注》，北京：人民文学出版社，1962年，196—197页。

如果把音乐定性为秦客所说的"金石""管弦",也就出现了我们前边的疑问。然而《乐记》中的情形恰恰是指"乐歌",即百姓的自编自唱,这样也就出现了所谓"音乐"中的哀乐问题。嵇康专门针对这种情况进行了回答:

> 劳者歌其事,乐者舞其功。夫内有悲痛之心,则激哀切之言。言比成诗,声比成音。杂而咏之,聚而听之。心动于和声,情感于苦言。嗟叹未绝而泣涕流涟矣。①

从社会生活的实际情况看,百姓常常通过自编自演的歌唱和舞蹈来表达自己的感受,就如同我们今天在许多少数民族地区依然可以看到的那样,人们载歌载舞,表达自己内心的感受——生活的艰辛、快乐等等。当人们内心有了悲恸,就会表现为哀伤、凄切的语言,把这些话变成押韵的诗唱出来就成了乐歌。当大家聚在一起听这些歌曲的时候,心灵被和谐的乐音打动,心情为忧伤的言语所感,就会禁不住唉声叹气、涕泣流涟。由此看来,嵇康认为人们在听悲歌时,所以会生发出悲哀的情绪,不是因为和谐的乐音(和声),而是因为人们受到"苦言"的感染,从而勾起内心的哀伤。嵇康在此明确区分了"和声"与"苦言",可见在嵇康的观念中,和谐的乐音才是音乐,而乐歌中的歌词并不包含在内。也就是说,嵇康观念中的音乐,正如上文秦客所言,是指纯粹的乐音形式,可谓之"纯器乐"。嵇康虽然承认歌唱百姓疾苦的乐歌可以导致人悲伤,但并不认为"和声"(音乐自身)是悲伤的。

此外,秦客还认为人民的安乐和哀思,都可以形成一定的气象,这种气象就表现在人民所作所唱的乐歌中。如果说音乐自身拥有一定的气象,而同时这些气象又有哀乐的话,那么音乐本身也就具有了哀乐的属性。秦

---

① 戴明扬:《嵇康集校注》,北京:人民文学出版社,1962 年,198—199 页。

客主张音乐有象,并不是什么新观点,《乐记》谈到音乐时就说:"声者,乐之象也。"① 认为音乐是人内心和乐之象的表现,承认音乐具有一定的哀乐之象。秦客不仅继承了这种观点,还用以反驳嵇康的声无哀乐主张。嵇康的回答更加巧妙,那就是直接否定音乐自身(和声)拥有一定的象,并提出了"和声无象而哀心有主"的主张。这样,嵇康一方面否定了音乐具有哀乐之象的可能;另一方面又指出,人听音乐时所以会产生哀乐之情,是因为听众心里有哀乐,而不是因为音乐自身有哀乐。

为了证明"声无哀乐",嵇康一开始就奠定了自己音乐观的理论基础,那就是把音乐定义为客观存在的事物,从而把它和人的主观情感区分开来,这样,也就有利于他在充分展开论述的同时,不会脱离自己的根本主张。因此,嵇康首先表明了自己的基本观点:

> 夫天地合德,万物资生。寒暑代往,五行以成。故章为五色,发为五音。音声之作,其犹臭味在于天地之间。其善与不善,虽遭遇浊乱,其体自若,而无变也。岂以爱憎易操,哀乐改度哉?②

嵇康认为,声音和色彩、气味一样都是天地(阴阳)和合的产物,属于自然事物,所以自身的性质不可能因为人的爱憎和哀乐而发生变化。显然,嵇康在这里是从宇宙生成论的角度解释音乐,认为构成音乐的基本元素五音是自然因素,所以音乐并不具有人的情感。但问题在于,音乐毕竟和天然的音响不同。天然的音响属于自然界的产物,当然不会有情感;可是音乐是人创作出来的,为什么其中不能有人的感情呢?

在嵇康看来,天地间一切事物都是阴阳之气和合而成,是自然之物,构成音乐的五音也不例外;五音是自然之物,由五音所构成的音乐也只能

---

① 《汉魏古注十三经·礼记》,北京:中华书局,1998年,136下页。
② 戴明扬:《嵇康集校注》,北京:人民文学出版社,1962年,197页。

说是自然音响的组合,不可能包含人的哀乐。此中的关键在于,嵇康将人的主观世界和客观事物进行了明确的划分。尽管音乐是人创作出来的,但音乐一旦完成,它就在形式上变成了一个客观存在之物,外在于人的主观精神世界;即便在人演奏和欣赏音乐的时候,乐曲也只是作为一种有节律的波动而存在,属于客观事物,不会沾染人的主观情感。

就是在以上观念的基础上,嵇康运用名理之辩的方法,从考察名实和心声二分的角度,对"声无哀乐"进行了理论上的辨析,从而建立起了主客二分的哲学方法论,将主观与客观的对立,从理论上清晰地呈现在我们面前。这是嵇康名理学的一个重要贡献。

首先,嵇康从名、实可能不相符合的角度指出,哭泣和哀伤、歌唱和快乐不一定就是一一对应的,由此证明音乐自身并不具有哀乐属性。嵇康称:

> 因事与名,物有其号,哭谓之哀,歌谓之乐,斯其大较也。然乐云乐云,钟鼓云乎哉?哀云哀云,哭泣云乎哉?因兹而言,玉帛非礼敬之实,歌舞非悲哀之主也。何以明之?夫殊方异俗,歌哭不同。使错而用之,或闻哭而欢,或听歌而戚。然其哀乐之情均也。今用均同之情而发万殊之声,斯非音声之无常哉![1]

嵇康认为,就一般情况而言,人们把歌唱称为快乐,哭泣称为悲哀,哀乐为名、歌哭为实。然而事实上歌唱不一定表示快乐,哭泣也不一定表示悲哀。在不同的地区,由于风俗习惯不同,有的人用歌唱表达哀伤,用哭泣表达快乐。这样,也就出现了闻哭而欢、听歌而戚的情况,那么,我们如何断定哪是哀、哪是乐呢?这样一来,也就不可避免地出现名、实混淆的情况,即一定的音声并不表达特定的情感,这就是所谓的"音声之无

---

[1] 戴明扬:《嵇康集校注》,北京:人民文学出版社,1962 年,198 页。

常"。假定有人用相同的心情，发出各种各样不同的声音，有的像哭声，有的像笑声，尽管听起来各不相同，但事实上所表达的情感却是一样的。由此看来，音声自身是不可能有情感的。

嵇康用名、实不符的特例，来否定音乐具有哀乐属性，颇有诡辩之嫌。但是，现实生活中确实存在这样一种情况，那就是喜极而泣或者悲极而笑，因此我们也就不能用哭声和笑声，去判断一个人内心是悲哀还是快乐。就音乐而言也存在类似情况，无论一个人是快乐还是悲伤，他都可以用唱歌的形式来表达，甚至用同一首歌曲来抒发不同的情怀。因此嵇康认为，钟鼓之声不一定表示欢乐，哭泣之声也不必然就代表心里哀伤。这就如同人们在表达相互敬意的时候，要行赠送玉帛等物的礼节，但"玉帛"并不等于"敬意"；同理，为了表达我们内心的情怀，大家要举行各种歌舞活动，但是"歌舞"也不等于"情怀"，也就是说，"歌舞非悲哀之主"，而只是人们表达心情的某种凭借。

嵇康由此点出了事情的本质，归根结底，歌唱也好、哭泣也好，都只是表达人们哀乐之情的外在形式；这种形式本身并无所谓哀乐，有哀乐之情的只是人心。音乐也是如此，作为一种物质形式的传达媒介，它自身只是外在形式，"音乐本身"并不等于"人的主观情感"。由此可见，嵇康明确区分了主体和客体的差异，将何者属于客体、何者属于主体，进行了鲜明的宣示：情感属于主体，乐曲形式（音乐自身）属于客体。在这种情况下，我们只能说悲伤或快乐的是人心，这和音乐自身的形式没有关系。嵇康在另一处的表述更加清楚：

> 夫味以甘苦为称，今以甲贤而心爱，以乙愚而情憎，则爱憎宜属我，而贤愚宜属彼也。可以我爱而谓之爱人，我憎则谓之憎人，所喜则谓之喜味，所怒则谓之怒味哉？由此言之，则外内殊用，彼我异名。声音自当以善恶为主，则无关于哀乐；哀乐自当以情感而后发，

则无系于声音。名实俱去,则尽然可见矣。①

嵇康在这里区分了彼我、外内,甲乙属于彼、外,爱憎属于我、内,从而在认识论上将主体和客体明确地分隔开来。一种食品作为客体,它的味道会拥有甘苦这样的属性;但是一个人尝了这种味道,会产生喜还是怒的情绪,那是属于主体的问题,并不是客体的属性;我们不能因为喜欢一种味道就称之为"喜味",恼怒一种味道就称之为"怒味"。音乐也是一样,作为客体,它自然会有好听不好听之分;但是,人听了音乐是哀还是乐,则是主体的问题,不是音乐自身的属性。所以,我们不能因为听了音乐而悲伤就称之为"悲曲",听了音乐而快乐就称之为"乐(lè)曲"。故此,音乐只有好听不好听(善恶)之分,没有哀乐之情;哀乐是由主体内心生发出来的,不是音乐的属性。由此可见,音乐属于彼、外,哀乐属于我、内,二者之名、实各不相干(名实俱去),"声无哀乐"也就是显而易见的了。

嵇康在这里的突出贡献在于,他从名理学的角度入手,将主客二分的思维方式提高到了哲学认识论的高度,这在同时代的其他思想家那里并不多见。这种思维方式,正是嵇康"声无哀乐论"的根本立足点。

主、客二分的思维方式,是嵇康乐论的突出特征,也是嵇康哲学认识论的基础。可以看出,嵇康对主观世界和客观世界的差别具有清醒的意识,这也让他在对音乐问题的理解上,超越了前人,站在时代的制高点上。当许多人还在用传统的经学观念理解音乐的时候,他已经拥有了新的视角和理论立足点。主体与客体的对立,虽然在当时已经进入了人们的视野,但嵇康却首次把这个具有革命性的问题,用清晰的语言表达了出来。这种哲学认识论的提出,将人们对音乐的理解引入了认知论的范畴;同时使得音乐在作为审美对象的同时,也成为人们认知的对象。这对音乐艺术

---

① 戴明扬:《嵇康集校注》,北京:人民文学出版社,1962年,199—200页。

的自我觉醒无疑是有利的。

嵇康明确主客体的二分,在《声无哀乐论》中还有如下两处:

> 心能辨理善谈,而不能令籁箫调利,犹瞽者能善其曲度,而不能令器必清和也。器不假妙瞽而良,箫不因慧心而调。然则心之与声,明为二物。二物诚然,则求情者不留观于形貌,揆心者不借听于声音也。①

> 然则声之与心,殊涂(途)异轨,不相经纬,焉得染太和于欢戚,缀虚名于哀乐哉?②

籁和箫都是古代的乐器。嵇康认为人尽管拥有一颗慧心,善于言谈、理论,但是却不能让乐器的音色一定动听,也不能把一只音质低劣的乐器变得音质美妙。嵇康由此证明,人心和人演奏出来的音乐毕竟是两种不同的东西,情感之哀乐属于人心,而音乐的动听与否则属于乐器。嵇康在这里将"心""声"对立起来,无非是要突出其主体与客体二分的观念,进一步排除音乐具有哀乐情感的可能性。第二条所谓"声之与心,殊涂异轨,不相经纬",和第一条所要表达的意思相同,也是要说明音乐的属性和人内心的情感,是两件完全不同的事物,不能把属于主体的情感强加给作为客体的音乐。这样,我们也就看清了嵇康"声无哀乐"思想的根本支柱——建立在主客二分基础上的哲学认识论。

这种观点意在追求知识的客观性,要求主体对认知对象秉持理智的态度,所以在认知过程中必然排斥人的意向、情感、道德等主观因素的介入。由此,认知主体仅仅把音乐看作是独立于人而存在的客体,不再对音乐抱持一种鉴赏(审美)的态度,而是把它当作认知的对象。在此种情况

---

① 戴明扬:《嵇康集校注》,北京:人民文学出版社,1962年,213—214页。
② 同上书,217页。

下,任何企图将主观因素(如情感)强加给客体的做法,都是不被允许的;而那种认为哀乐等主观情感是音乐属性的常识性看法,当然不会为认知主体所接受。

然而,审美活动则不同,它强调的恰恰是主客体界线的消融而不是二分,意在追求一种审美主体与审美对象浑然一体的境界。此种情况,要求主体对审美对象抱持一种审美的态度,而不是理智的态度。在审美状态中,往往要求主观因素的积极投入,只有这样才能生成一个主客合一的审美境界;这种境界本来就是具有精神性的,所以带有主体的情感属性是很自然的事情。故此就审美体验而言,我们通常说"某首曲子是哀伤的或者欢快的",虽然带有"以己度物"的主观成分,却也是可以理解的。而这种常识性的语言,准确的表述应该是:"听了某首曲子(审美对象),我们产生了欢快或哀伤的情绪",而不是说某首曲子(认知对象)本身像人一样具有情感。

因此,从认知活动的角度看,否定音乐具有哀乐属性是正确的;但从审美活动的角度看,我们也可以说音乐能够"唤起"人的哀乐之情,甚至可以说"音乐也是有情感的"。因为审美境界本身,就是主体和客体共同建构的世界,是一个有情有性的情境,一个充满人的温情的世界,同时也是艺术给我们的馈赠。艺术家们先是将一个冰冷的世界人性化、艺术化,然后再把它呈现给我们,让我们的情感有所寄托,有所希望。尽管嵇康从认知论的角度否定音乐自身拥有哀乐之情,但他并不否认音乐可以唤起人的情感,成为人心灵的一种寄托。所以,嵇康还是为作为审美对象的音乐,保留了应该属于它的空间;同时,也把人从所谓"音乐有哀乐"的束缚中解脱出来,赋予审美主体凭借音乐自由抒发情感的权利。嵇康在《声无哀乐论》中说:

和声之感人心，亦犹酒醴之发人情也。①

理弦高堂，而欢戚并用者，直至和之发滞导情，故令外物所感，得自尽耳。②

妙音感人，犹美色惑志。③

嵇康认为音乐感动人心，就像醇酒能够发泄人的情绪一样；而一旦高朋满座，音乐响起，听众或悲哀或欢笑，都是和谐的音乐感发的结果。从以上表述来看，他并不否认音乐对人情具有感发作用，甚至认为美妙的音乐就像美色一样可以惑人心志；而人的哀乐之情，也就在音乐的感发下宣泄出来。那么，音乐是通过什么途径感发人心的呢？既然哀乐属于人心，而音乐本身又没有哀乐，那么人在听音乐的时候，哀乐之情又是如何"唤起"的呢？《声无哀乐论》中的一段话，对解决这些问题颇有启发意义。嵇康谓：

琵琶筝笛，间促而声高，变众而节数，以高声御节数，故使形躁而志越。犹铃铎警耳，钟鼓骇心。故闻鼓鼙之音，则思将帅之臣；盖以声音有大小，故动人有猛静也。琴瑟之体，间辽而音埤，变希而声清，以埤音御希变，不虚心静听，则不尽清和之极，是以听静而心闲也。……此为声音之体，尽于舒疾；情之应声，亦止于躁静耳。④

嵇康认为，琵琶、筝笛这类乐器所演奏出来的乐曲，其特点是间歇短促而声音高亢，变化众多而节奏繁复；高亢的声音加上节奏的繁复，就容易让听众形体躁动而心志激越；这就如同铃铎的声音让人警觉、钟鼓的声

---

① 戴明扬：《嵇康集校注》，北京：人民文学出版社，1962年，204页。
② 同上书，218页。
③ 同上书，224页。
④ 同上书，215—216页。

音令人惊骇一样。琴瑟演奏出来的音乐，间歇辽阔而声音低沉，变化简洁而声音清澈；低沉的声音加上简洁的变化，如果不虚心静听，就不能穷尽音乐清和内涵之极至，所以听众形体平静而内心悠闲。正因为音乐的声音有大有小、有高有低、有短有长，所以听众被感动也就有猛有静、有躁有闲。

嵇康认为，随着音乐形式的变化，人就会出现生理上的不同反应；甚至认为音乐的本质就在于形式，而人对音乐的反应也仅止于生理上的躁静。嵇康对音乐的这种看法，正如钱锺书先生所云："西方论师谓音乐不传心情而示心运，仿现心之舒疾、猛弱、升降诸动态；嵇《论》于千载前已道之。"① 这位"西方论师"，即奥地利近现代音乐理论家汉斯立克（Hanslick）。他力主音乐的本质就是乐音的运动形式，而音乐就是通过对人心运（心灵内在之律动）的模拟来感动人，引起人内在心运的变化。汉氏的这种观点，其实也就是所谓"人的内在律动"和客观世界"外在律动"的共鸣，即生理学上的天人感应，中国古人早就注意到了这种情况。嵇康在《答释难宅无吉凶摄生论》中对此就有所论及：

> 古人仰准阴阳，俯协刚柔，中识性理，使三才相善，同会于大通，所以穷理而尽物宜也。夫同声相应，同气相求，自然之分也。音不和，则彼弦不动，声同，则虽远相应。②

"三才"即天、地、人，它们之间的相善、相通是通过天地之气来实现的，故曰"同声相应，同气相求"。此种观念在汉魏时期是深入人心的，嵇康反对这种观念中的神秘主义成分（目的论的神学感应论），但对天人之间生理上的相互感应还是持肯定态度的。嵇康上文中谈到音乐和人心之

---

① 钱锺书：《管锥编》（第三册），北京：中华书局，1999 年，1087—1088 页。
② 戴明扬：《嵇康集校注》，北京：人民文学出版社，1962 年，306 页。

间的相互感应，就是一种明证。嵇康的这种看法，应该是得益于他在音乐实践上的高超造诣和深刻体认；加之在逻辑思辨上的哲学修养，使他发现了外在的音乐形式与人的内在心运之间的和谐共鸣这一审美现象。然而，音乐形式和人内在心运的这种共鸣关系，只能说明音乐何以能够对人具有感发作用，却没有解释在这种感发中，情感产生的内在机理。笔者以为，近代西方美学中的"移情说"，以及中国近代美学中的"境界说"，可以给我们一些有益的启发。

近人朱光潜对西方心理美学颇有研究，尤其对移情说在审美活动中所发挥作用的阐发很有建树。移情说的基本要点在于，审美对象本身通常是没有情感可言的，而人在审美过程中所以会认为对象也有情感，乃是审美主体自身情感向外投射的结果。在此种情况下，由于审美主体全神贯注于审美对象，从而造就出一个主客合一的情景世界（精神境界），也就不自觉地认为，审美对象和自己一样是有感情的，此即文学修辞中通常所说的"拟人"。朱光潜在《文艺心理学》中有一段十分精彩的话，恰好是用移情说来解释为什么人们会认为音乐是有情感的，可以帮助我们解开嵇康乐论所留下的这个谜：

> 移情作用并不限于眼睛看得见的形体。比如音乐纯粹是一种形式的艺术，我们只能听出抑扬顿挫开合承转的关系，但是也能在这种纯为形式的关系中寻出情感来，说某种曲调悲伤，某种曲调快活。这是什么缘故呢？立普斯在《美感的移情作用》一文中讨论"节奏"（rhythm）的道理，曾对于这个问题给了一个有趣的答案。所谓"节奏"是各种艺术的一个普遍的要素，形体的长短大小相错杂，颜色的深浅浓淡相调和，都是节奏。不过在音乐中节奏用得最广。音乐的节奏就是长短高低宏纤急缓相继承的关系，这些关系时时变化，听者所费的心力和所用的心的活动也随之变化。因此，听者心中自发生一种节奏和音乐的节奏相平行。听一曲高而缓的调子，心力也随之作一种

高而缓的活动；听一曲低而急的调子，心力也随之作一种低而急的活动。这种高而缓或低而急的心力活动常蔓延浸润，使全部心境和它同调共鸣。高而缓的节奏容易引起欢欣鼓舞的心情，低而急的节奏容易引起抑郁凄恻的心情。这些情调原来在我，在物我同一的境界中，我们把在我的情调外射出去，于是音乐也有情调了。①

根据心理学的分析可以发现，所谓音乐能够"唤起"人内心的情感，其实只不过是说，人把自己的情感投射到音乐中去了；而音乐欣赏过程中情感的产生，是在物我同一的审美境界中，也就是说，只有在主客体合一的审美状态下，才会有情感问题。因此，人们在音乐鉴赏过程中情感的产生，其实是审美主体自我心情的投射，内心忧郁时，好像音乐本身的调子也是忧郁的；心情快乐时，乐曲也蒙上了一层欢快的情绪。这就如同天下着小雨，心情沉闷的人会愈觉沉闷，而内心有喜事的人，反而觉得心情倍加舒畅。所以从认知活动的角度看，音乐、小雨都是没有心情的；但从审美活动的角度看，因为人心里本来就怀有某种情感，所以在欣赏对象时，也就把自己的心情投射给对象，即把对象"拟人化"了。这就是所谓"音乐有哀乐"，以及音乐可以唤起人情感的内在心理机制。

由此可见，嵇康主张"声无哀乐"，同时并不否认人们在欣赏音乐的时候可以产生哀乐，二者并不矛盾；有了西方近代移情说的详尽分析作为参照，这个问题的原委也就清晰可见了。值得注意的是，在审美活动中，人的情感是在主体进入审美情境的状态下发生的。也就是说，只有在音乐审美的境界中，人的情感才和音乐紧密地结合在一起，彼中有我、我中有彼，仿佛人就是审美对象，审美对象也就是人自己。近代学者王国维的"境界说"，见解精深，有助于加深我们对嵇康乐论的深入把握：

---

① 朱光潜：《朱光潜全集》（第一卷），合肥：安徽教育出版社，1996年，242页。

有有我之境，有无我之境。"泪眼问花花不语，乱红飞过秋千去"；"可堪孤馆闭春寒，杜鹃声里斜阳暮"，有我之境也。"采菊东篱下，悠然见南山"；"寒波淡淡起，白鸟悠悠下"，无我之境也。有我之境，以我观物，故物皆着我之色彩。无我之境，以物观物，故不知何者为我，何者为物。①

所谓"有我之境"，就是以有情之我去裁剪审美对象，所以审美对象也就具有了情感色彩，听音乐时产生哀乐即属于此类。若嵇康所云："是故怀戚者闻之，则莫不憯懔惨凄、愀怆伤心，含哀懊咿，不能自禁；其康乐者闻之，则欨愉欢释，抃舞踊溢，留连澜漫，嗢噱终日。"② 心怀悲凄者闻音，则悲不自胜；心怀康乐者听声，则手舞足蹈。此即观堂先生所谓"有我之境"。而"无我之境"，则力图剔除主观色彩对审美对象的裁剪，使之保持一种天然的姿态呈现于鉴赏者面前，所以境界浑然，不觉我之焉在。嵇康描绘音乐旋律之奔突、变化云："纷淋浪以流离，奂淫衍而优渥，粲奕奕而高逝，驰岌岌以相属，沛腾遌而竞趣，翕韡韡而繁缛。"③ 这种对音乐旋律与节奏的直接描绘，正是观堂所谓"以物观物"的方式所获得的"无我之境"。

王国维所谓"有我之境"和"无我之境"，充分表明在艺术境界中，完全可以体现审美主体自我，也完全可以不体现审美主体自我；审美境界中可以有哀乐，也可以没有哀乐。这和嵇康"声无哀乐"而"哀心有主"的内在机理，基本上是一致的——物境本身没有哀乐，有哀乐的是审美主体自己；音乐自身也没有哀乐，哀乐只在人心。

由此看来，嵇康并不否认情感在审美活动中的作用；而他主张"声无

---

① 王国维：《人间词话》(《蕙风词话》、《人间词话》合订本)，北京：人民文学出版社，1999年，191页。
② 戴明扬：《嵇康集校注》，北京：人民文学出版社，1962年，106—107页。
③ 同上书，93页。

哀乐",则是把人们对音乐的理解,提高到哲学认识论的高度,强调审美活动和认知活动的差异。正如李泽厚、刘纲纪二先生所云:"嵇康的贡献在于他要把人对事物的主观的情感的判断和对事物的客观性质的判断区别开来。这在哲学认识论和美学上都是有重要意义的。"[①] 所谓"情感判断"即对鉴赏对象的审美判断,而"性质判断"即对客观对象的认知判断;前者是审美的,后者是认知的。因此,与其说《声无哀乐论》是一篇美学论文,不如说它更是一篇哲学论文。

通过以上分析可以发现,嵇康在一千七百多年前所提出的"声无哀乐"主张,跟近代的"移情说"和"境界说"颇有相通之处。因为无论"移情说"还是"境界说",都是建基于审美主客体的先分离后融合。只有二者分离,我们才能从根本上认识到审美主客体的差异,获得一种客观的知识;而它们的重新融合,在让我们真正弄清艺术本质的同时,也从中获得了一次心灵的涤荡和陶冶,为我们的精神找到了一个值得欣慰的寓所。当嵇康大胆提出音乐没有哀乐之情的时候,人类的精神步伐,就已经跨越了一道新的门槛。

第五节 音声有自然之和

嵇康从音乐中扫除了具体的"象",也剔去了人的哀乐等主观情感,那么音乐还剩下什么呢?在嵇康看来,剩下的就是音乐自身,就是本属于音乐自己的特质——"自然之和"。"和"是嵇康乐论中的一个重要概念,但它已经不再是儒家乐论所描述的含义,而是被赋予了道家的内容和特质。当嵇康用道家思想对"和"进行了一番新的改造之后,嵇康的音乐理论也就发生了质的变化,从而也造就了一种全新的音乐理念。

[①] 李泽厚、刘纲纪:《中国美学史》第二卷(上),北京,中国社会科学出版社,1987年,230页。

在谈到音乐时，嵇康常常用"体"这个概念，它是我们理解嵇康所谓音乐本质的一个关键。《声无哀乐论》云：

> 琴瑟之体，间辽而音埤，变希而声清。[1]
>
> 五音会，故欢放而欲惬。然皆以单、复、高、埤、善、恶为体，而人情以躁、静、专、散为应。[2]
>
> 声音之体，尽于舒疾，；情之应声，亦止于躁静耳。[3]

上文所称"琴瑟"并不是指乐器，而是说琴瑟所发出来的乐音。意思是说，琴瑟弹奏出来的乐音，其"体"悠长而声音低沉，变化稀少而声音清朗。其中的"体"是指乐音的音色、长度、高低及节奏变化。第二条认为，五音会合发出美妙的乐音，所以令人欢快、惬意；并接着指出，"音乐之体"仅限于乐音的单、复、高、埤（低）、善（好听）、恶（不好听），而人的心情则随之相应地出现躁动、安静、专一、闲散等生理反应。此中所谓"体"，明确指音乐自身的形式特征。第三条讲得更清楚，认为"音声之体"就是指音乐旋律的舒缓与短促。由此不难看出，所谓音乐之体，就是指音乐的旋律、音色、节奏及乐音的高低、长短等形式因素。因此在嵇康的观念中，音乐就是指乐音各种客观形式的有机组合，即纯粹物理学意义上的乐音组合。

嵇康所说的"音声之体"，其实就是指音乐自身。钱锺书在言及嵇康乐论时曾经说："聆乐有二种人：聚精会神以领略乐之本体（the music itself），是为'听者'；不甚解乐而善怀多感，……是为'闻者'。"[4] 钱氏将"乐之本体"译为"the music itself"，可资借鉴来理解嵇康的"音声之

---

[1] 戴明扬：《嵇康集校注》，北京：人民文学出版社，1962年，215页。
[2] 同上书，216页。
[3] 同上。
[4] 钱锺书：《管锥编》（第三册），北京：中华书局，1999年，1087页。

体"。笔者认为,嵇康所说的"音声之体",也就是"the music itself",即音乐自身,是由乐音组合而成的"纯粹形式",不包含任何带有主观色彩的因素。这就是所谓的纯音乐,器乐便属于此类。

当嵇康不遗余力地将音乐中的形象、情感、道德等因素清除以后,音乐所剩下的就是纯形式。那么,这种纯形式的本质特征又是什么呢?嵇康认为是"和",并提出了"音声有自然之和"的主张。《声无哀乐论》云:

> 声音以平和为体,而感物无常。①
> 音声有自然之和,而无系于人情。克谐之音,成于金石;至和之声,得于管弦也。②
> 五味万殊,而大同于美;曲变虽众,亦大同于和。③

"声音以平和为体",是说音乐的本质特征为"平和"。所谓"音声有自然之和",就是说音乐具有其本然的内在特质"和";"自然"即"本然",强调"和"是音乐自身本来就具有的客观属性,而不是主观加上去的。"曲变虽众,亦大同于和",更进一步表明,音乐形式虽然变化多端,但从根本上讲它的本质特征就是"和"。既然音乐就是纯粹的形式,那么"和"也就是指形式上的和谐。故此可以说,在嵇康的观念中,音乐的本质就是和谐的乐音组合。

在中国音乐思想发展史上,认为音乐的本质特征为"和"并不是什么新观点,儒家就拥有这样的看法。但先秦以来儒家所谓音乐之"和",具有如下特征:一,是指音乐内容和形式上的均衡、协调、和谐;二,是指音乐内容和形式的"中和",即中道、合适、适度,无不过、也无不及;

---

① 戴明扬:《嵇康集校注》,北京:人民文学出版社,1962年,217页。
② 同上书,208页。
③ 同上书,216页。

三,"和"是一个具有伦理色彩的概念,这是由儒家的道德主张所决定的,因为在儒家的观念中,音乐常常担负着道德教化的功能。嵇康虽然继承了其中的第一层含义,但却把这种"和谐"限定在纯粹乐音的形式方面,剔除了其中的伦理特征、情感色彩和乐歌的思想内容。同时,在《声无哀乐论》中,嵇康基本上已经摒弃了自孔子以来,用"中和"评价音乐雅郑、好坏的标准,真正把关注的焦点集中于音乐自身(形式上的和谐),而不是政治、伦理、道德等社会价值,凸显了音乐自身的地位。由此可见,嵇康所讲的"和",已经不再是传统儒家的,而是另外一种新的观念。那么,这种新的观念又是什么呢?

在嵇康文论中,他常常将"和"这一概念用于如下场合:

> 绝智弃学,游心于玄默。……被发行歌,和气四塞。①
> 呼吸太和,炼形易色。歌以言之,思行游八极。②
> 遗物弃鄙累,逍遥游太和。结友集灵岳,弹琴登清歌。③
> 顺天和以自然,以道德为师友。玩阴阳之变化,得长生之永久。任自然以托身,并天地而不朽。④

从上述资料中可以得到两点:一,在嵇康的观念中,"和"与"气"具有密切的联系。第一条说"和气四塞",意谓和气充满人的全身,是讲老子所谓"绝智弃学"之士的自足和乐。第二条说"呼吸太和",其中的"太和"显然是指天地之精气、元气、阴阳合和之气。结合汉魏间神仙方术及嵇康养生论可以发现,嵇康把呼吸吐纳与"和"联系在一起,使"和"具有了"和气"的含义。二,嵇康所谓"和"具有道家思想背景。

---

① 戴明扬:《嵇康集校注》,北京:人民文学出版社,1962年,49—50页。
② 同上书,51页。
③ 同上书,63—64页。
④ 同上书,191页。

上文说"逍遥游太和",又言"顺天和以自然",此中的"太和""天和"其实就是"道",就是宇宙万物之本体。这无疑是嵇氏深受老庄影响的结果。

这样一来,嵇康观念中的"和"也就不免带有了"实体"和"本体"的双重含义。而在先秦儒家那里,"和"基本上还是对音乐的一种内在规定,或者说是理想音乐的一种标准,并不具有实体性的内涵。受两汉元气论的影响,嵇康所谓"和声"(音乐),其实质就是"和气";换言之,音乐就是和谐之气的律动。上文所言"音声有自然之和"及"声音以平和为体",其中的"和"都可以作"和气"解释,拥有实体性的内涵。"和"在嵇康观念中的另一个重大转变是,它的基础已经不再是儒家思想,而是道家思想,是已经改造过了的老庄思想。这就是嵇康"和"的新义,也是其音乐观的新义。

嵇康在《声无哀乐论》一文中,两次引用了《庄子》中的一句话。这句话虽然简短,但却蕴藏着丰富的内涵。甚至可以说,正是因为嵇康受到了庄子这种思想的影响,才使他的音乐理论,具有了如此的时代震撼性。庄子这句话,无疑为我们理解嵇康的音乐理论,提供了一把钥匙。嵇康说:

> 夫以有主之哀心,因乎无象之和声,其所觉悟,唯哀而已。岂复知"吹万不同,而使其自己"哉?①
> 其音无变于昔,而欢戚并用,斯非"吹万不同"耶?②

嵇康认为,一个人内心有了悲哀,当他听到没有具体形象的和声时,心里所感悟到的就只有悲哀,因此认为音乐本身也有感情。在这种情况

---

① 戴明扬:《嵇康集校注》,北京:人民文学出版社,1962年,199页。
② 同上书,217页。

下,哪里还会知道"吹万不同,而使其自己"的道理呢?第二条说,人们听的是同一首曲子,但却有的人快乐、有的人悲伤,这难道不是"吹万不同"的道理吗?就嵇康自己的论述来看,他认为音乐自身并没有情感,和声感化每个人,只是将他们心里本有的情感兴发出来;也就是说,各人听了同一首曲子而有不同的情感表现,是每个人自己的原因,跟音乐没有关系。嵇康的这种观点,显然来自庄子"吹万不同,而使其自己"的思想。这句话出自庄子《齐物论》:

> 子綦曰:"夫大块噫气,其名为风。是唯无作,作则万窍怒呺。……泠风则小和,飘风则大和,厉风济则众窍为虚。而独不见之调调,之刁刁乎?"子游曰:"地籁则众窍是已,人籁则比竹是已。敢问天籁。"子綦曰:"夫吹万不同,而使其自己也,咸其自取,怒者其谁邪!"①

在庄子看来,箫笛、琴瑟是人造的乐器,它们演奏出来的乐曲属于"人籁";草木、树石属于自然之物,风一吹就会发出千奇百怪的声音,这些都属于"地籁";那什么是"天籁"呢?子綦说:"夫吹万不同,而使其自己也,咸其自取,怒者其谁邪!"译为白话是:风吹万物发出不同的声音,是万物千差万别自己使然,既是自己而然,使它们发出声音的(怒者)又是谁呢?这个"怒者"可以说就是天籁,即无声者;它自己没有声音,但却能成就各种各样不同的音响。万物发出不同的声音,是它们自己的孔窍所导致的,因此所谓"怒者"(天籁)其实就是无声之声,是不可分割的"一",是对"道"的一种比喻。

嵇康在文中引用庄子的"天籁"观,显然是因为它和音乐有着直接的联系。我们知道,庄子的"天籁"仅仅是用作对"道"的一个隐喻,可是

---

① 〔清〕郭庆藩:《庄子集释》,北京:中华书局,1997年,45—50页。

嵇康却将它真正发展为一种音乐理论。在他的思想中，"和声"即相当于"天籁"，是"一"；而听众千差万别的主观之心，则相当于万物之孔窍，是"万"。"天籁"鼓动万物发出音响，它们的声音各不相同，这是由万物各自的特性所决定的；而"和声"感人产生忧喜、哀乐万殊之情，也是由听众各自的内心世界所决定的。这样的对比可谓天衣无缝，从而直接导致了嵇康音乐理论对传统的突破。

嵇康不仅仅是以"和声"比拟"天籁"，二者更具有内在的贯通性。在嵇康的思想中，音乐本身是一种和气，由五声之气和合而成，可谓之"一"。而"天籁"就是"道"，是未分化的"一"。由此进一步我们发现，嵇康实际上是将儒家的五声和谐之气，在暗中转化成了道家的混沌未分之气，是将"多"还原为"一"。这种儒道嫁接的结果，就使得"和"不再仅仅是对音乐本质特征的一种描述，而是具有了本体的意义；因为嵇康不但讲音乐之"和"，还讲"太和""天和""和气"等等。故此可以说，在嵇康的思想中，宇宙之本体就是"和"，而这个"和"的意涵显然来自老庄思想。

《老子》五十五章云：

> 含德之厚，比于赤子。……骨弱筋柔而握固，未知牝牡之合而朘作，精之至也。终日号而不嗄，和之至也。①

老子认为，含德醇厚的人就像婴儿（赤子）一样；反过来说，婴儿本身也就是含德醇厚、去道不远的人。婴儿终日号哭而不会声音嘶哑，这是因为他达到了"和"的极致。换句话说，所谓"和之至"就是含德醇厚的

---

① 朱谦之：《老子校释》，北京：中华书局，1996 年，218—222 页。

意思，即他的状态离宇宙万物之本体"道"还不远。① 故在老子的思想中，"和"与"道"相近。

《庄子》曰：

> 我守其一以处其和，故我修身千二百岁矣，吾形未尝衰。(《在宥篇》)②
>
> 视乎冥冥，听乎无声。冥冥之中，独见晓焉；无声之中，独闻和焉。(《天地篇》)③

所谓"我守其一以处其和"以及"无声之中，独闻和焉"，都是对"道"的描述。上句言养生之要在于持守"道"的贞一与醇和，下句言"道"无声却可以听出其中的和谐。就此而言，在《老子》和《庄子》书中，"和"都拥有与"道"十分接近的意涵，而且"和"本身即具备浑然醇厚、不可分割的意思。这种思想对嵇康可能产生了深远的影响，以至于他会用"太和""天和"等概念来称谓宇宙本体。这样在嵇康的思想中，也就形成了一个以"和"为本体的宇宙观。而"和"不仅仅是对音乐本质的一种表述，也不仅仅是音乐之本体，而且是宇宙万物之本体。"和声"甚至成为人与宇宙本体相沟通的媒介，嵇康有诗云："藻泛兰池，和声激朗。操缦清商，游心大象。"④ 这种试图通过"和声"游心于"大象"的向往，就是通过音乐之"和"向宇宙本体复归的一种体现。

由此看来，嵇康已经用具有道家内涵的"和"，取代了传统儒家的"中和"。在他的观念中，"和"不但指音乐形式上的和谐，而且还是宇宙

---

① 《老子》三十八章："失道而后德，失德而后仁。"就是说"德"是"道"失却以后的事情，而"含德之厚"者，无疑离"道"还不远。(王谦之：《老子校释》，北京：中华书局，1996年，152页。)
② 〔清〕郭庆藩：《庄子集释》，北京：中华书局，1997年，381页。
③ 同上书，411页。
④ 戴明扬：《嵇康集校注》，北京：人民文学出版社，1962年，74页。

万物之本体，是不可分割的"一"，或者说就是"道"。这种转变的重大意义在于，他将基于老庄哲学的宇宙本体论，成功地引入到乐论当中，实现了音乐艺术观念的根本变革。传统儒家乐论依然强调音乐是一种诗、乐、舞合一的综合艺术，重视其所表现的内容和情感，因为这些都和音乐的教化功能密切相关。而嵇康则通过和声无象、声无哀乐等论题，将传统乐论所谓音乐的内容与情感一扫而光，使"音乐自身"终于凸现出来，那就是音乐的本质"和"。

同时，由于嵇康赋予了"和"本体论的内涵，从而也使得音乐的作用显得不同寻常。虽然音乐不再表现任何具体的内容和特定的情感，反而让听众拥有了最大的审美自由；和声无象，但鉴赏者却可以充分自由地发挥自己的主观想象力，运用一切可能的形象对音乐作出自己的解读；声无哀乐，但鉴赏者却可以充分调动自己的心灵世界，让主体的情感得以自由展现。从而音乐不再是对听众的一种说教，而是向审美主体开放的一个自由世界。正如嵇康自己在《声无哀乐论》中所云：

> 人情不同，各师所解，则发其所怀。①
> 和之所感，莫不自发。何以明之？夫会宾盈堂，酒酣奏琴，或忻然而欢，或惨尔而泣。非进哀于彼，导乐于此也。……夫唯无主于喜怒，无主于哀乐，故欢戚俱见；若资偏固之音，含一致之声，其所发明，各当其分。则焉能兼御群理，总发众情耶？②

正因为音乐的本体是"和"，是浑然未分的"一"，所以它没有特定的倾向。然而听众的情况则各不相同，当他们欣赏音乐时，会根据自己的实际情况对音乐作出解读（各师所解），从而感发出来的情感也会有哀有

---

① 戴明扬：《嵇康集校注》，北京：人民文学出版社，1962年，216页。
② 同上书，217页。

乐,这都是由听众自己的原因所造成的。

为什么说和声对人有所感发,而听众出现不同的情感却是自己造成的呢？嵇康举例说,在厅堂上招待宾客,酒酣耳热时援琴而奏,有的人听了琴声会欢欣鼓舞,有的人却潸然泪下。同是一样的音乐,不可能向这个人灌注悲伤,却向另一个导入欢乐。正是因为乐曲自身没有固定的哀乐,所以才会出现悲欢俱现的情况；如果说音乐自身有情感,那么同样的曲子所包含的情感就应该是一致的,它们所感发出来的哀乐也应该各当其分,悲伤的曲子兴发悲伤,快乐的曲子兴发快乐。如果真的如此,那么,像以上这种同一首曲子却感发出不同情感的事情,又如何解释呢？

由此可见,嵇康充分注意到了在音乐实践中,同一首曲子可以兴发不同情感这一事实。因此,他根据自己对音乐的深刻把握和体验,断定其中的原因不在音乐自身,而在鉴赏者各自不同的审美心理期待。进一步还可以看出,嵇康已经深刻地认识到,由于音乐的本体是不可分割的"和""一",所以它才能够"兼御群理,总发众情",即不仅含纳各种具体的音声之理,还能够兴发人各种各样的心绪和情怀。也就是说,"和声"贞一的特性,赋予了音乐审美主体充分的自由,让他们尽情挥洒自己无尽的情怀,而不加以约束和限制。这样,也就在音乐理论中,实现了有和无、一和多的统一:和声无象,审美主体能生一切象；声无哀乐,审美主体能兴一切情。

嵇康的这种音乐观,和当时玄远之学的观念不谋而合。在玄学家王弼、何晏看来:"天地万物皆以无为本。无也者,开物成务,无往不存者也。阴阳恃以化生,万物恃以成形。"① 他们认为"无"是宇宙万物的本体,"众有"皆恃之而化生,万物皆因之而有形体。在他们的思想中,"无"虽然是"一",但又是"多"（众有）之所由生。故道体虽"无",却总括"众有",从而实现了"有"和"无"、"多"和"一"的统一。

---

① 〔唐〕房玄龄:《晋书》,北京:中华书局,1974 年,1236 页。

何晏《无名论》云：

> 夫唯无名，故可得遍以天下之名名之。然岂其名也哉？①

所谓"无名者"就是"道"，因为"道"不可言喻、不可称谓，所以人们可以用一切名言来称谓和解释它，但这些名言又无法真正穷尽其义。在嵇康看来音乐也一样，因为音乐的本体是"和"，所以它没有固定不变的含义，但听众却可以从中找到他所需要的一切意义。故听音者虽生各种哀乐，却不能将音乐自身之"和"涂上一丝情感的色彩；闻乐者尽管可以发挥自己卓越的想象力，用各种生动绚丽的图景去解释音乐，但却无法为音乐之"和"贴上任何具体的形象。"和声"总有众象、众情，但又不是其中任何具体的情、具体的象。同时，因其没有任何具体的内涵，故反而具有了所有的内涵。钱锺书也注意到了这一点：

> 乐无意，故能涵一切意。吾国则嵇中散《声无哀乐论》说此最妙，所谓"夫唯无主于喜怒，无主于哀乐，故欢戚俱见"②。

钱氏主要是从文艺学的角度看问题，并没有分析其背后的哲学意蕴。"乐无意，故能含一切意"，虽然点出了嵇康乐论的核心内涵，但没有说明这种情况产生的内在心理机制（本章第二节已经对此作出了说明）。更为重要的是，从嵇康自己的音乐理论来看，他所强调的并不是音乐自身含有什么义，而是审美主体能够从中得到什么义，这是两个不同的问题。"和声"自身并没有具体之义，而是审美主体赋予了它意义，这才是嵇康乐论所要表述的核心内容。也就是说，嵇康不是站在客观音乐的角度谈音乐，

---

① 杨伯峻：《列子集释》，北京：中华书局，1997年，121页。
② 钱锺书：《谈艺录》，北京：中华书局，1996年，290页。

而是站在审美主体的角度谈音乐；他的根本目的不是要探究音乐自身的特性"和"，而是要解放审美主体，强调鉴赏者在音乐实践中的主体地位。就此而言，嵇康是重主体而轻客体的。

总体看来，嵇康所谓"和"不是理论建构的结果，而是理论剥落后得到的一个概念，这也是嵇康乐论的一个基本特征。事实上，嵇康并没有在传统乐论的基础上进行建构，而是直接拿传统开刀，剥离那些前人强加给音乐的属性，乐象是之、情感是之、道德是之、政治理念是之。嵇康用主客二分这把利刃，一一剔之，就像剥笋一样，直到最后露出音乐之本身——"和"，一个几乎没有任何属性的概念。这种剥落工作一经完成，便将审美客体送回原位，反而让审美主体的真面目再也无法掩饰。反过来说，一个剥去了传统乐论外衣的音乐本体——"和"，也就成为嵇康乐论的自我建构。

第四章 论音乐与教化之关系

嵇康在批判传统音乐观的同时,对之又有所继承和改造,表现在乐教问题上就是如此。在他看来,古人所谓乐教,其根本并不在音乐本身,而在于统治者施政上的仁德,即"无声之乐"。这种"无声之乐",一方面表现为统治者的仁爱,另一方面表现为百姓生活上的和乐,而这种"和乐"进一步才表现于歌舞。因此在嵇康的观念中,百姓之和乐(lè)为本,而歌舞之乐(yuè)为末。在汉魏人的传统观念中,一般认为音乐是有道德属性的,这就是所谓音乐的淫与正。由于嵇康从根本上否认音乐具有任何主观属性,所以道德属性也自然被排斥在外。嵇康的这种主张,于无形中搬掉了汉魏乐教观的一块重要基石。但嵇康并没有完全否认乐教的作用,在他看来,音乐所以具有教化功能,并非基于音乐拥有淫、正等道德属性,而是另有其内在机理,那就是音乐自身的特殊感染力。

第一节 乐 教 之 本

谈到乐教的作用,汉魏人往往就会提起《孝经》所谓"移风易俗,莫善于乐",认为音乐在教化百姓、纯净风俗方面,具有十分显著的功效。然而在嵇康看来,古人所谓"莫善于乐",并不是指音乐本身,而是指圣王的德政给人民所带来的康乐生活;也就是说,百姓内心的和乐才是圣王移易风俗的关键。可见嵇康在传统乐教观中所看到的,是圣王对百姓的仁爱,而不是有形的音乐。所以,他更加重视"无声之乐",即统治者的德政和百姓内心的和乐，认为只有统治者真心爱民，才会得到百姓由衷的拥戴，此即嵇康所谓乐教之本。

针对传统的乐教观，嵇康认为：

> 夫言移风易俗者，必承衰弊之后也。①

当人们都在侈谈移风易俗、教化百姓的时候，必然是因为世风、民情已经衰落凋敝了。换句话说，如果天下太平、世风淳正、民情和乐，人们的观念中就不会产生移风易俗、教化百姓的问题；因为风俗本来就是和美的，无需移易。这种看法和先秦道家的观念是相通的。《老子》第十八章云："大道废焉，有仁义；六亲不和焉，有孝慈；国家昏乱焉，有贞臣。"②大道废于天下，才显出仁义；六亲不和，才显出孝慈；国家混乱了，才显出忠臣。此中后者的积极价值，正是因为消极面的出现，才更加凸显了其现实意义。的确，如果我们的社会大道未失、六亲和睦、国家太平，那么仁义、孝慈、贞臣也就不值一提。嵇康在这里所强调的，就是这种大道流行、大朴未亏的太平之世。在此种状态下，整个社会一团和气、世风淳厚，因此也就不存在教化的问题。而嵇康所理解的圣王之世，就是这样的一种理想状态。也正是以此为基本立足点，嵇康提出了自己对"移风易俗，莫善于乐"的新解释。在嵇康看来，由于圣王"无为而治"，故天下百姓生活祥和、康乐，因此：

> 和心足于内，和气见于外；故歌以叙志，儛以宣情。然后文之以采章，照之以风雅，播之以八音，感之以太和。导其神气，养而就

---

① 戴明扬：《嵇康集校注》，北京：人民文学出版社，1962 年，221 页。
② 李零：《郭店楚简校读记》，北京：北京大学出版社，2002 年，26 页。（该文句读，笔者根据习惯用法稍作修订，与李氏校读略有差异。原文逗号均在"焉"字前。）

之;迎其情性,致而明之;使心与理相顺,气与声相应。合乎会通,以济其美。故凯乐之情,见于金石;含弘光大,显于音声也。若此以往,则万国同风,芳荣济茂,馥如秋兰;不期而信,不谋而成,穆然相爱;犹舒锦布彩,而粲炳可观也。大道之隆,莫盛于兹,太平之业,莫显于此。故曰:"移风易俗,莫善于乐。"①

以上文字包含三个要点:一,百姓内心的和乐在先,以乐舞宣情在后。在嵇康看来,由于圣王施行德政,所以百姓生活康乐、内心祥和,而心中的和乐之气,就要通过一定的方式宣导出来,故以乐歌和舞蹈来表达心志、宣泄情怀。二,圣王因顺百姓和乐之心,将他们的歌舞进行了加工修饰,使之具有风、雅之辉,并配上八音之器广为流布,让人民都受到和乐之气的感染。百姓之神气由此得到了陶冶,性情得到了调节。这样,人们的心性和外在世界条理相通、声气协调,从而过上和谐美满的生活。当人们通过音乐、歌舞表达自己心声的时候,就好像百姓内心的和乐、圣王德政的光大,都通过金石之声表现了出来。三,由于圣王的德政使民心悦服,故百姓乐于接受圣王的风化。在这种情况下,万国的风俗和习惯都向往圣王之化,于是大道兴隆、国家昌盛,人民穆然相亲、诚信不期而致,真可谓太平盛世。嵇康称,这才是"移风易俗,莫善于乐"。

嵇康的表述拥有一个内在逻辑:首先,圣王的德政导致民心和乐,百姓的和乐又表现于歌舞;其次,圣王将这些歌舞加以修饰并传布天下,令百姓遍得风化,从而获致太平盛世。从中我们可以看到,圣王的德政与百姓内心的和乐才是问题的核心,而乐歌和舞蹈则是次要的。也就是说,使万国同风、天下太平的是圣王的仁德之治,而不是乐歌和舞蹈,它们充其量只起到了辅助圣王德治的作用,不应该被夸大。就是在这种情况下,嵇康"移风易俗,莫善于乐"之"乐"字,也就无法当作音乐来理解,只能

---

① 戴明扬:《嵇康集校注》,北京:人民文学出版社,1962年,222—223页。

解释为百姓和乐之"乐"（lè）。因为，是圣王的德政让百姓内心和乐，所以才心悦诚服地接受圣王文明的教化，令世风日益改善，逐渐进入万国同风、天下和睦的状态。可见只有在圣王治下的太平之世，人民生活康乐祥和了，"移风易俗"才能实现。

综合上文可以发现：一方面，嵇康说所谓"移风易俗"是在社会风气凋敝以后；另一方面，他又说"移风易俗"是指太平盛世。显然，二者之间存在着一定的矛盾。问题的关键在于，前者是嵇康对汉魏传统乐教观的评判，而后者才是嵇康自己的主张。显然在嵇康的观念中，移风易俗的根本，是统治者的德政和百姓内心的和乐（这是只有在盛世才能发生的事情），而不是具体的音乐艺术。但在汉魏人的传统观念中，音乐艺术本身是施行教化的重要手段，因此社会上民风凋敝的时候，他们就会想起音乐的教化功能，企图通过音乐改变世风，实现天下太平、社会和睦的政治理想（此即嵇康所谓"夫言移风易俗者，必承衰弊之后也"的意思）。汉魏人的这种传统观念，显然夸大了音乐的作用，没有看到先王所谓"乐教"的深意，不在于音乐艺术，而在于德政。

在汉魏时期特定的历史背景下，把音乐当作移风易俗的政教工具，是人们的一种通识。但这种看法却转移了问题的焦点，不是着重于改善统治者的执政，而是侧重于外在的教化手段。孔安国《古文孝经训传序》云：

> 昔吾逮从伏生论《古文尚书》谊，时学士会，云出叔孙氏之门，自道知《孝经》，有师法。其说"移风易俗，莫善于乐"，谓为天子用乐，省万邦之风以知其盛衰……。且曰："庶民之愚，安能识音，而可以乐移之乎？当时众人佥以为善，吾嫌其说迂，然无以难之。……夫云集而龙兴，虎啸而风起，物之相感，有自然者，不可谓毋也。胡笳吟动，马蹀而悲，黄老之弹，婴儿起舞，庶民之愚，愈于胡马婴儿

也?何为不可以乐化之?"①

孔安国时,有学士以为"移风易俗,莫善于乐",是指天子通过音乐来省察四方的风俗。至于庶民百姓,则愚顽不化,并不懂得音乐,所以也不能通过音乐对他们进行教化。孔安国不同意这种观点,认为"同声相应,同气相求",事物之间的相互感应是自然而然的事情。连马听到胡笳之声都会踏足悲伤,婴儿听到黄老所演奏的音乐也会起舞,为什么庶民不能通过音乐来进行教化呢?由此可见,在孔安国的观念中,音乐本身已经变成了移风易俗的工具,而且夸大了音乐和人之间相互感应的能力。至于天子通过音乐省察四方风俗的盛衰,并以此为依据改善自己的执政行为,则不是他所关注的核心。这样一来,统治者的德政被忽视了,音乐教化作为手段反而被高估了。董仲舒也坚持这种音乐教化的观点,他在《元光元年举贤良对策》中说:

> 乐者,所以变民风,化民俗也;其变民也易,其化人也著。故声发于和而本于情,接于肌肤,臧于骨髓。故王道虽微缺,而管弦之声未衰也。②

董仲舒认为,音乐对人的教化作用是非常显著的,甚至深入骨髓;所以王道虽微有缺损,却可以通过音乐教化(管弦之声)来加以弥补。董仲舒虽然注意到了王道(德政)的衰微,但对音乐教化则寄予了过高的期待。这种对音乐教化作用的抬高,一方面反映了先王德政的衰落,另一方面也反映了人们对音乐功能的神化,使得他们对先王乐教的根本有所误解。后汉张奋在《请定礼乐疏》中也说:"五经同归,而礼乐之用尤急。

---

① 〔清〕严可均:《全汉文》,北京:商务印书馆,1999年,128页。
② 同上书,229页。

孔子曰：'安上治民，莫善于礼；移风易俗，莫善于乐。'又曰：'揖让而化天下者，礼乐之谓也。'先王之道，礼乐可谓盛矣。"① 从中也可以看出，及至后汉时期，音乐教化的功能被大大夸张了。这种对音乐教化的信念，深深地扎根在汉魏传统士人的心灵中，似乎通过音乐教化，百姓就可以心向君王，而天下也就可以太平了。

嵇康清醒地看到了人们对音乐教化的误解，力图还原先王乐教之本，强调统治者的德政及百姓内心的和乐，才是风俗移易、万国同风的根本，而不是所谓的音乐。故此，嵇康特别强调"无声之乐，民之父母"这一命题，进一步将先王乐教的根本揭示出来，提醒统治者不要舍本逐末，应该着力加强自身的施政理念（德政），而不是追求所谓的音乐教化。嵇康说：

> 乐之为体，以心为主，故无声之乐，民之父母也。至八音会协，人之所悦，亦总谓之乐，然风俗移易，本不在此也。②

关于"体"字，嵇康还有"声音之体""琴瑟之体"的说法，强调的是音乐的内在特性；其中的"体"意谓"音乐自身"，指音乐的形式因素，是物理性存在，所以和人的情感（人心）没有关系。但此处说"乐之为体，以心为主"，强调"乐之体"是人心的一种内在特征，显然"乐之体"并不等于"the music itself"。而作为心灵的特征，"乐之体"中的"乐"应该是指人内心的"和乐"（lè），而不是作为艺术形式的音乐。

嵇康又称："至八音会协，人之所悦，亦总谓之乐。"是说用乐器演奏出来的乐曲，和谐美妙、令人心悦，所以人们也称之为"乐"。此处的"乐"字，则明显是指音乐艺术。由此可见，在嵇康的观念中，"乐"本身具有双重的含义，一方面是指音乐艺术，另一方面是指人内心的和乐。而

---

① 〔清〕严可均：《全后汉文》，北京：商务印书馆，1999年，111页。
② 戴明扬：《嵇康集校注》，北京：人民文学出版社，1962年，223页。

且在嵇康看来，音乐艺术与人心中的和乐还具有内在的共通性，那就是音乐可以给人带来内心的和乐。嵇康的论述表明，他认为"乐"字的内涵首先是指和乐之乐，然后才是音乐之乐。

以上引文还明确告诉我们，风俗移易之"本"，并不是"八音会协"的音乐艺术。那么"本"是什么呢？在笔者看来，这个"本"就是嵇康所说的"无声之乐"，即统治者的德政给百姓所带来的内心的和乐。也就是说，乐教的根本在于百姓内心无声的"和乐"，而不是有声的"音乐"。而要证明这一点，我们就必须先弄清音乐与和乐的内在关系。

后汉许慎《说文解字》云："樂，五声八音总名，象鼓鞞。"清段玉裁注曰：

> 宫、商、角、徵、羽，声也。丝、竹、金、石、匏、土、革、木，音也。乐之引申为哀乐之乐。鞞当作鼙，俗人所改也。象鼓鞞，谓樂也。鼓大鼙小，中象鼓，两旁象鼙也。①

根据许慎所言，"乐"是五声和八音的总名。五声指宫、商、角、徵、羽，是中国传统音乐中的五个基本音级。八音指八种不同的乐器，引申为它们所演奏出来的音乐；这八种乐器，分别由丝、竹、金、石、匏、土、革、木所制成，如：琴、笛、钟、磬、笙、埙、鼓、柷等。总之，"樂"是指由乐器所演奏出来的音响。清人段玉裁也认为，"樂"是指音乐，但由于音乐是人们所喜欢、悦乐的，故引申为哀乐之乐。这就是说，哀乐之"乐"晚于"樂"之本义。如果从字源学的角度进行考察，这也是有理论依据的。

"樂"字篆书为"樂"，按段玉裁的解释，此字上半部像鼓鼙的形状；鼓大鼙小（鼙即小鼓的意思），所以中间大的是鼓，两边小的为鼙。笔者

---

① 〔清〕段玉裁：《说文解字注》，上海：上海古籍出版社，1998年，265上页。

认为，段玉裁的解释略显不妥。从现代考古学的成果来看，"樂"字的本义似乎就是春秋战国时期的"悬鼓"①。篆书"樂"字下部的"木"，是指悬鼓的支架，由木头或者金属制成；上边的"𢆶"形，中间是一面鼓，两边则应该是丝绳，即用来将鼓固定在鼓架上的绳子，而非段玉裁所言之鑿。理由如下：首先，秦汉隶书中的"樂"字，上部的两边为"幺"，而不是小鼓的象形，这必然有其字源学上的继承性。其次，20世纪的考古发现，为以上这种字源上的继承性，提供了一定的物证，那就是虎座鸟架鼓的出土。

在20世纪的考古发掘中，出土了大量战国时期的虎座鸟架鼓。其中最著名的一件，就是湖北江陵战国楚墓出土的彩色漆器虎座鸟架鼓，考古学者断定是"悬鼓"。② 从该乐器的形制看，是两虎相背而卧，两鸟亦相背立在虎背之上，鸟尾用榫卯连接在一起，从而构成了鼓架；鼓上有三个铜环，分别用绳索系在鸟冠和鸟尾相连处，使鼓悬在两鸟之间（图一，见附录）。与这种虎座鸟架鼓相似的图像，还见于上海博物馆收藏的一件战国"刻文宴乐画像桮"。杯上图形描绘了一个奏乐歌舞的场面，左下方有一人跪坐持槌击鼓，鼓座为两鸟相背而立，鸟尾相连，鼓框悬于两鸟之间（图二，见附录）。从这些器物和图形看，都是下方为一支架，上部中间为鼓，而两旁用绳索将鼓系在支架上，其形状正好是秦汉隶书中的"樂"字。因此笔者认为，"樂"字似乎就是春秋战国时期悬鼓形状的抽象。显然，"樂"字是用一种乐器来代表所有的乐器，从而进一步引申为乐器所

---

① 《礼记·明堂位》云："夏后氏之鼓，足；殷，楹鼓；周，县鼓。"（《汉魏古注十三经·礼记》，北京：中华书局，1998年，117下页。）又《隋书·音乐下》说："革之属五：一曰建鼓，夏后氏加四足，谓之足鼓；殷人柱贯之，谓之楹鼓；周人悬之，谓之悬鼓……"〔唐〕魏征：《隋书》，北京：中华书局，2000年，376页。）可见周以后演奏音乐时所流行的是悬鼓，即将鼓悬空而击之。篆书"樂"字象其形，而汉代隶书"樂"字，则更加传神地体现了"悬鼓"的形制。篆书流行于春秋战国，而隶书则成形于秦汉，其成字过程和悬鼓的使用流行基本上是同时的。

② 陈振裕：《谈虎座鸟架鼓》，《楚文化与漆器研究》，北京：科学出版社，2003年，596页。

演奏出来的音乐。

因此，从字源学上考察，"樂"的含义，首先是指乐器，其次是指乐器演奏出来的乐曲，而不是指人快乐的心情。由此而言，"樂"字中哀乐之"乐"的含义应该是后出的。而段玉裁称"'樂'之引申为哀乐之乐"，显然是有道理的。但嵇康说"乐之为体，以心为主，……至八音会协，人之所悦，亦总谓之乐"①，暗示音乐之义晚于欢乐之义，则与现代考古学、字源学的考察结果相违背。

关于樂（yuè）、乐（lè）同义的观点，在汉魏以前是一种常见的说法。班固《白虎通义·礼乐》云："樂者，乐也。君子乐得其道，小人乐得其欲。"② 认为音乐可以让人欢悦、快乐；君子闻樂（yuè）得道，小人闻樂（yuè）得欲，但从中得到快乐却是一致的。《礼记·曲礼上》曰："父母有疾，冠者不栉，行不翔，言不惰，琴瑟不御。"③ 认为父母生病是令孝子悲伤的事情，所以冠者（成年男子）不梳洗，走路时不蹦蹦跳跳，言语不偷惰，也不弹奏琴瑟。也暗指演奏音乐是快乐的事情，而音乐同时也能够令人快乐。孔子也说："夫君子之居丧，食旨不甘，闻樂不乐，居处不安，故不为也。"④ 主张君子居丧的时候不弹奏也不欣赏音乐，可见在孔子的心目中，音乐也是和心情的悦乐分不开的。魏晋间流行的《孔子家语·问玉》中也说："言而可履，礼也；行而可乐，樂也。（魏王肃注曰：'乐，上音洛，下音岳。'）"⑤ 按王肃注解释，一个人的行为是令人快乐的，那也就是"樂"（yuè）了。这种樂（yuè）、乐（lè）不分、含义相通的情况，是我们解释嵇康乐论时必须注意的一个问题。

基于以上原因，如果我们从樂（yuè）乐（lè）相通的角度考察，嵇

---

① 戴明扬：《嵇康集校注》，北京：人民文学出版社，1962年，223页。
② 〔清〕陈立：《白虎通疏证》，北京：中华书局，1997年，93页。
③ 《汉魏古注十三经·礼记》，北京：中华书局，1998年，6下页。
④ 杨伯峻：《论语译注》，北京：中华书局，188页。（《论语·阳货》）
⑤ 〔魏〕王肃注：《孔子家语》，上海古籍出版社，1990年，91下页。

康所谓"无声之乐,民之父母"中的"乐"字,其主要内涵应该是快乐的乐。而"无声之乐"也就是先王的德政,由于这种德政给百姓带来了生活的和乐,故称之为"民之父母"。这不仅可以从嵇康自己的表述中推论出来,而且还可以找到其他方面的文献证据。刘向《说苑·修文》云:

> 孔子曰:"无体之礼,敬也;无服之丧,忧也;无声之乐,欢也。"①

该段文字又见于《孔子家语·六本》,唯"忧"字为"哀"。这里所重视的,无疑是礼乐背后所隐含的内在情感和品质,而不是外在的礼节和仪式。将"无声之乐"解释为人内心的欢乐,还不足以让我们真正明确它的内涵和意义。《孔子家语·论礼》中的一段文字,可以帮助我们加深对"无声之乐"的认识:

> 孔子曰:"无声之乐,无体之礼,无服之丧,此之谓三无。"子夏曰:"敢问三无何诗近之?"孔子曰:"夙夜基命宥密,无声之乐也。(王肃注曰:'夙夜,恭也。基,始也。命,信也。宥,宽也。密,宁也。言以行与民信,王教在宽,民以安宁,故谓之无声之乐也。')"②

在王肃看来,所谓"无声之乐",是指君主用自己的行动取信于民,教化宽松、敦厚,让百姓生活安详宁静。换句话说,"无声之乐"并不是指无声的音乐,而是指君主对百姓所施行的仁政;因为君王以德政化育万民,所以百姓生活和乐安定,故称君王的仁德教化之风为"无声之乐"。《礼记·孔子闲居》亦载孔子"夙夜基命宥密,无声之乐也"的主张,郑

---

① 向宗鲁:《说苑校证》,北京:中华书局,1987年,497页。
② 〔魏〕王肃注:《孔子家语》,上海古籍出版社,1990年,73下页。

玄注释云：

> 基，谋也。密，静也。言君夙夜谋为政教以安民，则民乐之。此非有钟鼓之声也。①

郑玄的解释更加明确，认为君王夙夜操劳为政、施行教化，为的是让百姓过上安定祥和的生活，所以人民乐其德政之风。君王有此仁德之风，虽然没有钟鼓之乐，百姓也乐于向化。因此，从统治者的角度讲，"无声之乐"是指君王的德政；从百姓的角度讲，"无声之乐"是指人民生活的祥和宁静，以及由此而产生的内心的欢悦。其实，这也正是嵇康"无声之乐，民之父母"的真实内涵，目的在于呼吁当时曹魏的统治者，不要一味专注于刑名法术，或者听信士大夫们关于移风易俗的乐教主张，而要把精力放在推行德政、取信于民上。

在曹魏时期，社会依然动荡不安，刑罚苛严，百姓得不到休养生息，更谈不上生活上的和乐。在这种情况下，传统经学主张利用音乐对百姓进行教化，既不合时宜，更不能从根本上扭转日益衰落的社会风气，让百姓过上康乐自足的生活。一方面，嵇康对经学治世的传统主张已经失去了信心；另一方面，他对曹魏的刑名法术也不抱希望。而老庄思想在当时的崛起，也就给嵇康的政治观念，打上了理想主义的色彩。

嵇康在《声无哀乐论》中说：

> 古之王者，承天理物，必崇简易之教，御无为之治。君静于上，臣顺于下，玄化潜通，天人交泰。枯槁之类，浸育灵液，六合之内，沐浴鸿流，荡涤尘垢；群生安逸，自求多福，默然从道，怀忠抱义，

---

① 《汉魏古注十三经·礼记》，北京：中华书局，1998年，186下页。

而不觉其所以然也。①

嵇康在这里提出了他的政治哲学观念，建构了一个乌托邦式的理想国。他认为在上古时期，圣王治理国家注重"无为而治"，教化百姓也崇尚简易。君主在上以静制动，臣民居下顺旨而行，所以天人交泰、玄化潜通，百姓沐浴在君王的恩泽之中，天下安泰祥和。由于统治者无为而治，百姓默然从道、怀忠抱义，虽然享受着莫大的福泽，却以为是自然而然的事情。

这种主张和《老子》的看法不谋而合："圣人云，我无为而民自化，我好静而民自正，我无事而民自富，我无欲而民自朴"②；"是以圣人之治，……为无为，则无不治"③；又说："功成事遂，百姓皆谓我自然。"④《老子》认为，圣人以"无为"治理天下，则百姓自然归于教化；圣人居上好静，百姓自然中正；圣人无事以劳民，百姓自然富足；圣人无欲，百姓自然敦厚淳朴；正是因为圣人崇尚"无为之治"，所以天下没有治理不了的事情；圣人功成事济，百姓享受恩泽、却不知道是圣人的功德，还以为本来就是如此。

嵇康的思想几乎与此同出一辙。嵇康自称："老子庄周，吾之师也"⑤；"托好老庄，贱物贵身。志在守朴，养素全真"⑥；又说："飘飘戏玄圃，黄老路相逢。授我自然道，旷若发童蒙。"⑦ 其兄嵇喜作《嵇康传》也说叔夜："长而好老、庄之业，恬静无欲。"⑧ 由此可以断定，嵇康的思

---

① 戴明扬：《嵇康集校注》，北京：人民文学出版社，1962年，221—222页。
② 楼宇烈：《王弼集校释》，北京：中华书局，1999年，150页。
③ 同上书，8页。
④ 同上书，41页。
⑤ 戴明扬：《嵇康集校注》，北京：人民文学出版社，1962年，114页。
⑥ 同上书，27页。
⑦ 同上书，39页。
⑧ 〔晋〕陈寿撰、〔宋〕裴松之注：《三国志》，北京：中华书局，1998年，605页。

想深受道家和黄老之学的影响。而他在政治哲学上的表现，就是对"无为而治"的推崇，这在嵇康的诗文中也有所体现：

> 二人功德齐均，不以天下私亲。高尚简朴慈顺，宁济四海蒸民。①
> 万国穆亲无事，贤愚各自得志。晏然逸豫内忘，佳哉尔时可喜。②

上文所引六言诗，是用来歌颂上古圣王尧和舜的。但在嵇康看来，这两位儒家所称道的圣王，却都崇尚简朴慈顺的无为之治，从而使得天下万国和睦、百姓各得其志。嵇氏对上古之世的这种描述，无疑夸大了事实的真相，同时也暴露出其政治理想的乌托邦性质。所以如此，一方面是源于汉魏士人的崇古之风；另一方面，则深刻地体现出嵇康对现实政治状况的不满。嵇康后期，司马氏已经专权，表面崇尚儒家的忠孝仁义，暗地里却杀戮曹魏股肱、谋求篡位。所以嵇康在《难自然好学论》中否定"仁义之端，礼律之文"③，应是出于义愤之举，是对假名教的攻击，而不是从内心深处否定儒家道德的精神价值。因此，嵇氏以"简朴慈顺"和"不以天下私亲"来称赞尧舜治理天下的功德，体现了其在政治哲学理想上，试图融合儒道两家的努力。

嵇康"无声之乐，民之父母"的观念，一方面继承了汉魏以来的思想传统，主张君主应该以德政化民；另一方面，又在暗中将其和道家的"无为之治"糅和在一起。看起来似乎是道家"无为之治"为本，儒家德政为末，因为嵇康所谓"无声之乐，民之父母"的状况，毕竟只有在上古"无为之治"的条件才有可能。但如果换个角度看，既然上古无为而治的理想时代已经过去，那么，嵇康在魏晋之际提出"无声之乐"的主张，其现实

---

① 戴明扬：《嵇康集校注》，北京：人民文学出版社，1962年，41页。
② 同上书，41页。
③ 同上书，259页。

意义则主要在于强调君主要实行德政，不要只是注重音乐教化这些细枝末节问题。由此而言，在嵇康的观念中，恰恰是儒家德政为本，道家无为而治为末。

嵇康的思想是复杂的，既有儒家精神的骨鲠，又有道家精神的飘逸。这两种因素的结合，使其在对传统思想进行重新解读时，既有所继承，同时又有所突破。"移风易俗，莫善于乐"以及"无声之乐，民之父母"，虽然都是儒家传统固有的命题，但在嵇康的思想中却具有了新义。他没有像经学传统一样，夸大音乐的教化功能，而是深入发掘先王所谓乐教的根本，抓住"民心和乐"这一核心，并糅和道家无为而治的理想，赋予了"无声之乐"新的内容和意义。在嵇康的观念中，尽管音乐还担负着教化的功能，但它已经和传统经学的音乐观，具有了本质的不同。

第二节　乐无淫正

汉魏传统观点认为，音乐本身具有淫邪和中正的道德品性，因此可以用雅正之乐达到对百姓进行教化的目的。然而在嵇康看来，音乐自身是无所谓道德属性的；道德只是人的一种精神品质，属于人心而不属于音乐。这样，嵇康也就挖去了汉魏传统乐教观的一块重要基石。尽管嵇康否认音乐具有道德品性，也不认为这种品性对人具有伦理教化功能，但他却注意到了音乐所具有的特殊感染力，及其对人所产生的影响，从而为音乐教化保留了一定的空间。

嵇康《声无哀乐论》一文，绝大部分篇幅都在探讨音声之理，即今人所谓音乐理论，而结尾则大谈礼乐教化，很多学者认为这和全文不协调，冯友兰先生甚至说它是"画蛇添足"[①]。但站在嵇康的立场上，这个"尾巴"不仅不是多余的，反而是嵇康乐论的最终落脚点，即他对自己乐教主

[①] 冯友兰：《中国哲学史新编》（第四册），北京：人民文学出版社，1995年，93页。

张的理论总结。嵇康乐论的目的,其实并非单纯为了讨论音乐,同时也是对传统乐教观的一个回应。这种回应,建立在他对音乐的重新理解之上。而他对音乐的这种再诠释,不仅体现在"声无哀乐""和声无象"这些核心命题上,还体现于他对传统音乐观中"乐有淫正"的批判和重新解读。

嵇康认为,"若夫郑声,是音声之至妙"①。因此在他看来,传统所谓淫乐"郑声"(新声变曲),就乐曲自身的特点来看,是音乐中最美妙的曲子。显然,如果单纯从艺术技巧的角度加以考察,郑声无疑是人们最喜欢听的音乐,因为它们非常悦耳动听。嵇康自己也喜欢新声变曲,他在《琴赋》中就说:"附弦安歌,新声代起。"② 表达了自己对新声的钟爱之情。《琴赋》中还提到蔡氏五曲,即后汉蔡邕所作《游春》《渌水》《坐愁》《秋思》《幽居》。史料记载,嵇康自己也作有嵇氏四弄,即《长青》《短青》《长侧》《短侧》③。这些新作的曲目,如果用汉魏人古乐(雅乐)和新声(郑声)的标准来衡量,无疑都是新声变曲,属于郑卫之音的范畴。

但在嵇康看来,由于新声变曲是近人所作,更加注重乐曲自身的艺术技巧和表现力,所以曲调美妙窈窕、动人肝肠,是应该受到肯定的。所以,嵇康对待郑卫之音的态度一反传统,从纯音乐的角度,充分肯定了郑卫之音的艺术造诣。然而在汉魏传统音乐观中,"郑声淫"的思想依然影响深远。如果说孔子所谓"郑声淫"还具有特定的历史背景,是指当时郑国的民风淫靡奢泰,不一定是说音乐本身具有道德属性;那么到了汉魏时期,音乐自身就被赋予了道德品质,而且认为这种品质还可以影响听众,起到教化百姓或者败坏人心的作用。因此在汉魏人的观念中,雅乐(古乐)的品质是中正,而郑声(新声)的品质则是淫邪。这样,存雅乐却郑

---

① 戴明扬:《嵇康集校注》,北京:人民文学出版社,1962 年,224 页。
② 同上书,96 页。
③ 参见戴明扬《嵇康集校注》附录《广陵散考》一文。

声，似乎就有了充足的理由。

认为音乐自身拥有一定的道德属性，这是汉魏乐论传统的一个基本共识。也正是因为音乐的这种道德品质，使之承担起了教化百姓的责任，所以乐教也就成为汉魏人管理天下的一个重要手段。后汉荀悦《汉纪》卷五《前汉孝惠皇帝纪》云：

> 夫乐可以善民心，其感人深，移人疾，是故先王著其教焉。……粗厉猛奋之音作，而民刚毅；廉直正诚之音作，而民肃敬；宽裕和睦之音作，而民慈爱；流僻邪放之音作，而民淫乱。故先王制雅颂之声……以感动民之善心，不使邪气得袭焉。①

荀悦认为，音乐对于百姓的感化作用是深入的，而且见效很快，所以先王非常重视乐教的作用。从音乐的教化功效看：粗犷奔放的音乐，让百姓坚毅刚强；廉洁、正直、诚敬的音乐，让百姓肃穆、恭敬；和睦、宽厚的音乐，让百姓孝慈、亲爱；邪僻、流散的音乐，让百姓心淫行乱。所以，古代圣王一定要制作雅正的乐曲，以感化百姓的善心，防止他们受到奸邪之气的侵扰。从此段文字看，荀悦显然认为，音乐自身具有一定的道德属性。有的音乐廉直正诚，属于雅正之乐，故令百姓心正；有的音乐流僻邪放，属于淫邪之乐，故令百姓心生淫乱。也就是说，音乐自身的道德属性，决定了听众所受教化的后果。所以听音乐并不是一件随意的事情，而要放到国家管理和施政的高度上进行统筹。

音乐拥有一定道德品性的观念，在汉代还和阴阳五行和象数学说结合起来，形成了一套精致的理论架构，使音乐教化的观念具有了更深一层的理论基础，同时也给音乐打上了浓厚的伦理色彩。班固《汉书·律历志上》云：

---

① 〔汉〕荀悦：《两汉纪·汉纪》，北京：中华书局，2002 年，68 页。

> 协之五行，则角为木，五常为仁，五事为貌。商为金，为义，为言；徵为火，为礼，为视；羽为水，为智，为听；宫为土，为信，为思。以君、臣、民、事、物言之，则宫为君，商为臣，角为民，徵为事，羽为物。唱和有象，故言君臣位事之体也。①

班固将五声宫、商、角、徵、羽，和五行土、金、木、火、水一一对应起来；而五行又和人的五种品质相应：土主信，金主义，木主仁，火主礼，水主智。如此一来，五声也就同时具有了人的品性，宫为信，商为义，角为仁，徵为礼，羽为智。从象数的角度看，五声、五行和人的五种品质相对，同时又和人世间的君、臣、民、事、物五"象"互为表里，相互协和。在这种情况下，音乐也就和阴阳五行、象数共同构成了一个天人一体的世界，它们彼此相互影响，互为表里。因此，演奏音乐也就不再单纯是娱乐，而是要通天地、理民情。既然五声有着这样严格的道德品性，制作和演奏音乐时，就必须注意它们在教化方面的功效，而不能随意行事。

后汉何休《春秋公羊传·隐公五年注》曰：

> 凡人之从上教也，皆始于音，……闻宫声，则使人温雅而广大；闻商声，则使人方正在好义；闻角声，则使人恻隐而好仁；闻徵声，则使人整齐而好礼；闻羽声，则使人乐养而好施。②

何休指出了五声和人五种品质的对应关系，明确告诉我们，演奏五声调式的不同乐曲，就可以分别达到让人温雅、方正、恻隐、整齐、乐养的目的，这和班固所谓信、义、仁、礼、智大体相当。这也充分证明，在汉

---

① 〔汉〕班固：《汉书》，北京：中华书局，1975年，958页。
② 《汉魏古注十三经·春秋公羊传》，北京：中华书局，1998年，16页。

魏经学传统中，音乐和人的道德品性是密切联系在一起的，而且这种联系还具有某种特定的模式，它是国家在施行乐教时必须注意的。而在这种背景下，雅乐一般被视为中正之音，郑卫之音则被看作是淫声，即它们自身就有这样的客观属性。因此，要想发挥乐教的理想功能，就必须存雅乐、黜郑声。可见，音乐自身的道德属性，正是汉魏传统乐教观的重要基础。

在嵇康的观念中，音乐是没有道德属性的。道德只是人心的内在品质，属于人自己。由于音乐自身只局限于形式因素，是客观的物理性存在，不可能沾染伦理特征。然而，人们通常又认为音乐是有淫正之分的，这该如何理解呢？嵇康对此作出了自己的解释：

> 若上失其道，国丧其纪，男女奔随，淫荒无度；则风以此变，俗以好成。尚其所志，则群能肆之；乐其所习，则何以诛之？讬于和声，配而长之，诚动于言，心感于和，风俗一成，因而名之。①

嵇康认为，如果上层统治者昏庸无道，国家的纲纪就会松弛乃至丧失。由于君主淫乐奢靡，百姓便上行下效，必然导致民风衰败，出现男奔女随、荒淫无度的局面。这种风气逐渐盛行，也就改变了原来纯正的风土民情，社会习俗也因百姓的爱好而形成。因为这些风尚是百姓普遍所追求的，故群起仿效、纵肆无度；既然他们是以自己的习俗为乐，我们又有什么理由加以谴责呢？百姓抒发自己对奢淫生活的感受，并通过和谐美妙的乐曲表达出来，从而进一步增强了这种风气。百姓听到如此美妙的乐歌，情感为歌词所打动，心灵为和声所感发，奢淫的习俗由此而成，所以人们就把这个地方的乐歌称为"淫声"。

从嵇康的表述来看，首先，社会风气的败坏是由统治者的无道造成的，所以对风俗衰败负责的应该是统治者，而不是百姓，更不是在这种风

---

① 戴明扬：《嵇康集校注》，北京：人民文学出版社，1962年，225页。

气中产生的乐歌（淫声）。就此而论，应该接受教化的不是普通百姓，而是统治者自己，故传统所谓移风易俗、风化天下，可谓本末倒置。汉末魏晋时期上层统治者的奢侈淫靡，正是导致政教衰颓、民风凋敝的主要原因。而嵇康仅仅以此委婉的方式予以揭露，当有更加深层的政治背景和社会原因。

其次，嵇康认为社会风俗的形成在前，"淫声"的形成在后。所谓"淫声"，其实只是百姓对自己现实生活的一种描述，如果没有奢靡淫纵的社会风气，就不可能产生淫邪的乐歌。因此，杜绝这种风气的根本，是统治者要以身作则，正人先正己，施仁政以疏导民情。如果在民风凋敝的情况下，统治者不去改善施政行为，而是力图通过音乐对百姓加以教化，无异于舍本逐末，社会风气也就不可能有根本性的改观。因此嵇康在这里所要强调的，并不是音乐的道德属性导致了民风的衰败，而是直指其背后深层的动因——统治者自身的无道。

嵇康不仅认为"淫声"不是社会风气凋敝的根本，而且进一步主张，音乐自身并没有淫邪、中正这样的道德品质。嵇康说：

> 所名之声，无中于淫邪也；淫之与正同乎心，雅郑之体亦足以观矣。[1]

在风俗淫靡的情况下所产生的乐歌，人们称之为"淫声"；然而这种音乐自身是无所谓淫邪还是中正的。淫邪和中正都在于人心，而不在音乐；如此一来，雅乐和郑声作为乐曲，它们的本质我们也就可以看清楚了。可以看出，在嵇康的观念中，音乐自身是没有道德属性的，因此，那种把社会风气的败坏归罪于"淫声"的指责是没有道理的。尤其某些新声变曲，和淫靡的社会风俗根本没有关系，只是在形式上突破了传统雅乐的

---

[1] 戴明扬：《嵇康集校注》，北京：人民文学出版社，1962 年，225 页。

平和、淡薄，变得曲调优美娇妙，它们不会败坏民风习俗，应该肯定其艺术上的高超造诣。例如嵇康在《琴赋》中所称赞的"新声"，还有蔡氏五曲和嵇康自己所作的嵇氏四弄，都属于此类。这同时也告诉我们，嵇康所以肯定郑声，是从艺术发展的角度做出的一个判断。

嵇康称："所名之声，无中于淫邪也。"可见他在音乐的淫正问题上，依然秉承了名理之辩的方法。在他看来，所谓"正声"、"淫声"只是名（概念），是人们对乐曲的一种称谓。就乐曲本身而言，虽然它们在旋律、节奏、音色等方面多有不同，但从形式上看，它们都是由最基本的五声所构成，这一点是相同的。而从淫和正二者的特性来看，它们都是人内心的精神品质，属于道德范畴。因此，淫和正作为"实"，应该归之于心，而不是音乐；"淫声"和"正声"虽有淫、正之名，却无淫、正之实。故此，音乐形式并不具有道德品质上的差异。

此外，嵇康否定音乐拥有道德属性的看法，也和他"心之与声，明为二物"的基本主张是一致的。正因为他把音乐当作客体，和人的主体精神对立起来，从而割断了二者之间的联系，成功地将情感、道德等主观因素，从音乐中抽离了出来。然而汉魏传统乐教观的基础，恰恰就是这些似是而非的音乐特性。嵇康的这种主张，就如釜底抽薪一般，令传统乐教观失去了理论支柱，当然会招致经学之士的反对。所以，当嵇康竭力扫除音乐中的情感和道德属性时，秦客也就自然产生了质疑：

> 即如所论，凡百哀乐，皆不在声，则移风易俗果以何物耶？又古人慎靡靡之风，抑慆耳之声。故曰：放郑声，远佞人。……敢闻郑雅之体，隆弊所极，风俗移易，奚由而济？[1]

秦客的发问表明，在他的观念中，音乐教化就是通过音乐自身的哀乐

---

[1] 戴明扬：《嵇康集校注》，北京：人民文学出版社，1962年，220—221页。

和淫正来达到的。也就是说，欲教化百姓，所制作的音乐在情感上应该是和乐的，在道德品质上应该是中正的。可是嵇康却要剔除音乐中的情感和道德，从而触及了传统乐教观的根本。从这个角度着眼，嵇康的音乐观，就不再单纯是艺术理论问题，而是涉及当时的政教观，和汉魏经学传统发生了直接的碰撞。嵇康的乐论，也就在不知不觉中，涉入了现实政治理念的冲突之中。

正如秦客所言，靡靡之风、慆耳之声确实对人是有影响的。"郑卫之音"曲调凄迷悠扬、婉转娇媚，形式上美轮美奂，容易消减人的意志，叫人沉溺其中不能自拔。嵇康也注意到了这个问题，但他认为，这并不是因为郑卫之音是淫邪之曲，而是因为这样的音乐太过美妙。换句话说，音乐对人的感染作用，并不是因为它有情感和道德品质，而是因为乐曲自身所具有的某种特殊魔力。因此，嵇康在谈到郑卫之音时就说：

> 妙音感人，犹美色惑志，耽槃荒酒，易以丧业。①

嵇康认为，作为音乐中最美妙的乐曲，郑卫之音对人的感染力是非常强的，就像美色一样可以迷惑人的心志，又像美酒一样可以让人沉醉，所以听这样的音乐容易荒废德业。由此可见，嵇康也意识到了音乐可能产生的消极作用。但值得注意的是，嵇康并没有把它归咎于郑卫之音的"淫邪"，而是归之于这种乐曲所具有的独特感染力。在嵇康的观念中，音乐对人的感染力仅限于生理上的躁动或沉静，以及精神上的专注或闲散。就郑卫之音的感染力来看，那应该是一种完全沉溺于其中的专注，以至于让人不能自拔，甚至销蚀人的志气和心力。就此而论，嵇康的看法似乎暗示，音乐自身也是有倾向性的，它和人的内在心运有着某种对应关系。有的音乐形式对应人心运的激越，让人有进取之志，类似于崇高；而有的音

---

① 戴明扬：《嵇康集校注》，北京：人民文学出版社，1962年，224页。

乐形式则对应人心运的沉醉，令人心痴情迷，类似于优美。

总之，嵇康虽然剔除了音乐的道德属性，但他并不否认音乐的感染力，而且认为音乐的确对人能产生某种影响，故应该有所节制。因此，对于传统的乐教观，嵇康在批判的基础上又有所保留，认为音乐仍然具有一定的教化作用，但他对音乐教化的内在机理，却拥有完全不同于传统的新认识。

第三节　音乐教化的内在机理

嵇康乐论的一个重要特征，就是从音乐中将情感、道德等属性剥离出来，而这些属性恰恰是传统乐教观的理论基础。在嵇康看来，音乐所以具有一定的教化功能，不是因为它们具有情感和道德品质，而是因为它们具有某种特殊的艺术感染力。先王风化天下，就是凭借音乐的感染力，将自己的仁德传布出去，从而达到教育百姓的目的。而对于音乐可能给人带来的负面影响，先王也进行了规范。尽管嵇康论乐教言必称"先王用乐之意"，但事实上，它已经是嵇康本人对所谓音乐教化的一种重新阐释。

嵇康用自己的理论挖掉了传统乐教观的基石，那么在嵇康的观念中，音乐又是凭借什么来实现教化功能的呢？这就是音乐自身所具有感染力。嵇康虽然反对音乐具有哀乐等情感属性，但从来没有否定音乐可以感发人的情感。在笔者看来，音乐本身所具有的这种心理上的感化功能，才是嵇康所以承认音乐具有教化作用的基本立足点，这和汉魏传统士人的乐教观具有根本性的差异。就此而言，嵇康已经冲破了汉魏传统乐教观的藩篱，不再从音乐的外在属性上去寻找音乐教化的基础，而是转向音乐作用于人的内在心理机制，即由重视客体转向注重主体。他在《声无哀乐论》中说：

> 宫商集比，声音克谐，此人心至愿，情欲之所钟。①
> 声音和比，感人之最深者也。②
> 夫音声和比，人情所不能已者也。③

《琴赋·序》云：

> 余少好音声，长而玩之，以为物有盛衰，而此无变，滋味有厌，而此不勌。④

在嵇康看来，和谐的音乐对人具有很强的感染力，而且人也往往对音乐情有独钟，乐此不疲，甚至为乐音所动无法控制自己的情感。《琴赋·序》告诉我们，嵇康本人从小就热爱音乐，美味有时还让他感到餍足，但音乐却从来没有让他产生倦怠。由此可见，对于音乐的这种特殊魔力，嵇康有着深刻的洞察和切身的体验。

综合《琴赋》《声无哀乐论》以及嵇康有关音乐的其他诗文，我们发现，嵇康在音乐演奏和鉴赏方面，确实造诣极深，拥有丰富的个人体验和独特的理论见地。因此可以说，嵇康对音乐感染力所作出的这种审美判断，应该出自他个人丰富的音乐实践活动，而不是理性推理得出的结论。正因为此，它带上了嵇康个人实践体验的特征，不具有全称判断的效力。因为在现实生活中，某些人对音乐确实没有很大的兴趣，甚至充耳不闻。然而正如康德所言："审美判断既然在主体意识中不涉及任何利害计较，就必然要求对一切人都有效。这种普遍性并不靠对象，这就是说，审美判

---

① 戴明扬：《嵇康集校注》，北京：人民文学出版社，1962年，197页。
② 同上书，198页。
③ 同上书，223页。
④ 同上书，83页。

断所要求的普遍性是主观的。"① 依此推论，尽管嵇康对音乐感染力的判断是个人的，但由于审美判断本身并不涉及功利性，所以它仍然具有一种主观上的普遍可适用性。同时，音乐史的研究也表明，音乐在人类活动中确实扮演着非常重要的角色，对人类具有普遍的感染力②。故此可以说，嵇康把音乐的感染力作为风俗教化的立足点，具有心理学、美学以及人类音乐实践活动史等多方面的理论依据。

嵇康说"声音克谐，此人心至愿，情欲之所钟"，认为音乐是人心最喜欢的东西。然而人最喜欢的东西，对人并不一定就会产生积极的作用。嵇康的言论也表明，音乐既可以导养人的神气、宣和人的情志，同时也可以令人沉迷其中丧失心志。也就是说，音乐本身是一把双刃剑，运用恰当则对人有益，相反也会产生消极的影响。因此，嵇康认为应该为音乐确立一条准绳，把它限制在对百姓民生有利的范围内。基于这个原因，他赞同先王制礼作乐、为民立则：

> 古人知情之不可放，故抑其所遁；知欲之不可绝，故因其所自。故为可奉之礼，制可导之乐。口不尽味，乐不极音；揆终始之宜，度贤愚之中，为之检则，使远近同风，用而不竭，亦所以结忠信，著不迁也。③

这里所谓"古人"，是指古代圣王。在嵇康看来，人被音乐所感动，各种情感都会释放出来，甚至达到无法控制的地步。古代圣王看到了这一点，但同时知道人的性情是不能放纵的，应该加以节制；人的各种欲求又不能杜绝，应该因势利导，令其得到适当的释放。所以圣王才制礼作乐加

---

① 朱光潜：《朱光潜全集》（第七卷·西方美学史），合肥：安徽教育出版社，1996年，12页。
② 可参考李纯一：《先秦音乐史》，北京：人民音乐出版社，1994年。
③ 戴明扬：《嵇康集校注》，北京：人民文学出版社，1962年，223页。

以疏导，使人在饮食方面不要极尽美味，听音乐也不要穷尽妙声。从而圣王根据百姓的需求，揣度人民贤愚的差异，为他们确立生活的仪轨和法则，统一远近风俗，让百姓用之不竭、自足康乐。这样也就可以固结人的忠信，褒扬从善不迁的气节。

从嵇康的论述可以看出，圣王为百姓立则所针对的是人的情欲。这种情欲不仅限于男女之情、物质生活之欲，还有耳目之欲，对音乐的嗜好也是其中之一。在嵇康看来，任何情欲都应该保持在一定的限度内，不能过头，否则就会走向事情的反面。所谓"口不尽味，乐不极音"，就是为了防止人沉浸其中不能自拔。因此圣王为百姓"检则"，制定生活的准则和绳度也就是十分必要的。而在音乐问题上，这个绳度就是"中和"：

> 若夫郑声，是音声之至妙。妙音感人，犹美色惑志，耽槃荒酒，易以丧业。自非至人，孰能御之？先王恐天下流而不反，故具其八音，不渎其声，绝其大和，不穷其变。损窈窕之声，使乐而不淫。犹太羹不和，不极勺药之味也。若流俗浅近，则声不足悦，又非所欢也。①

嵇康认为，郑卫之音美妙绝伦，就像美色和醇酒一样，容易让人沉迷其中乐而忘返，乃至玩物丧志、损德失业。因此，古代圣王要为音乐设立准绳，规定演奏音乐所使用的八音（八种乐器），令其不至于泛滥不止；断绝精美绝伦之曲，不穷尽乐音的奇巧变化。同时减损美妙动听的乐曲，让百姓从中得到欢悦但又不至于过度。至于流俗浅近的普通曲子，乐音不够美妙，人们也不喜欢，所以不需要进行特别的限制。

在嵇康看来，对至妙之音（郑卫之音）进行限制，是因为它们很容易让人沉溺丧业，并不是因为它们本身淫邪。这一点说明，虽然嵇康也主张

---

① 戴明扬：《嵇康集校注》，北京：人民文学出版社，1962年，224—225页。

"放郑声",但原因已经和传统乐教观根本不同。有的学者认为,嵇康并没有肯定郑卫之音,和传统一样,他也是反对郑声的。这种观点虽然有一定道理,但并不全面。准确地说,着眼于音乐自身的高超造诣,嵇康是肯定郑声的;因为从艺术角度讲,郑声是音声之至妙,是最优美动人的乐曲。但前提是,这样的妙声只有至人才能驾驭,一般人则会被其迷惑。因此从郑声的魔力对一般人所产生的诱惑而言,为了避免它的不良影响,嵇康主张对其进行一定的限制。由此可见,尽管嵇康对郑声的艺术价值做了充分的肯定,但他对传统所谓"郑声淫"的观念,还是作了某种意义上的妥协。

从嵇康"绝其大和,不穷其变",以及"损窈窕之声,使乐而不淫"的主张看,他似乎又回到了儒家的中和音乐观。但嵇康这里的所谓"中和",仅仅是从音乐内在形式上的技巧和美妙程度着眼,要将其感染力限制在一定的范围,避免一般人因此而丧志。他对音乐的这种判断,并不包含道德因素,即音乐本身并没有伦理特征。然而儒家传统音乐观里的"中和",则是一个带有政治和伦理色彩的概念,并不仅仅局限于音乐自身的形式,这是两者的根本不同。正因为此,嵇康所讲的"中和",不是向传统的简单复归,而是一种突破和超越。

圣王既然看到了人性的复杂,为社会人伦确定了规范,就要想办法将这些法度推广开来,让它们深入民心。这些法度在当时就是所谓的"礼",它们既是一套社会制度,同时又承载着人们内心的精神追求,是一种有形的伦理观念。为了要把这些观念流布民心,也就出现了人伦教化的问题。在这种情况下,一种有效的方式就是寓教于乐,即让百姓于欢乐中不知不觉地完成文明的洗礼。因此,往往和礼结合在一起、同时又对人具有强烈感染力的"乐",就显出了其独特的优势。嵇康就是在这个意义上来谈论音乐的教化方式的。

如果认真分析嵇康对音乐教化的论述,我们可以发现,嵇康对礼、乐结合的教育效果,具有深刻而独到的见解,并对礼、乐各自的作用有着清醒的认识。嵇康在谈到先王制定礼仪教化百姓时说：

> 乡校庠塾亦随之变。丝竹与俎豆并存，羽毛与揖让俱用，正言与和声同发。使将听是声也，必闻此言；将观是容也，必崇此礼。礼犹宾主升降，然后酬酢行焉。于是言语之节，声音之度，揖让之仪，动止之数，进退相须，共为一体。君臣用之于朝，庶士用之于家。少而习之，长而不怠，心安志固，从善日迁，然后临之以敬，持之以久而不变，然后化成。①

《礼记·学记》曰："古之教者，家有塾，党有庠。"② 在中国古代，地方行政区划中有州、闾、乡、党之分，乡中有校、党中有庠、家族中有私塾，三者都是地方上的教育机构。嵇康说"乡校庠塾亦随之变"，根据上下文意，是说乡校、庠、塾中的教育内容都随着圣王的风尚发生转变，意谓学校担负着将圣王教化普及推广的任务。在这种情况下，也就出现了音乐教化的问题。

嵇康的话包含两层含义：第一，寓教于乐，充分发挥音乐在教育中的作用。嵇康认为在学校教育中，将音乐和礼让的内容结合在一起，就可以让学子们不自觉地受到熏陶和感化。在这里，"丝竹""和声"指的是音乐，"羽毛"是人们在舞蹈或行礼时手中所持的东西，引申为乐舞，三者总称为"乐"。"俎豆"是礼器，祭祀时所用；"揖让"是指礼仪；"正言"则是教化的内容，它们总称为"礼"。嵇康认为，将乐和礼有机地结合在一起，让学生欣赏一定的乐时，同时聆听到符合道义的语言；观看礼乐表演时，从中学到正确的礼仪。这样，音乐就和礼仪、语言融为一体，使学生在愉悦中得到有益的教化。这种观点，和今人所谓"寓教于乐"十分相

---

① 戴明扬：《嵇康集校注》，北京：人民文学出版社，1962 年，223—224 页。
② 《汉魏古注十三经·礼记》，北京：中华书局，1998 年，129 上页。

似。由此可以发现，嵇康已经注意到，音乐在教育活动中所发挥的仅仅是辅助作用，并不具有汉魏人所谓的神秘功效。

第二，将学校里的这种教育模式，推广到社会政治的各个层面，从上到下都加以贯彻实践，久而久之，社会风俗就会变得从善如流。嵇康认为，应该把这种礼乐合一的教化形式，贯彻于君臣之间的政治活动，以及普通士人和百姓的日常生活中。这样，社会中的每一个成员，从小就能够实践和熟悉这种生活方式，从而慢慢渗透到心灵的深处，变成一种自觉的行为。如此长久坚持下去，风俗教化也就可以见效了。

嵇康的上述观点和《乐记》中的内容十分相似：

> 是故乐在宗庙之中，君臣上下同听之，则莫不和敬；在族长乡里之中，长幼同听之，则莫不和顺；在闺门之内，父子兄弟同听之，则莫不和亲。……所以合和父子君臣，附亲万民也，是先王立乐之方也。①

《乐记》的立足点，也是家国一体的教育观，这和嵇康的思想基本是一致的。应该说，嵇康继承了儒家的这一传统。所不同的是，在《乐记》作者的观念中，礼中有乐，乐中有礼，礼乐一体，二者不分；也就是说，礼和乐并没有清晰的界线。而在嵇康的观念中，礼是礼、乐是乐，二者有着明确的分隔，这是一种认识上的进步。

除了对百姓的教化作用之外，嵇康认为音乐还具有一定的政治功能，即统治者可以通过乐歌了解民生疾苦，以便改善自己的执政；而臣下和百姓也可以通过乐歌讽谏时政，达到上通下达的目的。这就是所谓古代采风的意义：

---

① 《汉魏古注十三经·礼记》，北京：中华书局，1998年，140下页。

朝宴聘享，嘉乐必存；是以国史采风俗之盛衰，寄之乐工，宣之管弦，使言之者无罪，闻之者足以诫。此又先王用乐之意也。①

嵇氏认为，古代君王在宴会群臣、接见宾客时，都会有乐舞、歌诗活动。因此，朝廷派出史官去采集各地的民俗风情，而后把这些情况编成诗歌、乐舞，让乐工配上器乐来演出。一方面，乐歌里所描述的情况对君王的执政会有所讽刺、劝谏，因为是君王允许以乐歌方式加以表达的，所以谏者可以免除问罪；另一方面，君王听到对自己的批评，也能够引以为鉴，改善对国家的管理。嵇康的这种观点并非独创，而是有据可循的。《毛诗序》在解释《诗经》中的"风"时就说：

上以风化下，下以风刺上，主文而谲谏，言之者无罪，闻之者足以戒，故曰风。②

"风"又曰"讽"，在君主为"风"，即教化百姓的意思；在臣民为"讽"，即劝谏、讽刺时政的意思。前汉经学家毛氏就认为，诗经中的乐歌"风"，很多就是用来讽刺君王之政的，君王通过它们可以了解下情，而歌诗者也不会受到罪罚。嵇康显然从中受到了启发。其实，孔子对乐歌的这种功用早有认识，所谓"诗可以兴，可以观，可以群，可以怨"③，就是说，诗（包括乐歌）可以兴发情感，观察风情，团结百姓，怨刺时政。嵇康认为君主可以通过乐歌了解民情、改善执政，基本上是继承了儒家的这种观念。

尽管对于传统经学中的音乐观，嵇康主要抱持一种批判的态度，但他

---

① 戴明扬：《嵇康集校注》，北京：人民文学出版社，1962 年，224 页。
② 《汉魏古注十三经·毛诗》，北京：中华书局，1998 年，1 上页。
③ 杨伯峻：《论语译注》，北京：中华书局，185 页。

也主要是以理性的精神，解构其中不合情理的因素，尤其汉魏人对传统的误读和曲解；而对于前人合理的思想和理论判断，依然予以应有的肯定。因此，嵇康虽然批判传统，但对传统却又有着清醒的认识。

嵇康对音乐教化的认识，大大突破了传统乐教观的束缚，使音乐回到了其应有的位置。一个时代民生凋敝、世风衰落，其根本原因并不在于音乐，而在于统治者的执政理念及其施政上的失败。因此，当务之急是统治者自己应该反省，提高执政水平，而不是加强所谓的音乐教化，曹魏统治时期就是如此。而当时的经学家们却寄希望于乐教，可谓本末倒置。嵇康对音乐教化的清醒认识，就是对这种状况的一种反思，也是对执政者的一种警醒。

第五章 论音乐与养生之关系

将音乐引入养生，是嵇康乐论的一个重要特征。而音乐和养生的结合，在魏晋时期可谓独树一帜，这在很大程度上，是基于嵇康个人在音乐和养生实践上的深厚造诣，及其对道家、道教养生思想的融会贯通。从理论上讲，嵇康凭借"和"这一概念，将"音声之和""和心"以及宇宙之"太和"连接起来，试图通过音乐打通人和宇宙本原之间的关系，为养生开辟新的路径。尽管嵇康认为养生有益于性命，但毕竟只有禀受特异之气的人才能修炼成仙、长生不死。所以在嵇康看来，并非人人都能够通过修炼、服食获致长生；也就是说，养生并不能从根本上解决人对生而必死的焦虑。对此，嵇康既没有像释慧远那样"求宗不顺化"，也没有像陶渊明那样"纵浪大化中"（顺化），而是通过音乐审美活动，实现了对生死问题的超越。而嵇康和道家、道教及神仙家的特殊关系，在其音乐与养生的理论和实践上，都扮演着重要的角色。

第一节 音乐与养生的结合

关于音乐和养生的关系，嵇康以前的文献中亦多有论及，但明确肯定音乐对养生有益的却并不多见，反而以主张音乐不利于修身养性的居多。在嵇康的观念中，音乐不仅被明确地纳入了养生领域，而且扮演着重要的角色，这从他酷爱音乐这一点就可以看出来。嵇康所以能将音乐和养生结合在一起，主要是因为他不仅拥有丰富的音乐实践经验，而且又深谙养生之道，从而找到了音乐和养生在学理上的内在共通性。

对于音乐可以养生这一点，嵇康在《答难养生论》中予以了充分的肯定：

> 窦公无所服御，而致百八十。岂非鼓琴和其心哉？此亦养神之一微也。①

"微"，戴名扬《嵇康集校注》认为应该是"徵"字之误，即征候的"征"，在这里是征验、效验的意思。在魏晋一般人的观念中，所谓养生也就是饵术服食。但嵇康认为，养生之道不止于此，甚至不需要服食，只要能够做到"和心"就可以。以窦公为例，他认为窦公虽然未曾服食丹药，但却擅长弹琴，竟然活到了一百八十岁，这就是以音乐和心养神的效验。在嵇康看来，和心养神是养生的根本，而窦公通过鼓琴显然达到了和心的目的，因此也就能够长寿过百。显然，嵇康认为音乐在和合人心的过程中，发挥着非常重要的作用，从而肯定了音乐在养生中的积极意义。

窦公之事见于桓谭《新论·祛蔽篇》，然而在桓谭的观念中，尚没有把音乐和养生结合在一起：

> 余前为王翁典乐大夫，见乐家书记言："文帝时，得魏文侯时乐人窦公，年百八十岁，两目皆盲。文帝奇而问之曰：'因何服食而能至此邪？'对曰：'臣年十三失明，父母哀其不及众技事，教臣为乐，使鼓琴，日讲习以为常事。臣不能导引，无所服饵也。不知寿得何力。'"余以为窦公少盲，专一内视，精不外鉴，恒逸乐，所以益性命也，故有此寿。②

---

① 戴明扬：《嵇康集校注》，北京：人民文学出版社，1962年，179页。
② 〔清〕严可均：《全后汉文》，北京：商务印书馆，1999年，128—129页。

依桓谭所记，窦公从未有过饵术服食之事；虽然他从小就学习弹琴并以此为业，但自己并不知道为什么会长寿。也就是说，窦公并未以为自己长寿是出于鼓琴的缘故。而在桓谭看来，窦公活了一百八十岁，主要是因为其自幼失明，所以能够做到专一内视、精不外鉴、内心逸乐，故有益于养性延命。桓谭虽然承认养生得理对性命有一定的助益，但并没有把养生和音乐联系起来，而是强调爱气啬精、息欲敛神，即内在精神的陶养。因此，无论窦公自己还是桓谭，都不认为音乐是致长寿的原因，甚至也没有把音乐当作养生的手段。

和桓谭不同的是，嵇康引用这一传说，则明确将窦公长寿和音乐直接联系起来，认为音乐可以和心养神、延长寿命。这种对音乐养生功效的肯定，在很大程度上，是嵇康个人在音乐和养生实践中所获得的切身体会。从中不难看出，嵇康注意到了音乐之"和"与"和心"的内在贯通性，从而将音乐纳入到养生领域当中。而在魏晋以前，从理论上充分肯定音乐对养生积极意义的并不多见。

先秦以来，讲养生的主要是道家，但肯定音乐养生功效的并不多。《老子》明确主张"五色令人目盲，五音令人耳聋"①，认为色彩、音乐都是损人聪明之物，应该捐弃，否定音乐对养生有益。《庄子》继承了《老子》的这种观念，认为声色、滋味会夭残人的天性，令人丧失纯白素朴之心，所以主张"擢乱六律，铄绝竽瑟，塞师旷之耳，而天下始人含其聪矣"②。认为不应该让音乐扰乱人的心神，只有这样，天下人才能真正耳聪目明。而从《庄子》"堕肢体，黜聪明，离形去智，同于大通"③ 的思想考虑，音乐就更不会是益性之物了。

在先秦典籍中，真正将音乐和养生结合在一起的，是《吕氏春秋》。

---

① 朱谦之：《老子校释》，北京，中华书局，1984 年，45 页。
② 〔清〕郭庆藩：《庄子集释》，中华书局，1997 年，353 页。
③ 同上书，284 页。

该书主张贵生、全性，认为合适、合度的音乐有利于保全人的天性，能够益寿延年。《吕氏春秋》的音乐观，是儒道思想相互融合的结果；而它认为"适音"有助于全性、养生，则是对儒道两家音乐观的突破。《吕氏春秋》认为，音乐有利于保全人的天性。其《本生篇》云：

  圣人之于声色滋味也，利于性则取之，害于性则舍之，此全性之道也。①

尽管该书认为，声色滋味有利于"性"的一面，也有不利于"性"的一面，但无疑肯定了音乐对养生的积极意义。尤其他指出，圣人"全性之道"在于采纳益"性"的音乐，而去除害"性"的音乐。在《吕氏春秋》的观念中，有益于"性"的音乐就是"适音"。《适音篇》说：

  夫音亦有适。……何谓适？衷，音之适也。何谓衷？大不出钧，重不过石，小大轻重之衷也。黄钟之宫，音之本也，清浊之衷也。衷也者，适也。以适听适则和矣。②

"适"就是"衷"（中），即不偏不倚、不过也无不及；而"适音"无疑即是合乎"衷"的音乐。具体而言：乐曲的音高不能超出调律器（均）的标准限度，而钟的大小也不能超过一石（一百二十市斤），这是音高大小及乐器轻重的标准；在十二律中，黄钟律的宫声是乐音的根本，它所构成的乐调是清浊的标准。虽然我们不能准确地把握这些关于古代音乐的标准，但至少可以明白，《吕氏春秋》所说的"适音"，是指对调高、曲调乃至乐器的大小轻重都作了严格规定的乐曲，它的一个基本特征，就是让人

---

① ［战国］吕不韦，陈奇猷校释：《吕氏春秋新校释》，上海：上海古籍出版社，2002年，21页。
② 同上书，276页。

听起来觉得平和、适中、不过度。所谓"以适听适则和矣",是说以"适心"听"适音",就能够促进音乐与人心的和谐,从而达到养生全性的目的。

《吕氏春秋》的音乐观,开启了以音乐养生的先河,而且提出了"适心""适音"等概念,试图从理论上将音乐引入养生。显然,其"适音"说受到了儒家"中和"音乐观的影响,而养生理论则来自道家,体现了儒道融合的趋势。这种音乐观对后来并没有产生很大的影响,汉初虽然盛行黄老学说,但认为音乐可以养生的看法并不多见。《淮南子》也讲养生,谈到音乐时,依然认为"五色乱目,使目不明;五声哗耳,使耳不聪"①,秉持了《老子》的音乐观。东汉末年巫蛊之术盛行,出现了不少隐逸之士、神仙家之流,提倡长生不死之术。② 而民间则兴起了太平道和五斗米道,散播养生和长生不死的信仰。尽管汉魏之际养生学说大畅,但在这些言论中,将音乐主动纳入养生学说的却很少。

《老子想尔注》是五斗米道经典,其解释《老子》"五音令人耳聋"曰:

非雅音也,郑卫之声,抗诤伤人,听过神去故聋。③

《老子想尔注》的作者认为,大道以"中和"为贵,所以修道者应该效法大道,以中和为修身之要,故其注"道冲而用之"曰:"道贵中和,当中和行之。"④ 又注"挫其锐解其忿"⑤ 云:"忿争激,急弦声,所以者

---

① 刘文典:《淮南鸿烈集解》,北京:中华书局,1997年,223页。
② 参见《三国志·魏书·华佗传》注引曹植《辩道论》(〔晋〕陈寿撰、〔宋〕裴松之注:《三国志》,北京:中华书局,1998年,805页。)。
③ 饶宗颐:《老子想尔注校证》,上海:上海古籍出版社,1991年,14页。
④ 同上书,7页。
⑤ "忿",《老子》原文为"纷",此当是《老子想尔注》作者根据己意所改。

过。"① 认为在音乐演奏过程中，如果弦声急切、忿争，就会失去中和，即太过，并以此劝喻修道之人，身心要本于中和。而其对"五声令人耳聋"的解释，也是出于这一思路。它认为老子所谓"五声"不是指雅音，而是指郑卫之音（这当然不符合《老子》的原旨）。而在儒家音乐观中，雅乐符合中和原则，而郑卫之音则悖离了中和。《老子想尔注》从道教信仰出发，认为郑卫之音违背中和、音律抗争，所以修道之人听了就会伤害身心（听过），不仅不能"积精成神"②，甚至会令已有之"神"外泄，从而导致失聪（神去故聋）。《老子想尔注》在音乐问题上，显然受到了两汉以来儒家音乐观的影响，并以此为道教的养生观念服务。由此推论，似乎《老子想尔注》的作者，并不否认雅音对修道和养生的益处。但我们没有更多的证据可以证明，曹魏时期的五斗米道在现实修炼中，把音乐当作了养生的手段。

太平道经典《太平经》中的音乐观，基本上沿袭了两汉时期的天人感应论，认为音乐可以协调天地阴阳之气，导致祸福吉凶，因此十分注意音乐在社会生活中的作用。其中涉及养生的部分，也没有脱离这种神秘观念。《太平经》卷一一六《某诀》云：

> 五音乃各有所引动，或引天，或引地，或引日月星辰，或引四时五行，或引山川，或引人民万物。……故举乐，得其上意者，可以度世；得其中意者，可以致平，除凶害也；得其下意者，可以乐人也。上得其意者，可以乐神灵也；中得其意者，可以乐精；下得其意者，可以乐身。③

---

① 饶宗颐：《老子想尔注校证》，上海：上海古籍出版社，1991年，7页。
② 《老子想尔注》云："奉道诫，积善成功，积精成神，神成仙寿，以此为身宝矣。"（饶宗颐：《老子想尔注校证》，上海：上海古籍出版社，1991年，16页,）
③ 王明：《太平经合校》，北京：中华书局，1997年，633—634页。

又《太平经钞壬部》曰：

> 夫音，非空也，以致真事，以虚致实，以无形身召有形身之法也。……故上士得其意，以平理度也；中士为之，以助君理，以致寿；贤者为之，以致无忧。音者，乃一以乘万，万乘无极，天下毕备矣。①

《太平经》认为，五音可以动摇天地、人神，能够令日月星辰、四时五行、人民万物随之而动，是天人之间互动的重要媒介。值得注意的是，《太平经》已经将音乐纳入了其宗教信仰系统。在它看来，如果修道之人能得音乐之最高境界，就可以通过音乐度世济人；若得音乐之中等境界，就可以帮助君主治理国家、消除灾害，并可以延长寿命；即便得音乐之低层境界，还可以自我娱乐、消除忧愁。此外，它还认为音乐有"三乐"：一是可以乐神灵，即让神灵高兴快乐；二是可以乐精，即可以协调人体中的精气，帮助修道之人"积精成神"，以便修炼成仙；三是可以乐身，即自我娱乐。由此可见，《太平经》已经充分肯定了音乐在养生方面的积极意义。只是其理论基础仍然停留在天人感应论之上，是一种神秘主义的音乐养生观，没有从学理上探讨音乐对养生的助益。与此相反，嵇康将音乐纳入自己的养生系统，则是建立在个人实践和学理基础之上的。

向秀《思旧赋（并序）》云："嵇博综技艺，于丝竹特妙"②，盛赞嵇康在音乐技艺上具有高超的造诣。可见嵇康在音乐实践方面的天赋，当时就是有口皆碑的。嵇康不仅擅长演奏古琴，而且还作有嵇氏四弄，可惜后来失传。如果说嵇康所作《琴赋》，充分体现了他在音乐演奏与鉴赏方面深厚的审美体验；那么《声无哀乐论》，则在学理上阐明了嵇氏对音乐深

---

① 王明：《太平经合校》，北京：中华书局，1997年，708页。
② 〔清〕严可均：《全晋文》，北京：商务印书馆，1999年，763页。

入而独到的见解。嵇康对音乐的这种酷爱与审美体验，和他丰富的养生实践结合在一起，也就使之发现了二者之间的共通性。而这种共通性的发现，则主要得益于他个人的人生体悟。

嵇康从小就喜欢音乐，长大后又好老庄之学，故此音乐和养生也就不知不觉中进行了合流。他在《琴赋·序》中谈到音乐的功用时就说：

> 导养神气、宣和情志、处穷独而不闷者，莫近于音声也。①

导养神气、宣和情志、处穷独而不闷，都是讲音乐在陶冶心性方面的益处，尤其肯定音乐可以养生。《琴赋》并非如《声无哀乐论》一样属于言理论文，而是嵇康抒发个人情性之作，主要讲他自己对音乐的切身感受和体会。因此，以上所言音乐功用，均是出自他自己的个人感受和生命体验。这种从人生实践中得来的体会，虽然没有理论上的证明，但往往更具有实效性，而不是仅仅停留在知识层面上。嵇康不仅从个人经验谈音乐对养生的益处，还列举古人作为论据。除上文所言窦公之事外，嵇康佚文《琴赞》也提供了一个例证：

> 穆穆重华，托心五弦，宣和养气，介乃遐年。②

嵇康认为，上古圣王大舜（重华）所以能够享年长久，就是因为通过古琴之乐宣和养气、陶冶性情的缘故。如同相信窦公是因为鼓琴和心才活到一百八十岁一样，嵇康直接将大舜长寿和音乐的功用联系在了一起。而嵇康所以对音乐的养生功能予以如此明确的认定，除嵇康个人对音乐和养生的直接体验之外，还有学理上的原因，那就是养生和音乐的内在贯通性。

---

① 戴明扬：《嵇康集校注》，北京：人民文学出版社，1962年，83页。
② 同上书，327页。

《吕氏春秋》关于以"适心"听"适音"的观念，已经从理论上对音乐养生的可能性作了回答，只是言之未详。嵇康也是从心和音的关系入手，肯定了音乐对养生的意义。由于证据不足，我们无法确定嵇康是否受到了《吕氏春秋》的影响，但无疑嵇康是沿着这条思路走下去的。

在嵇康的观念中，养生需要遵循性命之理，而性命之理中最重要的就是"和"，即人要有一颗和心；因为只有心和，才能做到凝神静气、益性延命。之所以"和心"可以养寿延年，原因在于，作为宇宙万物之本原的"太和"，其根本之理（天道）就是"和"，而和心养神就是为了顺应天地之理。就音乐而言，嵇康认为音乐之理也是"和"，当人在欣赏和谐美妙的乐曲时，音乐可以协助我们获得一种平和的心理状态，即和心。有了和心，养生自然就能达到。故此从学理上而言，嵇康是从性命之理、天地之理、音乐之理三者的贯通处——"和"，找到了音乐和养生之间的结合点。这样，也就在理论上解决了将音乐引入养生的难题。而这些，又都建立在嵇康个人在音乐和养生方面的深刻体验之上。

从发展的角度看，嵇康成功地将音乐引入养生，无疑是一个历史的进步。然而从音乐和养生的关系看，问题又是复杂的，这从嵇康自己的理论中也可以看出来。因此，涉及音乐和养生的具体问题，我们又必须审慎地看待嵇康理论的内在矛盾。只有这样，才能给它一个准确的定位。

第二节 和声以养神

嵇康养生理论的重点是养神，而不是养形。就养神而言，就是如何达到内心的清虚静泰、气定神闲，从而获得一颗"和心"，这就需要具体的修养心性的功夫。这种功夫除了呼吸吐纳等传统方法之外，嵇康认为还可以通过外在的手段加以辅助，此中就包括音乐。在嵇康的观念中，作为和声的音乐，不仅可以娱乐人的性情，同时还是养生的一种手段。

谈到养生，嵇康认为应该从两个方面入手：一是养形，即保养人的身体；二是养神，即内心的修炼。就一般意义而言，形和神当然是密不可分的，养形离不开养神，养神也离不开养形，原则上应该形神兼养。嵇康并不反对这种传统的养生观，但认为二者之中养神更加重要。因此他的养生论倾向于以养神为本，个中原因，主要出于嵇康自己对形神关系的理解。他在《养生论》中说：

> 精神之于形骸，犹国之有君也；神躁于中，而形丧于外，犹君昏于上，国乱于下也。……是以君子知形恃神以立，神须形以存；悟生理之易失，知一过之害生。故修性以保神，安心以全身；爱憎不栖于情，忧喜不留于意，泊然无感，而体气和平；又呼吸吐纳，服食养身，使形神相亲，表里俱济也。①

在嵇康看来，形神之间的关系就如同国家和君主，国家是人的形体，君主是人的精神。如果一国之君昏庸无道，国家就会混乱；同理，如果人的精神躁动不安，那么形体也会衰败。因此，精神和形体相互依赖，形体是精神存在的基石，精神则是统率形体的君主。善于养生的君子，知道了形神之间的关系，就应该一方面修养心性，保持内心的和平；另一方面，又要呼吸吐纳、饵术服食，这样才能够使形神相亲，达到表里俱济的目的。

尽管嵇康承认人的精神依赖于形体而存在，但就养生的具体途径而言，显然他更强调精神对形体的统率和调理作用。因此，嵇康在主张通过服食等方式直接养形的同时，更加突出修性保神、安心全身，以及对爱憎、忧喜等主观情感的控制，以便达到体气的和平。也就是说，嵇康更加重视通过养神的方式，达到身心和谐、形神兼养的目标。由此可知，养神才是嵇康养生学说的重点，也是其养生论的真正特色。

---

① 戴明扬：《嵇康集校注》，北京：人民文学出版社，1962年，145—156页。

嵇康认为养生有五难：即名利不灭、喜怒不除、声色不去、滋味不绝、神虑转发。① 在这五个养生难点中，只有滋味是纯生理上的原因，而其他四个原因都涉及人的精神，要么是对精神的直接伤害（如喜怒、神虑），要么可以导致对精神的伤害（如名利、声色），从中可以看出嵇康对养神的特别重视。汤用彤先生在《魏晋玄学和文学理论》一文中也曾经指出，"养生在于养神者见于嵇康之论，则超形质而重精神"②，明确肯定嵇康养生论的特色在于养神。

养神的关键是达到内心的平和。嵇康在《难宅无吉凶摄生论》中说："善养生者，和为尽矣"③，把"和"当作养生的根本。这里的"和"主要是指精神上的"和"，亦即和心。简言之，"和"就是和谐，"和心"就是指一种和谐的精神状态。在嵇康的精神世界中，"和"并非单纯指不同事物之间的相互均衡与协调，同时还是指未分的"一"。受两汉元气论的影响，嵇康认为天地万物都是由"气"构成的，人也不例外。申而言之，人的精神当然也是由"气"构成的。因此，所谓"和心"也就转化为人内在的"和气"。

嵇康时常称宇宙万物的原初状态为"太和""天和"。"太和""天和"在嵇康的观念中具有双重含义，一是指宇宙万物之本体，即老庄所谓"道"；一是指构成宇宙万物的本原实体，即元气或阴阳和合未分之气。嵇康所以用"太和""天和"称之，说明在嵇康的观念中，宇宙万物之本体和构成宇宙万物的本原实体，其本质特征都是"和"。因此在嵇康看来，

---

① 见《答难养生论》，原文为："养生有五难：名利不灭，此一难也。喜怒不除，此二难也。声色不去，此三难也。滋味不绝，此四难也。神虑转发，此五难也。五者必存，虽心希难老，口诵至言，咀嚼英华，呼吸太阳，不能不迥其操，不夭其年也。五者无于胸中，则信顺日济，玄德日全。不祈喜而有福，不求寿而自延，此养生大理之所效也。"该段文字主要讲养心（养神）在养生中的重要性。（戴明扬：《嵇康集校注》，北京：人民文学出版社，1962年，191—192页。）

② 汤用彤：《理学·佛学·玄学》，北京：北京大学出版社，1991年，317页。

③ 戴明扬：《嵇康集校注》，北京：人民文学出版社，1962年，277页。

人作为被造者，"和"是人与宇宙本原实体相汇通的媒介；人作为现象，"和"又是人向宇宙本体复归的路径。由此而言，嵇康主张和心养神，其深远意义就在于打通人与"天"之间的隔阂，从而引来源头活水，以便使人益寿延年。

那么，人如何才能获得一颗"和心"呢？嵇康《难养生论》云：

> 苟云理足于内，乘一以御外，何物之能默哉？由此言之，性气自和，则无所困于防闲；情志自平，则无郁而不通。①

理，即性命之理、养生之理；一，即道；默，即幽闭、关闭；防闲，即妨碍、障碍。意思是说，如果一个人内足于性命之理，又能乘天地之道驾驭外物，那么万物就能各得其所，而不会对人造成伤害。由此而言，得道之人自然能够性气和合、情志平顺、身心通畅，不会为外物所障而失却自我。可见守道自持、随顺性命之理，才是令人性气和合、情志平顺（即保持和心）的根本。

又嵇康《养生论》云：

> 守之以一，养之以和。和理日济，同乎大顺。然后蒸以灵芝，润以醴泉，晞以朝阳，绥以五弦。无为自得，体妙心玄。忘欢而后乐足，遗生而后身存。若此以往，恕可与羡门比寿，王乔争年。②

所谓"守之以一"，也就是持守天道。能够持守天道的人，自然能够拥有和心。可是嵇康却还要说"养之以和"，似乎多余，但此处所谓"和"显然是指一种养生的手段，而不是指"和心"。这个手段就是下文所云

---

① 戴明扬：《嵇康集校注》，北京：人民文学出版社，1962 年，176 页。
② 同上书，156—157 页。

"绥以五弦",即音乐。嵇康说"和理日济,同乎大顺",可见他认为"和"在养生中具有关键性的作用,因为人只要遵循"和"这一养生之理,日积月累,就能够和天道合一(同乎大顺);然后再辅之以丹药、和声(音乐),便可以无为自得、体妙心玄,不仅可以自足而乐,还可以和传说中的仙人羡门、王乔比寿争年。这当然是一种夸大之辞,但嵇康自己认为,通过养生获致千岁还是有可能的。值得注意的是,嵇康在这里将音乐正式纳入了养生的手段当中。我们的疑问是:音乐为什么能够成为养生的一种手段呢?

在嵇康看来,音乐作为"和声""和气",和人一样都来自宇宙万物之本原(元气)。所谓"和心",也就是要让人内心保持平和之气。此"平和之气"与"音乐之和气"本原即同,其本质也就是相同的。这样,音乐便具有了沟通人心与宇宙本原的桥梁作用。由于在嵇康的观念中,音乐对人具有某种神奇的感染力,所以和声也就能引导人达到内在体气的平和,起到陶养性命、和合人心的作用,从而打通了人和宇宙本原相连接的路径。这样,人也就可以从天地元精之气获得给养,以充实自我有限的性命,获得养寿延年之效。可以说,嵇康第一个从学理上解决了音乐养生的可能性问题,贯通了和声与和心之间的联系。他的这种思路,不同于《太平经》基于两汉天人感应论的神秘主义观念,而是在嵇康个人的音乐、养生实践及名理之学的基础上,走出的一条义理之路。

那么,音乐在养生中又处于什么样的地位呢?嵇康《答难养生论》云:

> 有主于中,以内乐外;虽无钟鼓,乐已具矣。……故顺天和以自然,以道德为师友,玩阴阳之变化,得长生之永久,任自然以托身,并天地而不朽者;孰享之哉?①

---

① 戴明扬:《嵇康集校注》,北京:人民文学出版社,1962 年,191 页。

嵇康并没有像《太平经》那样夸大甚至神化音乐的作用。在他看来，音乐的作用就是和乐人心，但却并不是和心养神的唯一途径，更不是根本之路。嵇康认为，养生的根本途径是要"顺天和以自然，以道德为师友"，即顺应天道自然无为之化，守道抱德，实现个体和天道的合一。只有这样，人才能成为一个自足和乐的主体，无须凭借外物而自乐，这就是所谓"有主于中，以内乐外"。一个与道合一的人是自足自乐的，因此他无须钟鼓之乐（音乐）而能内心和乐。故此在嵇康看来，不凭借外物而获得的和乐才是最根本的，这就是与大化自然合一的精神境界。显然，这种境界并不容易达到。由此可见，在嵇康的观念中，音乐只是和心养神的一种外在手段，远远不是养神的根本。

　　显然，嵇康的养生路径存在内外两途：一是内在的自我修养，如"顺天和以自然，以道德为师友，玩阴阳之变化"；二是外在的辅助手段，如饵术服食、鉴赏音乐等。前者为本，但带有某种神秘气息，不易操作；后者为末，尽管容易操作，但显然达不到最高的境界。这一点也说明，音乐在嵇康养生论中的地位，并不是不可缺少的。

　　此外，和声与和心之间的关系，也值得我们仔细推敲。嵇康认为，和谐的音乐可以感发人的各种情感，悲者自悲，乐者自乐，平和者自得平和。也就是说，虽然音乐本身是"和声"，但是并不一定能够让人获得和心，只有内心平和的人才能做到体气和平。可见，人内心的平和好像又是本有的，音乐对它的作用并不突出。这一点，是嵇康养生论与其乐论之间的一个明显矛盾。嵇康在《琴赋》中谈到音乐的功能时说：

　　　　性洁静以端理，含至德之和平，诚可以感荡心志而发泄幽情矣！是故怀戚者闻之，则莫不憯懔惨凄、愀怆伤心，含哀懊咿，不能自禁；其康乐者闻之，则欤愉欢释，抃舞踊溢，留连澜漫，嗢噱终日；

若和平者听之，则怡养悦愉，淑穆玄真，恬虚乐古，弃事遗身。①

嵇康认为，琴声品性高洁贞静、思理端正，包含"至德之和平"。由于琴乐的品质以"和"为根本，所以能够感发、宣泄人的各种情感、思绪。忧伤的人听了，会嘘唏哀叹、不能自禁；快乐的人听了，会手舞足蹈、激情踊跃；内心平和的人听了，就可以颐养性情、恬淡宁静、与道逍遥。由此可见，音乐并非对人人都能起到养神和心的作用，只有内心平和的人听音乐才有助于养生。

一方面，嵇康肯定鼓琴可以和心养神；另一方面，又强调只有内心平和的人听音乐才有助于养生，这说明在嵇康的观念中，音乐和养生之间的关系还没有协调好。产生这种问题的原因，可能是出于嵇康自己对音乐的特殊偏爱，故此在将音乐纳入养生的时候，没有摆正它们彼此的位置。因为按照黄老道家的传统养生观，欲养生就必须排除外在声色、滋味、财货的诱惑，保持内心的清虚静泰，抱一守神、无思无虑。显然，将音乐纳入养生就等于打开了思虑之门，无形中为养生留下了隐患。嵇康所以特别强调，只有"和声"与"和心"相遇才有助于养生，个中的缘由就在这里。

尽管嵇康利用"和"这一概念，解决了将音乐引入养生的困难，但其中的矛盾是显而易见的。晚于嵇康而同样提倡养生的东晋葛洪，像老子一样再次坚决地将音乐排除在了养生之外，或许就是为了纠正嵇康出于个人爱好所产生的偏颇。他在《抱朴子内篇·畅玄》中说：

夫五声八音，清商流徵，损聪者也。鲜华艳采，或丽炳烂，伤明者也。宴安逸豫，清醴芳醴，乱性者也。冶容媚姿，铅华素质，伐命

---

① 戴明扬：《嵇康集校注》，北京：人民文学出版社，1962年，106—107页。

者也。①

又《抱朴子内篇·至理》曰：

> 夫圆首含气，孰不乐生而畏死哉？然荣华势利诱其意，素颜玉肤惑其目，清商流徵乱其耳，……此皆不召而自来，不学而已成。②

葛洪认为欲修炼养生以至于成仙，就必须"恬愉澹泊、涤除嗜欲、内视反听、尸居无心"，③ 即排除外在的各种诱惑和干扰，以达到内心的清静专一。然而五声八音、清商流徵以及华丽的服饰、美食等等，都足以扰乱人的视听、砍伐人的性命，对于修道者是巨大的危害，应该坚决去除。因此在葛洪看来，音乐是无助于养生的，反倒可以败坏修道之人的性命。作为东晋道教的重要代表人物，葛洪否定音乐对养生的积极意义，从另一个方面也说明，嵇康将音乐主动纳入养生的做法，在魏晋时期并非主流，而是具有其个人的特殊性。因此，对于嵇康和声以养神观念的理论意义，我们也就不应该予以过度的夸大。

音乐对养生虽然具有一定的助益，但毕竟不能起到根本性的作用。尤其嵇康养生论本身，也存在不可克服的矛盾。魏晋时期生死问题十分突出，因此在很大程度上，养生的目的是为了摆脱生老病死对人的束缚。然而嵇康的养生论，并没有为长生不死找到出路。这样，音乐在嵇康生命中所发挥的作用，也就需要我们超越养生问题本身，换一个角度去观察。

---

① 王明：《抱朴子内篇校释》，北京：中华书局，1996 年，1 页。
② 同上书，110 页。
③ 同上书，17 页。

第三节　乘乐以畅神

养生的目的是为了长寿，甚至长生不死。然而在嵇康看来，神仙并不是通过学习就能够达到的。也就是说，养生并不能够从根本上解决他所关注的生死问题。一方面，嵇康不能顺自然之化而齐死生、泯物我，还抱有养性延命的念头；另一方面，他又深刻地意识到长生是可望而不可即的。在生命问题上，嵇康就处在这种内心的激烈冲突中。幸运的是，嵇康擅长鼓琴，从而在音乐艺术中找到了化解此种矛盾的途径，凭借音乐审美活动，实现了对生死问题的超越。

魏晋时期，如何解决生死问题是时代的核心课题之一。儒家传统讲究立德、立功、立言，以实现德业、声名之不朽。因为在他们看来，肉体的毁灭是无法挽回的，故成就德业、声名也就成为他们对"死而不朽"的无上追求。新兴道教主张修道成仙，因为神仙可以长生不死，所以人一旦成道，也就可以消除生与死的冲突，免除人们对死亡的恐惧。

嵇康性好服食、喜欢养生，在生死问题上更接近道教。然而，其养生理论本身却包含着不可调和的矛盾，从而使得养生求仙，并没有真正成为嵇康的人生目标。在神仙问题上，嵇康认为：

> 夫神仙虽不目见，然记籍所载，前史所传，较而论之，其有必矣。似特受异气，禀之自然，非积学所能致也。至于导养得理，以尽性命，上获千余岁，下可数百年，可有之耳。①

嵇康承认长生的神仙存在，这是毫无疑问的。然而在嵇康看来，神仙是禀受特异之气的人，这是天道（自然）所赐，并非人人都能够通过积学

---

① 戴明扬：《嵇康集校注》，北京：人民文学出版社，1962年，144页。

成为神仙。这就是所谓的"神仙有种论",即认为神仙是天赋的,不可学致。这和魏晋时期所流行的"圣人不可学不可致"[①]的观点是一致的,只是将"圣人"换成了"神仙"。追根溯源,这种观点大概是受两汉以来天命论的影响,认为圣人、神仙都是上天所命定的,非人力所能改变,因此也就不是可以通过修炼、学习所能达到的。此中的关键问题在于:谁又能知道自己就是天赋的神仙呢?如果不知道,死亡问题也就没有根本解决。虽然嵇康认为,一般人只要导养得理,就能够上获千岁、下得几百年之寿,但人终究无法逃脱死亡,生与死的冲突也就依然存在。换句话说,养生只是延缓了死亡的到来,并没有从根本上解决"生死"这一时代课题。神仙不可学,养生又不能长生,嵇康自己就处在这种矛盾的心态中。

在生死问题上,嵇康还深陷另一个泥潭之中。那就是,人到底是应该养寿延年、以求长生不死呢;还是应该顺应天地之化、委性命而任去留呢?这在嵇康仍然是一个悬而未决的问题。魏晋以来,逐渐出现了解决生死问题的两条途径,一是主张不顺应天地自然之化,反本而求宗;一是主张顺应天地自然之化,死生任去来。前者简称"不顺化",后者简称"顺化"。到东晋时期,这两条道路逐渐隐然成形,代表人物可举释慧远和陶渊明为例。

释慧远是东晋著名高僧,著有《沙门不敬王者论》,主张形尽神不灭、求宗不顺化。所谓"形尽神不灭",是说人死后形体会消亡,但人的"神识"却不会随之而灭。佛家主张生死轮回,认为不灭的"神识"会因情化生,并借助其他的形体转世再生,如此也就不能脱离生、老、病、死之苦。因此,慧远主张欲脱生死之苦,就应该反本归宗(求宗),而不能顺应天地间轮回之化生(不顺化)。故其《沙门不敬王者论·出家第二》

---

① 汤用彤:《汤用彤学术论文集》,北京:中华书局,1983年,288—294页。(《谢灵运〈辨宗论〉书后》)

云:"达患累缘于有身,不存身以息患。知生生由于禀化,不顺化以求宗。"① 认为人所以有各种忧患、苦难,正是因为人有形体,所以佛家不主张养生存身以消除忧苦。佛家知道人所以生死轮回不断,是由于禀受自然之化,故此主张反本归宗,而不顺应天地之化。其根本原因就在于,人若"顺化"则生死轮回不息,生、老、病、死之苦就永不得解脱。

慧远《沙门不敬王者论·求宗不顺化第三》又言:

> 夫生以形为桎梏,而生由化有,化以情感,则神滞其本,而智昏其照。介然有封,则所存唯己,所涉唯动。于是灵辔失御,生涂日开,方随贪爱于长流,岂一受而已哉?是故反本求宗者,不以生累其神;超落尘封者,不以情累其生。不以情累其生,则生可灭;不以生累其神,则神可冥;冥神绝境,故谓之泥洹。②

在慧远看来,人的生命由形、情、神三部分构成。"神识"是生命之本,"情"是生命轮回的推动力,而"形"则是生命的外在界限(即"介然有封")。人因为有情,所以神识就会凭借形体不断轮回,而神识又会为肉体的欲望、情爱所染着,承受不断的轮回之苦。要想解脱这种痛苦,就必须除灭凡情之累,跳出生命轮回(化生)之域;人不化生(轮回),神识也就不再受形体的桎梏,因而得以反本归宗,形神双寂,这就是"泥洹"(涅槃)。

由此看来,慧远所谓"求宗不顺化",其实就是要摆脱轮回而达于涅槃之境。因为佛家信仰生命轮回,认为天地自然之化就是轮回,所以要"不顺化"。慧远虽主张神识应反本归宗,但亦主张冥神,其最终所归为形神双寂,故其学说相对而言比较究竟、彻底。而嵇康养生之说,则主张形

---

① 〔清〕严可均:《全晋文》,北京:商务印书馆,1999 年,1768 页。
② 同上书,1769 页。

神兼养,目的在于养寿延年、保持有限的性命,虽有反本归宗的意向,毕竟囿于对形神的执着,还不能达于释慧远"求宗不顺化"的高度,而不能于生死问题有一根本的解决。

与释慧远"不顺化"之说相对,陶渊明主张"顺化",这种思想集中体现在陶氏的《形影神》一组诗中①。形,指人的肉体、形体;影,指人的声名、德业;神,则是指人的精神。《形影神》共三首诗,其一《形赠影》,意谓"形体"赠给"功名"的劝导之言:

> 天地长不没,山川无改时。草木得常理,霜露荣悴之。谓人最灵智,独复不如兹。适见在世中,奄去靡归期。……我无腾化术,必尔不复疑。愿君取吾言,得酒莫苟辞。②

该诗旨在说明,人的肉体和草木一样,有荣必有凋,有生必有死;并批评了那种认为人是万物之灵、可以长生不死的观点。最后"形"告诉"影"(追逐声名、德业的人),自己没有腾化成仙之术,所以劝人及时饮酒为乐、借酒消愁。其二《影答形》曰:

> 身没名亦尽,念念五情热。立善有遗爱,胡为不自竭?酒云能消忧,方此讵不劣?③

在陶诗中,"影"是影射当时的名教中人。这些坚持儒家名教价值的人,当然也看到了身没名尽的现实,并感慨万端。但是在儒家人士看来,

---

① 和阮籍、嵇康等人的"自然说"相对,陈寅恪先生称陶渊明的思想为"新自然说",并对《形影神》一诗有精辟的见解。笔者对陈先生的观点多有借鉴,不敢掠人之美,读者详查。详情请参阅陈寅恪先生《陶渊明之思想与清谈之关系》一文(陈寅恪:《金明馆丛稿初编》,北京:三联书店,2001年,201页)。
② 袁行霈:《陶渊明集笺注》,北京:中华书局,2003年,59页。
③ 同上书,64页。

建功立德毕竟能够给后人以遗爱，所以应该竭力而为，并认为这样的人生努力总比借酒浇愁更有意义。其三《神释》，对以上两种观点进行了评述，并提出了新的主张，可以代表陶靖节自己的精神。其诗云：

> 三皇大圣人，今复在何处？彭祖爱永年，欲留不得住。老少同一死，贤愚无复数。日醉或能忘，将非促龄具。立善常所欣，谁当为汝誉？甚念伤吾生，正宜委运去。纵浪大化中，不喜亦不惧。应尽便须尽，无复独多虑。①

该诗以三皇、彭祖未得长生之事为例，认为老少、贤愚人人皆有一死，并以此批评那些主张修炼成仙的人。"形"主张借酒浇愁，"神"告诉他，酒或许能够令人忘忧，但却往往让人反受其害。"影"主张以立善为人生之乐，"神"告诉他，若没有人称誉你，那你又该怎么办呢？意谓"立善"不应该成为人的精神寄托，因为立善的深层目的还是追求声名、令誉，虚罔而不实。

在"神"看来，人应该去除形体、声名之累，委运任化，即"纵浪大化中，不喜亦不惧。应尽便须尽，无复独多虑"。此诗既是"神"之所言，那么"委运任化"就不单纯是指人的形体，也包括精神自身，即精神和形体都要随顺天地自然之大化，返本归真。由于陶渊明出于道教世家，② 信奉老庄思想，所以他所谓"纵浪大化"并不包含佛家轮回转世之义，而是老庄"反朴归真"的意思。这样，陶潜所谓"纵浪大化中""应尽便须尽"，也就是指离形去智、形神双寂。故此在生死问题上，尽管释慧远主"不顺化"，而陶渊明主"顺化"，二人看似走的是相反之路，但最终却达

---

① 袁行霈：《陶渊明集笺注》，北京：中华书局，2003年，67页。
② 参见陈寅恪：《魏书司马叡传江东民族条释证及推论》，《金明馆丛稿初编》，北京：生活·读书·新知三联书店，2001年，78页。

到了同样的目标，正可谓殊途同归。

查嵇康之言，似乎同样也有"顺化"的意思，最具代表性的就是《琴赋》中的那首琴歌：

> 凌扶摇兮憩瀛洲，要列子兮为好仇。餐沆瀣兮带朝霞，眇翩翩兮薄天游。齐万物兮超自得，委性命兮任去留。①

嵇康自己说要"齐万物兮超自得，委性命兮任去留"。"齐万物"出自庄子《齐物论》，结合庄子思想，嵇康这里的意思当然也包括"齐生死"，即取消生死之间的对待，达于无生无死的境地；故齐万物、齐生死，自然也有形神双寂的含义。所谓委性命、任去留，也就是委运任化，即陶渊明所谓"纵浪大化中""应尽便须尽"。由斯而言，嵇康似乎是主张"顺化"的。可是琴歌的前两句，却又透露了嵇氏的神仙家思想，说他欲和传说中的仙人列子为侣，还要到传说中神仙居住的瀛洲游憩。

这首琴歌恰恰暴露了嵇康内在精神上的一个重大矛盾，即在生死问题上，他还徘徊在"不顺化"和"顺化"之间。一方面，他大谈养生、甚至希冀成仙，有"不顺化"的倾向；另一方面，他又要"恬虚乐古，弃事遗身"②"含道独往，弃智遗身"③，乃至齐生死、委性命，又有"顺化"的倾向。这种摇摆于两端的态度，最终的结果只能是，"顺化"不彻底、不究竟，"不顺化"也不究竟、不彻底。这说明在生死问题上，嵇康尚处于生命的内在冲突和探索阶段，还没有获得一个完满的答案。

同时我们注意到，嵇康在被杀之前，还没有忘记弹琴一曲，这充分体现了音乐在其生命中的重要地位。

---

① 戴明扬：《嵇康集校注》，北京：人民文学出版社，1962年，96页。
② 同上书，107页。
③ 同上书，19页。

联系嵇康在生死问题上游走于"顺化"和"不顺化"之间,并考虑到琴歌所谓"齐万物兮超自得,委性命兮任去留",恰恰是嵇康在音乐审美活动中所达到的精神境界,那么可以说,嵇康正是凭借音乐才达到了对生和死的超越。因此,嵇康对生死的超越是审美的,而不是体悟。相反,陶渊明的《形影神》,虽然形式上是诗,但却是在言理,是在讲述个人对生死问题的体悟。故靖节的"顺化"观是体悟的,而不是审美的。

《晋书·陶渊明传》记载,陶潜"性不解音,而畜素琴一张,弦徽不具,每朋酒之会,则抚而和之,曰:'但识琴中趣,何劳弦上声!'"① 可见陶渊明对于音乐之理亦是体悟式的,而不像嵇康那样在辨名析理和实践上,对音乐都有深厚的造诣。也正因为此,嵇康在人生问题上常常为名理学和音乐所累而陷入矛盾,而陶渊明则处于名辩思理和音声之外,独得对生死问题的体悟之妙,这恰恰是嵇康所缺少的,因为嵇氏善名理而不善玄远,善玄远则长于体悟,善名理则长于思辨。但解决生死这般人生的根本问题,恰是玄远之学所长,名理之学所短。故嵇康另辟路径,在自己所擅长的音乐中,找到了对生死问题的超越。

然而,正如庄子讥笑列子御风而行是"有待"逍遥一样,嵇康乘音乐所达到的对生死的超越,也是一种"有待"超越,而非"无待"超越。而释慧远的"求宗不顺化"和陶渊明的"纵浪大化中",才是对生死问题究竟、彻底的"无待"超越。要言之,对生死问题的解决之道,得自体悟的,无需借助具体手段,是无待的;得自审美活动的,需借助一定的艺术形式,是有待的。前者是从根本处着手,故究竟、彻底;后者则需凭借一定的具体手段,不究竟、不彻底。嵇康对生死问题的超越属于后者。

观嵇康诗文,其超越现实的精神境界,无不与音乐有关:

---

① 〔唐〕房玄龄等:《晋书》,北京:中华书局,1974 年,2463 页。

> 琴诗自乐，远游可珍。含道独往，弃智遗身。①
>
> （《见秀才公穆入军赠诗十九首》之十八）
>
> 弦超子野，叹过绵驹。流咏太素，俯赞玄虚。②
>
> （《杂诗一首》）
>
> 目送归鸿，手挥五弦。俯仰自得，游心太玄。③
>
> （《兄秀才公穆入军赠诗十九首》之十五）
>
> 藻泛兰池，和声激朗。操缦清商，游心大象。④
>
> （《酒会诗七首》之四）

所谓"弃智遗身"，就是离形去智、形神双寂，这是嵇康在"琴诗自乐"中所达到的精神境界。太素、太玄、大象，都是极称之词。太素谓宇宙之始、宇宙之源，是未分的"一"；太玄和大象，则显然指老庄所谓"道"。从根本上讲，可以将三者笼统地视为宇宙之本原、本体。嵇康不仅用超越师旷和绵驹的琴声与乐歌，咏赞浩浩宇宙和玄虚之道，而且还能凭借和谐、美妙的琴声，游心于太玄和大象，彼我相冥、与道逍遥。在音乐中，嵇康超越了自我和外在世界的对立，也超越了生与死的对立，达到了一种极高的精神境界。尽管凭借音乐对生与死的超越是有局限性的，但毕竟也是一条解脱之路。此外，我们也不可否认，音乐在游心畅神、超越世俗凡累方面，确实有其特殊的功效，能够带人进入一种物我两忘的境地。

嵇康《琴赋》中隐含着人生的三重境界，同时也是他在音乐审美活动中所达到的境界，不妨让我们细细品味一下：

> 若夫三春之初，丽服以时，乃携友生，以遨以嬉。涉兰圃，登重基，背长林，翳华芝，临清流，赋新诗。嘉鱼龙之逸豫，乐百卉之荣

---

① 戴明扬：《嵇康集校注》，北京：人民文学出版社，1962年，19页。
② 同上书，77页。
③ 同上书，16页。
④ 同上书，74页。

滋，理重华之遗操，慨远慕而长思。①

此是第一重境界，不离日用之常，而以琴诗乐己、乐人。重华，即上古圣人大舜；遗操，指传说中舜所作的琴曲。这段话的意思是说，在三春之初这样美好的季节，携朋友以及弟子到自然山水中尽情游兴，并辅之以琴曲、诗歌，实在是令人神清气爽、慨然而畅想古今。而在这种怡然自得的情境中，音乐是不可缺少的。对于嵇康本人而言，这似乎也是他所向往的一种生活方式。他在《与山巨源绝交书》中就曾经说："但愿守陋巷，教养子孙；时与亲旧叙阔，陈说平生。浊酒一杯，弹琴一曲，志愿毕矣。"② 由此可见，在嵇康的现实生活和人生理想中，音乐都给他带来了莫大的快乐和宽慰。

尔乃理正声，奏妙曲，扬《白雪》，发《清角》。……状若崇山，又象流波，浩兮汤汤，郁兮峨峨。③

譬若离鹍鸣清池，翼若浮鸿翔层崖，纷文斐尾，慊縿离缅，微风余音，靡靡猗猗。……远而听之，若鸾凤和鸣戏云中；迫而察之，若众葩敷荣曜春风。既丰赡以多姿，又善始而令终。嗟姣妙以弘丽，何变态之无穷！④

这是第二重境界，审美主体完全消融在音乐中，随着乐曲节奏和旋律的变化跌宕起伏、悠游徘徊。随着琴声，审美主体的情思一会儿徘徊于崇山之间，一会儿又涉足于流波之上，逍遥自在、流连忘返；一会儿似闻鹍鸡在清池上鸣和，一会儿又似见飞鸿在峭壁上盘旋；远处听来，若有鸾凤

---

① 戴明扬：《嵇康集校注》，北京：人民文学出版社，1962 年，101—102 页。
② 同上书，126—127 页。
③ 同上书，93 页。
④ 同上书，100—101 页。

在云中戏游、歌唱；近处看去，又似繁花锦簇在春风中摇曳。琴曲的变化繁复而多姿、娇妙而弘丽，审美主体也完全陶醉其中，不知我之焉在。这是一种无我的艺术境界，也是一种忘我的人生境界。

> 于时也，金石寝声，匏竹屏气，王豹辍讴，狄牙丧味，天吴踊跃于重渊，王乔披云而下坠，舞鹥鷟于庭阶，游女飘焉而来萃。感天地以致和，况蚑行之众类。①

这是第三重境界，人神交通、天地同和，审美主体不仅超越了俗世之累，也超越了生与死的束缚，进入一种精神上的自在、逍遥之境。王豹是古代传说中的善歌者；狄牙又称易牙，传说其善于调和五味，厨艺精湛；天吴、游女都是传说中的水神；而王乔则是传说中的仙人。嵇康在此段文字中极力称扬琴声之美妙，以至于令金、石、匏、竹等其他乐器自惭形秽，让善于讴歌的王豹停止歌唱，善于烹调的狄牙不知滋味；甚至由于受了琴声的感染，连天吴、王乔、游女这样的天神、仙人也一起下凡，载歌载舞、与人同乐；既然音乐能够感动天地而至大和，飞鸟、走兽自然也会翩跹率舞。

在这里，音乐似乎又成了天、地、人、神、鸟兽相交通的媒介。但是，这和汉人的天人感应论不同，而是体现了嵇康对音乐的向往，及企图与天地同和的境界追求。因为在《声无哀乐论》中，嵇康明确否定了音乐的神秘功能，并对天人感应的观念进行了批判。因此，我们也就必须对此进行新的诠释。笔者认为，此段文字及上文所引琴歌，都讲到人和天神、仙人的交通与神游，乃是主体自由想象中的审美境界，和天人感应论根本就是两回事。审美活动中的人神交游，本质上是审美主体的自我神游；这种神游打破了人神、天人之间的界线，同时也摆脱了生死问题的束缚。上

---

① 戴明扬：《嵇康集校注》，北京：人民文学出版社，1962 年，108—109 页。

文曾言，琴歌体现了嵇康在"顺化"和"不顺化"上的冲突，如果我们更进一步，意识到它们同时出现在嵇康的审美境界中，这也就是可以理解的了。因为嵇康在这里所要做的，就是通过音乐审美活动，取消二者的对立与冲突。

这三种境界，不仅体现了嵇康通过音乐排除世俗烦恼的努力，同时也体现了嵇康超越生死、乘乐以畅神的主旨追求。但此种超越毕竟需要凭借一定的手段，是"有待"超越而非"无待"超越，没有实现个体生命与大化自然的真正合一，因此不究竟、不彻底。细思儒家欲立德、立功、立言，从而实现精神不朽的价值追求，其实均属"有待"超越。而曹丕谓"盖文章经国之大业，不朽之盛事"①，以及魏晋南北朝士人凭借文艺抒发幽情、排遣俗累之举，亦多为有待超越，而未能入于"无待"的逍遥境界。

第四节　嵇康与道教、神仙家之关系

嵇康音乐哲学的高度，在于他把自己的音乐实践和老庄哲学中的"道"紧密结合起来，建立了一套以"道""自然""和"等概念为基石的音乐理论，从而达到了庄子所谓道艺合一的精神境界。《庄子·养生主》中的庖丁无疑是技艺精湛的，但他告诉文惠君说："臣之所好者道也，进乎技矣。"② 也就是说，他在解牛的过程中追求的是道，超越了一般的巧艺。这一点告诉我们，道和艺是一体的、相通的，道在艺中，而艺本身又是天道的一种体现。达到了道艺合一的人，也就进入了一种高妙的精神境界，这种境界既是审美的，同时又超越了单纯的审美，而是一种更加宽广、深邃的人生境界。这种境界因乎自然、与道合一，可谓之天人合和之

---

① 〔清〕严可均：《全三国文》，北京：商务印书馆，1999 年，83 页。
② 〔清〕郭庆藩：《庄子集释》，北京：中华书局，1997 年，119 页。

境，可以畅神、和心而至于养生。由此观之，嵇康关于音乐可以养生的观念也就顺理成章了。

对嵇康而言，要实现音乐与养生的结合，只有音乐方面的造诣是不够的，还需要他在养生方面也拥有深刻的体验才行。恰恰嵇康本人又喜欢养生，既有个人养生体验可资参考，还有一套自己的养生理论。我们认为，嵇康的这套养生理论与实践，一方面，来自以老庄为核心的道家思想；另一方面，应该和当时社会上所流行的道教及神仙家的养生实践与思想，有密切关系。对于后者，有必要进行深入的考察与探索。这可以从嵇康的《养生论》发表后，在京城洛阳所造成的轰动效应中，看出些许端倪。

谈到嵇康《养生论》对时人的巨大震撼，唐人李善在为颜延年《五君咏·嵇中散》所作的注中说：

> 孙绰《嵇中散传》曰："嵇康作养生论，入洛，京师谓之神人。向子期难之，不得屈。"①

又《世说新语·文学》称：

> 旧云：王丞相过江左，止道声无哀乐、养生、言尽意三理而已，然宛转关生，无所不入。②

东晋孙绰著有《嵇中散传》，其中记录了嵇康作《养生论》后到洛阳的情况，言京师人把嵇康当作"神人"，可见嵇康的养生论在当时定然产生了某种轰动效应，对旧说具有很强的冲击力。又据《世说新语》所言，东晋立国功臣王导南渡以后，对嵇康的养生论也十分推崇。而王氏家族在

---

① 〔梁〕萧统辑、〔唐〕李善注：《文选》，上海：上海书店，1993年，289页。
② 余嘉锡：《世说新语笺疏》，上海：上海古籍出版社，1993年，211页。

东晋时期，还出了像王羲之、王徽之、王献之这样的名士，影响深广。王氏祖籍山东琅琊，而琅琊又是东汉以来道教活动十分活跃的地区。据陈寅恪先生《天师道与滨海地域之关系》一文①考证，琅琊王氏世事五斗米道（天师道），是天师道世家②。天师道讲养生、亦讲神仙，而嵇康的养生论力主性命可以养、神仙可以有，与天师道教义颇多契合之处。我们以为，王导所以重视嵇康养生论，当与其道教信仰有密切关系。由此可以看出，嵇康的养生论不仅在当时就产生了不同一般的反响，而且在其身殁半个世纪以后的东晋，依然具有强大的感召力。那么，嵇康的养生论到底提出了什么样的惊异主张，而引起世人的瞩目呢？

通观嵇康《养生论》和《答难养生论》，其实只有两个核心观点：一是充分肯定了养生的意义，认为性命可以陶养、人寿可以延长；二是肯定了神仙的存在，即人可以长生不死。嵇康在《养生论》中对此有集中表述：

> 夫神仙虽不目见，然记籍所载，前史所传，较而论之，其有必矣。似特受异气，禀之自然，非积学所能致也。至于导养得理，以尽性命，上获千余岁，下可数百年，可有之耳。而世皆不精，故莫能得之。③

首先，嵇康充分肯定了神仙（长生不死之人）的存在。同时，他又认为神仙是天赋异气，本身就具有长生不死的潜质，所以不是一般人通过学习就可以达到的。因此在嵇康看来，神仙虽有但却无法学。其次，嵇康虽

---

① 陈寅恪：《金明馆丛稿初编》，北京：三联书店，2001年，1页。
② 汉末北方是太平道的活动区域，而天师道则主要在西蜀、汉中一带。王氏信奉天师道，应该是张鲁东迁、天师道在北方传播以后的事情。若谓王氏自汉末即信奉天师道，不仅缺少史料上的证据，而且与史实多有不合。
③ 戴明扬：《嵇康集校注》，北京：人民文学出版社，1962年，144页。

然认为长生不死不可学，却认为通过养生人完全可以活到几百岁，甚至上千岁。在今人看来，这样的主张不免怪诞，懒得一驳；而且，如果把它放在整个的中国文化史上来看，也并没有什么特别之处。然而，如果我们把嵇康的这种观点放在汉末魏晋之际的具体社会思想环境中，就可以看出其所具有的特殊历史意义。事实上，嵇康的上述言论，正是针对当时社会上的两种流行观点而发。嵇康在《养生论》开篇即表明了自己的这种意图：

  世或有谓：神仙可以学得，不死可以力致者。或云：上寿百二十，古今所同；过此以往，莫非妖妄者。此皆两失其情。①

  关于生死问题，嵇康在此列举了汉末魏晋所流行的两种观点：一是主张通过人为的努力可以学成神仙，人可以长生不死；二是认为人最多只能活一百二十来岁，再多就是欺人。嵇康认为这两种观点都有失偏颇，并提出了自己的折中方案——其一，神仙虽有，却不可以学致；其二，通过养生，人完全可以延长寿命至几百岁、上千岁。也就是说，嵇康对当时所流行的两种主张都进行了批评，而他的折中方案，既为养生延年提供了理论依据，又为神仙的存在预留了空间。那么，嵇康的这种主张在当时具有什么样的特殊意义呢？这就必须从嵇康所批评的两种流行观点入手进行剖析。

  我们认为，汉末魏晋所流行的这两种生死观，恰恰代表了当时社会两种思潮的对立和冲突。其中，一种观点属于士大夫知识分子，他们深受两汉以来儒家传统经学思想的影响，认为人生的价值是建功立业、光宗耀祖。而且他们普遍认为，生死是人之常情，说人可以长生不死不过是欺人之谈。另一种观点属于神仙家以及当时正在社会上悄悄壮大的民间道教，他们一方面主张世上有神仙（长生不死之人）存在，另一方面又主张人可

---

① 戴明扬：《嵇康集校注》，北京：人民文学出版社，1962 年，143—144 页。

以通过学习成为神仙,并把长生不死作为人生的终极追求。二者的冲突,反映了时人对一个重大问题——人生价值的反思。而这种冲突的具体表现,就是人生的社会价值和个体价值之间的矛盾与交错。

首先,我们先看汉末魏晋士大夫知识分子在这个问题上的看法。

嵇康好友向秀曾著《难养生论》,对嵇康的养生理论提出质疑,他的观点在某种程度上代表了当时士大夫知识分子的一般倾向。嵇康认为人通过养生可以获致几百岁、上千岁,向秀认为这是捕风捉影之谈,并不可信。向秀反驳说:

> 又云:导养得理,以尽性命,上获千余岁,下可数百年。未尽善也。若信可然,当有得者。此人何在,目未之见。此殆影响之论,可言而不可得。①

向秀的理论依据非常简单,那就是:如果人能够活一千岁的话,世上就一定会有千岁人,可是人们却从来没有亲眼看到过,所以人活上千岁是不可能的。(至于长生不死的神仙,那就更不可信了)这样的证明,主要基于人们的生活常识,但也正是一般士大夫知识分子的心态。它虽然没有理论深度,却很有说服力。对于神仙以及千岁人的怀疑,向秀并非个别例证,曹丕、曹植兄弟都有这方面的言论可资印证。

《三国志·华佗传》裴松之注引佗《别传》云:

> 文帝《典论》论郤俭等事曰:"光和中,北海王和平亦好道术,自以当仙。济南孙邕少事之,从至京师。会和平病死,邕因葬之东陶。……刘向惑于鸿宝之说,君游眩于子政之言,古今愚谬,岂唯一

---

① 戴明扬:《嵇康集校注》,北京:人民文学出版社,1962年,165页。

人哉！"①

又《文选》郭景纯《游仙诗七首》注曰：

魏文帝《典论》曰："夫生之必死，成之必败。然而惑者望乘风云，冀与螭龙共驾，适不死之国。……然死者相袭，丘垄相望，逝者莫反，潜者莫形，足以觉也。"②

在魏文帝曹丕看来，人有生必有死，那种长生不死的观念根本就是虚妄欺人之谈。北海王和平好道术，认为自己能够成仙、长生不死，结果却生病而亡。西汉时刘向（字子政）曾经得到淮南王刘安所传《枕中鸿宝苑秘书》，其中载有神仙方术之事，而刘向曾深信其中的炼物成金之术，结果差点儿为此丢了性命。③ 曹丕引用此事，并直斥神仙方技为"愚谬"，可见他对人可以成仙并长生不死之类的观点是嗤之以鼻的。当然，他作《典论》批评神仙方术，一方面，是吸取汉末太平道借神仙方术蛊惑百姓的教训；另一方面，也是站在士大夫知识分子的立场，维护两汉以来儒家经学所建立的世俗价值观念。后汉建安时期，曹操镇压太平道起义，曾经将许多神仙方士集中在魏旧都邺城，陈思王曹植（字子建）因此得以和这些神仙方士亲密接触。在曹植看来，所谓神仙方术也只不过是一些骗人的伎俩罢了。

曹子建《辩道论》云：

世有方士，吾王悉所招致，甘陵有甘始，庐江有左慈，阳城有郄

---

① 〔晋〕陈寿撰、〔宋〕裴松之注：《三国志》，北京：中华书局，1998年，805页。
② 〔梁〕萧统著、〔唐〕李善注：《文选》，上海：上海书店，1993年，294页。
③ 事见《汉书·刘向传》。（〔汉〕班固：《汉书》，北京：中华书局，1975年，1928—1929页）

俭。始能行气导引,慈晓房中之术,俭善辟谷,悉号三百岁。卒所以集之于魏国者,诚恐斯人之徒,接奸宄以欺众,行妖慝以惑民,岂复欲观神仙于瀛洲,求安期于海岛,释金辂而履云舆,弃六骥而美飞龙哉?自家王与太子及余兄弟咸以为调笑,不信之矣。①

子建认为其父曹操将甘始、左慈、郄俭这些方士集中在一起,目的是为了防止他们妖言惑众,再生出像太平道起义那样的事来,而并非羡慕神仙长生不死之术,还说他们父子其实并不信那些人的妖言,也不相信他们能活几百岁。结合上文可见,至少曹丕、曹植兄弟对神仙之事是持否定态度的。这种观念在上层士大夫知识分子中具有一定的代表性。汉末魏晋时期的士大夫,大多秉承汉魏经学传统,深受儒家思想的影响,其立身处世以功名、德义为依皈,而不追求个体生命的无限延长;像神仙一样长生不死,往往不是他们的价值取向,他们甚至认为长生并不见得就有意义。向秀《难养生论》云:

> 今若舍圣轨而恃区种,离亲弃欢,约己苦心,欲积尘露以望山海,恐此功在身后,实不可冀也。纵令勤求,少有所获。则顾影尸居,与木石为邻,……故相如曰:"必若长生而不死,虽济万世犹不足以喜。"②

在向子期看来,如果舍弃尧舜周孔这些圣人所确立的社会轨则而追求养生,就要背离人伦之情、亲友之欢,苦心约束自己,还不一定能够成功。即便能够获得一些成效,按照养生的要求则需清心寡欲、离情弃欢、与木石为邻,其时身如槁木、心如死灰,假如人生如此,长生不死也没有

---

① 〔晋〕陈寿撰,〔宋〕裴松之注:《三国志》,中华书局,1998 年,805 页。
② 戴明扬:《嵇康集校注》,北京:人民文学出版社,1962 年,167 页。

什么乐趣。可见向秀依然采取了世俗的价值倾向，而没有把养寿延年、甚至长生不死作为自己的价值依皈。作为士大夫知识分子，神仙、长生这样的观念并没有为向秀所接受。而对于深受儒家经学思想所影响的士大夫，在人生的价值问题上，则有着另外的主张和精神追求。后汉末荀爽的观点可以作为这方面的代表。

徐幹为建安七子之一，著有《中论》，其中《夭寿篇》记载荀爽论夭寿云：

> 故司空颖川荀爽论之，以为古人有言，死而不朽。谓太上有立德，其次有立功，其次有立言。其身殁矣，其道犹存，故谓之不朽。夫形体者，人之精魄也；德义令闻者，精魄之荣华也。君子爱其形体，故以成其德义也。夫形体固自朽弊消亡之物，寿与不寿，不过数十岁；德义立与不立，差数千岁，岂可同日言也哉！颜渊时有百年之人，今宁复知其姓名耶？①

立德、立功、立言，正是长期以来儒家所追求的人生价值，也是荀爽在人生问题上的基本主张，代表了汉魏士大夫知识分子人生追求的主流倾向。这些士大夫知识分子并不追求肉体的不朽（长生不死），而是把人生的意义寄托在个人社会价值的实现上，即为后人留下德义、功业和诗词文章。在他们看来，人的形体固然是要朽坏的，但人的德义、功名和文章却可以流传后世；相比于个人的寿命而言，他们认为德业更加重要。因此，在儒家士大夫的心目中，个人的寿命并非他们所追求的目标；因为在他们看来，生死都是个人无能为力的事情，所以也就不需要汲汲于个人养生之事。故此在荀爽之侪看来，颜渊虽然短命，但却比那些虽活百岁而无功、无名的人要有价值的多。

---

① 徐湘霖：《中论校注》，成都，巴蜀书社，2000年，205页。

曹丕也有类似的观念,他在《典论·论文》中说:

> 盖文章经国之大业、不朽之盛事。年寿有时而尽,荣乐止乎其身,二者必至之常期,未若文章之无穷。是以古之作者,寄身于翰墨,见意于篇籍,不假良史之辞,不托飞驰之势,而名声自传于后。①

显然,曹丕选择了所谓"立言"以成就个人之不朽。人的寿命在他的心目中是有限的,荣华富贵也只是一时的光彩,只有文章能够流传后世,让自己的声名为后人所闻,这也就是他所追求的不朽。正是因为这种对功名、德业的看重,使得士大夫知识分子不会执着于寿命的长短,因为他们的人生已经在后世的声名中找到了精神寄托。再基于日常生活的经验,以及太平道起义在当时社会所造成的严重恶果,更使得士大夫知识分子们对于神仙、长生之说充满了鄙夷与畏惧。这样,当神仙家和道教思想在魏晋时期悄悄蔓延的时候,也就必然会引起士大夫知识分子的反驳。那些主张"上寿百二十,古今所同;过此以往,莫非妖妄"的人,应该就是这些以汉魏儒家经学为价值依皈的士大夫知识分子。

其次,让我们再看看神仙家和道教对生死的看法。

先秦以来,神仙家多主张人可以通过修炼获致长生不死,这已经是人所习知的观点,不再多论。下文专谈汉魏之际崛起的民间道教在此问题上的看法。东汉末年在民间产生了两股道教势力:一是流行于汉中、巴蜀一带的五斗米道(又称天师道),尊张鲁为教主,于汉中一带形成割据势力,后归服曹操;二是太平道,以张角为首,于汉末发动了规模浩大的黄巾起义,曾经遍及青、徐、幽、冀、兖、豫、荆、扬八州,即今天的山东、江苏、河北、河南和安徽、湖北两省的北部,后来被镇压下去。在教义方面,这两股道教力量都是神仙家思想和民间巫术相结合的产物,相信修炼

---

① 〔清〕严可均:《全三国文》,北京:商务印书馆,1999年,83页。

成仙和长生不死等观念。《后汉书·襄楷传》言及道教经典《太平经》①时曾说"张角颇有其书焉"②,可见太平道教义多少曾受其影响。《老子想尔注》相传为张鲁所作,是天师道早期所信奉的经书。我们将主要通过这两部经典,来考察汉末魏晋时期,民间道教在神仙长生学说方面的主张。

《太平经》明确肯定神仙可以学致:

> 今善师学人也,乃使下愚贱之人成善人,善善而不止,更贤;贤而不止,乃得次圣;圣而不止,乃得深知真道;守道而不止,乃得仙不死;仙而不止,乃得成真;真而不止,乃得成神;神而不止,乃得与天比其德;天比不止,乃得与元气比其德。③
>
> 夫人愚学而成贤,贤学不止成圣,圣学不止成道,道学不止成仙,仙学不止成真,真学不止成神,皆积学不止所致也。④

《太平经》一方面继承了两汉以来所盛行的天命论,认为仙、道、圣、凡都有一定的录籍,为上天预先所设定,从而确立了神界对世俗世界的权威;另一方面,它也没有截断凡人成圣、成仙的道路,为个人通过自身努力得道留下了空间。在《太平经》看来,即便是下愚之人,也可以通过求师勤学而不断有所成就,最终成为长生不死的仙人。并且明确指出,这些都是"积学不止"所致,即通过累积学习就可以达到的。这样,太平道也就为普通民众成仙、成圣打开了方便之门,易于吸引平信徒的注意力。

《老子想尔注》中也有类似的观点。例如:它对《老子》十九章"绝圣弃知,民利百倍"的注释云:

---

① 《后汉书·襄楷传》所言为《太平清领书》,经当代学者考证,即道教经典《太平经》。(详情可参考任继愈主编《中国道教史》,上海:上海人民出版社,1997年,19—20页)
② 〔宋〕范晔:《后汉书》,北京:中华书局,1973年,1084页。
③ 王明:《太平经合校》,北京:中华书局,1997年,78页。
④ 同上书,725页。

> 今人无状，载通经艺，未贯道真，便自称圣。……不劝民真道可得仙寿，修善自勤，反言仙自有骨录，非行所臻。云无生道，道书欺人，此乃罪盈三千，为大恶人，至令后学者不复信道。①

又解《老子》十三章"贵以身为天下，若可寄天下"曰：

> 奉道诫，积善成功，积精成神，神成仙寿，以此为身宝矣。②

显然，第一段文字是在反驳那些"诋诬"道教信仰的人。汉魏时期，士大夫知识分子普遍相信天命论，认为人的福祸寿夭都是上天所定，非人力所能改变；不仅如此，一个人的天命还能通过他的"骨相"（身体特征）表现出来，而善于观相的人则能对此一目了然。③ 换言之，一个人是否能够成为神仙长生不死，也是上天决定的（如《太平经》所云神仙自有录籍），而且上天赋予了他一定的骨相作为标志。此种观点的实质在于，神仙是不能学的，并非人人都具有成仙的潜质。很明显，从以上引文可以看出，《老子想尔注》反对这种观点。它认为这些人自己并没有贯通大道，却自以为是圣人，不劝人勤修大道以求神仙之寿，反而说神仙自有"骨录"无法学致。在《老子想尔注》的作者看来，正是这些人败坏了道法，使得后学者不再相信仙道。而上引第二段文字则告诉我们，一个人只要尊奉道诫、勤修苦练，就可以积善成功、积精成神而获得仙寿。由此可见，《老子想尔注》和《太平经》一样，都认为神仙是可以通过勤学和修炼达到的。

---

① 饶宗颐：《老子想尔注校证》，上海：上海古籍出版社，1991年，23页。
② 同上书，16页。
③ 王充《论衡·骨相篇》和王符《潜夫论·相列篇》等，对此有较为详细的记述和讨论。而《嵇康集》中几篇关于住宅有无吉凶的辩论文章，对人性命和骨相之间的关系也多有论及，可供参考。

作为一种具有普世价值的宗教，它必须为信徒指出一个人人可以到达的彼岸，这样才能最大限度地获得信众的认可。例如：佛教认为人人皆可以成佛；而基督教则认为，一个人只要信奉唯一的主耶稣基督，他就可以获得拯救。由此观之，魏晋道教认为人人都有潜质通过勤修苦练而获致神仙，基本上具备了普世宗教的特征。而至于在现实中是否人人都能修成神仙，那就是另一回事了。嵇康认为神仙"似特受异气，禀之自然，非积学所致"，则说明嵇康仍深受汉人天命观念的影响，其思想和普世宗教的信仰还隔着很大一段距离。

《老子想尔注》解《老子》二十八章"大制不割"云：

> 道人同知俗事、高官、重禄、好衣、美食、【王尔】宝之味耳，皆不能致长生。长生为大福，为道人欲制大，故自忍不以俗事割心情也。①

上文称"长生为大福"，显见在天师道的教义中，长生成仙已经成为当时道教信徒所追求的人生价值目标。而通观《太平经》和《老子想尔注》可以想见，在汉末魏晋时期的民间道教信仰中，人可以长生不死的仙界，已经成了道教平信徒的精神彼岸；而人人都可以学致神仙，则是这种信仰的决定性心理支柱。反观当时士大夫知识分子的观念，则从根本上否认了长生不死的神仙，认为人有生必有死，所以人生的价值在于建立功名和德业，甚至对养寿延年也持否定态度（向秀驳嵇康《养生论》即具有一定的代表性）。这两种观念在汉末魏晋时期同时存在，也就不可避免地会产生交锋和冲突。我们在汉魏史料中可以发现曹丕、曹植等人对神仙学说的批评，而民间道教在当时却很少得到士大夫知识分子在理论上的公开支持，尤其还受到曹魏政权一定程度的压制。嵇康著《养生论》对上述两种

---

① 饶宗颐：《老子想尔注校证》，上海：上海古籍出版社，1991年，36页。

观念调和的结果是：一方面，他否认神仙可以学致，但却承认了道教神仙的存在；另一方面，他对否定养生可以延年的观点进行反驳，又肯定了道教养生学说的意义。嵇康的这种理论调和，不仅为士大夫知识分子，打开了通过养生拓展个人生命空间的一扇窗户，同时也从理论上为道教的合理性进行了辩护。

事实上，嵇康的养生理论对道教发展是有益的，他从理论上对神仙家和道教养生理论的阐发，使得道教真正进入了士大夫知识分子的理论视野，并逐渐开始受到他们的重视。到东晋时，大批上层士大夫知识分子终于正式接受了道教，并成为忠实的信徒（如琅玡王氏、高平郗氏、陈郡殷氏等家族），应该说，嵇康从中发挥了很大作用。嵇康的养生理论正是经由上层路线，扩大了民间道教对整个社会层面的影响。南朝的葛洪、陆修静、陶弘景，乃至北朝的寇谦之，正是沿着嵇康为道教所开辟的士大夫知识分子路线，而将道教逐渐推向兴盛之途的。

嵇康作为士大夫知识分子，其养生论不仅发当时士大夫知识分子所未发，且客观上又为当时被压制的民间道教提供了理论支持，而且他自己又谙习养生之道，无怪乎京师吏民会目之为"神人"。嵇康对当时士大夫知识分子的观念自然是熟知的，不待多论。嵇康曾与神仙家孙登、王烈等交往甚密，对神仙家的长生之术当然也有所了解，亦无需多说。我们认为，嵇康对当时民间道教观念亦应有比较深入的理解，则需作进一步的说明。

嵇康对当时民间道教信仰的了解可能来自两个渠道，一是道教组织的上层及其信奉者，二是道教组织的中下层及其信徒。这两个渠道也正是道教在魏晋时期传播的上层路线和下层路线。

从太平道角度而言，曹操是靠镇压太平道发动的黄巾起义起家的，尤其是汉献帝初平三年（192年）一战击溃青州黄巾军，收编士卒30余万，号曰青州兵，从此成为一方割据势力。换句话说，曹操手下拥有一大批曾经信奉太平道的中下级军官、士兵及其家属，道教信仰在军中的潜流与私下传播是可以想见的。根据史料记载，嵇康的父亲嵇昭曾经在曹操军中都督军粮，并官至治书侍御史；① 而他的哥哥嵇喜还历任过徐州、扬州的刺史，他们多少都有可能和太平道中人物发生过某种关联。

曹操镇压黄巾军以后，曾广泛召集各种方术道士，其中著名的有蓟子训、阳城郤俭、庐江左慈、甘陵甘始、谯国华佗、鲁女生、汝南费长房、魏国军吏河南赵圣卿等。即便曹操把他们集中起来的目的是为了加强监控，但反过来看，这些人对士大夫又造成了什么影响呢？《后汉书·方术列传》载："蓟子训者，不知所由来也。建安中，客在济阴宛句。有神异之道。……既到京师，公卿以下候之者，坐上恒数百人，皆为设酒脯，终日不匮。"② 从此记载来看，像蓟子训这样的神异之士是颇受汉末王公大臣及士大夫们欢迎的。曹丕《典论》中的一个说法也从侧面证实了这种情况，"初，俭之至，市茯苓价暴数倍。……后始来，众人无不鸱视狼顾，呼吸吐纳。……左慈到，又竞受其补导之术。……人之逐声，乃至于是。"③ 我们看到，郤俭、甘始、左慈等人所以大受追捧，是因为他们懂得养生和医疗之术；而华佗也正是因为深谙医家之道而被曹操所重视，但因不与曹合作而遭杀害。由此可知，道教中的医术和养生之道在当时上层权贵和士大夫当中还是颇有影响力的。

《典论》还说："颍川郤俭能辟谷，饵茯苓。甘陵甘始亦善行气，老有少容。庐江左慈知补导之术，并为军吏。"④ 这三位方术道士不仅个个身怀奇异之术，而且都是军吏，曾在军队中任职当差，上文所及魏国军吏河南赵圣卿也是这样，似乎暗示他们曾经属于太平道的中上层组织，后被曹操收到麾下。尽管他们的神异能力受到曹丕、曹植的怀疑，但他们的医术和

---

① 《嵇氏谱》云："康父昭，字子远，督军粮治书侍御史。"〔晋〕陈寿撰、〔宋〕裴松之注：《三国志》，北京：中华书局，1998 年，605 页。
② 〔宋〕范晔：《后汉书》，北京：中华书局，1973 年，2745 页。
③ 〔清〕严可均：《全三国文》，北京：商务印书馆，1999 年，78 页。
④ 同上书，77—78 页。

养生之法则在曹魏上层大行其道，乃至士大夫们纷纷效仿，只是当时还没有士大夫知识分子公开站出来为道教的养生术提供理论上的支持。这样的支持不仅需要养生理论和实践上的知识，还需要胆略和气魄，因为它必须面对当时政治上的压力，以及强大的传统儒家经学的系统质疑与鄙视。嵇氏家族从嵇昭开始已经属于曹魏集团的一员，加之后来嵇康和曹家的联姻，可知嵇氏家族确实和统治集团的核心存在某种关联。这些都足以说明，嵇康无论从上层还是民间渠道，都可以获得关于道教医疗、养生的理论与实践知识，乃至私下的秘密传授。

从天师道角度看，嵇康接触天师道组织上层人物和基层组织的可能性也是比较大的。首先，嵇康作为曹操之子沛穆王曹林的女婿，[1] 有可能通过曹家的关系，直接接触到天师道组织的上层人物，即张鲁家族的成员。从现有资料可以推测，张鲁家族和曹氏家族的私下关系应该是比较紧密的。一方面，曹氏集团要监控天师道的行踪，接触必然十分紧密且频繁；另一方面，为了拉拢天师道信徒为己所用，曹家又会借助与张鲁家族的私下关系来加强笼络与控制。事实上，曹操在拿下张鲁家族的大本营汉中后，就是这样做的。首先，曹操对张鲁及其家族大加封赏，并把他们和天师道的上层组织带回了魏都邺城，放在自己身边，以便于日常管理；其次，曹操还把天师道的中下层组织及大量信徒从汉中迁到了洛阳、邺城等地，进一步分化其组织和力量结构。

根据唐长孺先生《魏晋期间北方天师道的传播》[2] 一文考证，建安二十年曹操平汉中，天师道教主张鲁投降，为了拉拢天师道，曹操拜张鲁为镇南将军，虽为荣誉头衔，但位置仅次于三公，并封阆中侯，食邑万户，可谓位极人臣。同时，张鲁的七个儿子中，有五个被封为列侯，地位尊

---

[1] 另一说嵇康为曹林的孙女婿。详情参见庄万寿：《嵇康研究及年谱》，台北：台湾学生书局，1990 年，30—35 页。
[2] 唐长孺：《魏晋南北朝史论拾遗》，北京：中华书局，1983 年，218—233 页。

崇。此外，曹操还让自己的儿子彭祖（即燕王曹宇）娶了张鲁的女儿①。由此可见，曹操对张鲁家族这支宗教政治力量的重视程度。同时，张鲁家族也积极让自家的子女和曹家联姻，据《南郑城碑》记载："张鲁位尊上将，体极人臣；五子十室，荣并爵均；童年婴稚，抱拜王人；命婚帝族，或尚或嫔。"②张家的孩子很小就被抱着去拜见曹家的长辈（王人），甚至直接和曹家的孩子结为娃娃亲，以此加深跟曹氏集团的政治和血缘联系。两个家族的联姻，让曹氏集团可以切身了解天师道上层的政治动向，反过来，张家也会借此将天师道内部的宗教信仰与医疗、养生之道，传播给曹魏集团的上层及士大夫知识分子。

另据《三国志·魏书·武帝纪》载，曹操于建安二十年十二月东返，第二年二月到邺城。又陶弘景《真诰》卷四"许子遂能委形冥化，从张镇南之夜解也"条下注云："张係师为镇南将军，建安二十一年亡，葬邺东。"③从张鲁建安二十一年去世，并且埋葬地点在邺城东部这两点来看，曹操东返时，张鲁家族及其天师道的上层组织就应该是跟随曹操一起东迁的，至少在曹魏期间应该定居邺城，并受到曹魏政权的监控。由此可见，天师道的核心组织机构基本上保存了下来，而且迁到了邺城，这是天师道得以在京洛、邺城一带继续传播的组织基础。

邺城是魏国的旧都，嵇康之所以和这里关系密切，主要因为他的夫人长乐亭公主是曹操之子沛穆王曹林的女儿。曹芳嘉平三年，王凌在淮南起兵反抗司马氏集团，欲立楚王曹彪为帝，后被司马懿镇压，并赐死曹彪。为了防止曹氏宗亲图谋反抗，司马氏将曹氏诸王公通通集中到了邺城，其中当然也会有嵇康的岳父沛穆王曹林及其家人。这样，嵇康时

---

① 《三国志·魏书·张鲁传》载：（曹操）"为子彭祖取鲁女。鲁薨，谥之曰原侯。子富嗣。"（〔晋〕陈寿撰、〔宋〕裴松之注：《三国志》，北京：中华书局，1998年，265页）
② 〔宋〕李昉：《太平御览》，北京：中华书局，1998年，2355页。
③ 《道藏》第二十册，文物出版社、上海书店、天津古籍出版社，1992年影印本，514页。

常去邺城也就是一件比较自然的事情了。① 嵇康之子嵇绍著有《叙赵至》一文,其中言及嵇康在洛阳、山阳、邺城之间的活动情况,可资参考:

> 赵至字景真,代郡人。……年十四,入太学观(即洛阳太学,笔者注),时先君在学写石经古文,事讫去,遂随车问先君姓名。……年十六,遂亡命,径至洛阳,求索先君不得,至邺。……先君到邺,至具道太学中事,便逐先君归山阳经年。②

嵇康到邺城应该是去岳父曹林家,或者到其他亲朋好友家中做客。邺城作为北方天师道的传播中心,加之张鲁家族和曹家的特殊关系,嵇康在这里对天师道的了解应该是深入且具体而微的,甚至不排除亲自接触过张鲁家族成员并了解天师道内秘的可能。

除了邺城,洛阳也是北方天师道的活动中心之一,因为曹操不仅从汉中带走了天师道的上层组织,还把汉中的大批天师道信徒迁到了洛阳、邺城一带。根据《三国志·魏书·杜袭传》记载:

> 后袭领丞相长史,随太祖到汉中讨张鲁。太祖还,拜袭驸马都尉,留督汉中军事。绥怀开导,百姓自乐出徙洛、邺者,八万余口。③

据此所言,在张鲁随曹操东迁以后,张鲁原在汉中的子民尚有八万多人迁徙并定居在洛阳和邺城一带。在这些汉中子民中,恐怕有相当数量的人就是原来天师道的普通信徒,其中包括天师道中下层组织中的官吏、祭

---

① 《晋书·宣帝纪》载:嘉平三年夏,司马懿平王凌之乱,"收其余党,皆夷三族,并杀彪。悉录魏诸王公置于邺,命有司监察,不得交关。"(〔唐〕房玄龄:《晋书》,北京:中华书局,1974年,19页)嘉平三年,嵇康二十八岁。康子嵇绍《叙赵至》一文言嵇康曾去邺城,或许就是因为嵇康的岳父曹林在那里的缘故。
② 〔清〕严可均辑:《全晋文》,北京:商务印书馆,1999年,673—674页。
③ 〔晋〕陈寿撰、〔宋〕裴松之注:《三国志》,北京:中华书局,1998年,666页。

酒等，这为天师道东迁后的进一步传播奠定了信众基础。大批信众的东迁，延续了天师道民间传播的下层路线，这也是一个宗教组织得以存在的根本保证。潜移默化、水到渠成，道教信仰在京师洛阳和邺城一带的影响力，对于那些士大夫知识分子来说，应该是并不陌生的。

  嵇康一生主要的活动区域，就集中在洛阳、魏都邺城和河内山阳一带。《三国志·魏书·王粲传》注引孙盛《魏氏春秋》说："康寓居河内之山阳县。"① 河内郡山阳县位于洛阳和邺城之间，西南距洛阳约六七十公里，东北距邺城二百公里左右，嵇康及其家人就寓居于此。洛阳和邺城作为曹魏集团的政治文化中心，天下学人云集，在此易于接触最前沿的社会、文化信息；同时，嘉平三年（251），嵇康的岳父曹林和家人应该也被集中到了邺城，当时嵇康的女儿才3岁，儿子还没有出生。嵇康所以选择山阳寄居，原因恐怕也就在于此。嵇康虽身居山阳，却出于各种原因经常来往于洛阳和邺城之间，就此而言，他对天师道的认知与亲密接触，也不排除是受到了民间道教的濡染，像孙登、王烈这样的奇人异士，就是他自己在深山中采药的奇遇。

  曹魏时期，虽然曹操、曹丕、曹叡曾多次下令禁止淫祀（其中当然也包括天师道的活动），但民间宗教信仰活动恐怕是难以禁绝的。尤其到了明帝曹叡时期，禁网已疏，就连他自己也曾经相信民间巫术，② 可见当时道教活动在民间的发展已有很大的回旋余地。而天师道在当时的活动情况，我们还可以从道教自己的典籍中略知一二。

  《正一法文天师教戒科经》共包括五篇经文，第二篇名《大道家令戒》，第四篇名《阳平治》。《大道家令戒》云：

---

① 〔晋〕陈寿撰、〔宋〕裴松之注：《三国志》，北京：中华书局，1998年，606页。
② 《三国志·魏书·明帝纪》："初，青龙三年中，寿春农民妻自言为天神所下，命为登女，当营卫帝室，蠲邪纳福。饮人以水及以洗疮，或多愈者。于是立馆后宫，下诏称扬，甚见优宠。"（〔晋〕陈寿撰、〔宋〕裴松之注：《三国志》，北京：中华书局，1998年，114页）

诸职男女官昔所拜署，今在无几。自从太和五年以来，诸职各各自置，置不复由吾（五）气、真气、领神选举。①

又《阳平治》云：

诸祭酒、主者中颇有旧人以不？从建安、黄初元年以来，诸主者、祭酒人人称教，各作一治，不复按旧道法，为得尔不！②

"建安"是汉末献帝的年号，"太和"是魏明帝曹叡年号，而"黄初"则是魏文帝曹丕的年号，由此可见，上述引文所记正是曹魏时期道教的活动情况。上述经文批评自曹魏以来，道教的中下层组织不再按照最高组织（阳平治③）的道法去做，而是各自为政，官职自授。一方面，这说明当时民间天师道组织活动的混乱；另一方面，也说明民间天师道活动在一定程度上，开始摆脱原来政教合一模式的束缚，走上民间独立发展的道路。这些事实证明，曹魏时期天师道在民间依然非常活跃。

我们有理由相信，在曹魏时期，洛阳、邺城一带的民间天师道活动应该是具有一定规模的。而嵇康平生的活动也主要集中在这一区域，故嵇康亲身接触道教教义的机会应该很大。另据陈寅恪《天师道与滨海地域之关系》一文考证，山东琅琊是魏晋时期天师道十分活跃的另一地区，而琅琊王氏又是天师道世家，对道教教义自然了如指掌。竹林七贤之一的王戎即出自琅琊王氏，嵇康与之交往甚密，因此，王戎也是嵇康获知天师道教义的渠道之一。总之，在汉末天师道东迁京洛、邺城一带的大背景下，无论嵇康是通过曹家或士大夫阶层，还是通过民间道教的基层组织，他了解天

---

① 《道藏》第十八册，文物出版社、上海书店、天津古籍出版社，1992年影印本，237页。
② 同上书，238页。
③ "阳平治"为道教二十四治之首，处于首领地位，应该是由张鲁家族直接控制的。

师道的基本教义与养生之道这一事实，应该是没有疑问的。而前文提到，东晋丞相王导即出自天师道世家琅玡王氏，其所以盛称嵇康之养生论，应该和他的宗教信仰拥有密切关系。

既然嵇康与天平道、天师道的教义及医疗、养生之术不免会发生某种联系，那么，由是再看他作为士大夫知识分子而著《养生论》及《答难养生论》，以调和民间道教教义与士大夫精神观念之间的冲突，其为时人目为"神人"也就不足为怪了。因为，他的主张实在是冲破了传统士大夫知识分子思想的藩篱，开辟了一片新的思想天地。尤其嵇康还拥有一些个人的养生实践，加之其作为名士的身份、地位，他的言论对那些本就暗地信奉道教养生说的知识分子来说，无疑是一剂良药；而对于那些儒家经学的信徒，则是一种精神上的震撼。这两点反过来，则进一步神化了嵇康的名士形象。

整体而言，汉魏士大夫知识分子相信人有生必有死，因此他们将个体生命的价值寄托于社会价值的实现，即建立社会功名与德业。而汉末魏晋时期的神仙家及道教教义认为，神仙可以学致，长生不死可以通过修炼获得，因此将个体生命的价值寄托于养寿延年和长生不死。嵇康对以上两种观点都进行了批评，并提出了自己的主张，认为神仙虽然不可学，但长生不死的仙人还是存在的，只要一个人养生得理，就可以获致几百岁、甚至上千岁。这样，个体生命的价值便得到了充分的肯定，这为民间道教思想向士大夫知识分子阶层的渗透，提供了理论上的支持。也为民间道教信仰进入社会上层，开辟了理论上的途径。

嵇康在养生与成仙问题上的观点，虽然相较于当时士大夫知识分子来说已经有所突破，但依然没有摆脱两汉天命论的影响。可以说，他的思想还处在名教与自然的冲突之中，即便在理论上对神仙家和道教的养生说有所认同，但在实践上却可能无法落到实处，因为他无法放下自己的社会责任与儒家的道义。尤其作为具有重大社会影响的名士，他还处在曹魏集团和司马氏集团你死我活争斗的风口浪尖上，逃无可逃，内心充满了矛盾与痛苦。他学不了孙登，做不了逍遥世外的隐者；他也不是虔诚的道教徒，无法专心于个人的养生、求仙之道。音乐养生对他来讲，更多的只是一种个人体验，而不是现实的目标追求。因为他的人生追求，显然不是为了长生久视。面对夹缝中的生存困境与人生苦难，音乐养生更显得苍白无力。要想实现生命的超越，就只能是精神的超越，境界上的超越。因此，他的音乐养生最终必然从所谓"养生"，走向养心和畅神，企图在审美的精神境界中实现对现实苦难的超越，以达成理想与现实的微妙平衡。而在现实困境无法超拔的情况下，审美的精神境界毕竟是脆弱而不堪一击的。嵇康命终前所弹的一曲《广陵散》，审美境界再高，也只能成为他人生悲剧的一个无情注脚。

第六章 嵇康乐论的时代意义

如果将嵇康的《声无哀乐论》放到魏晋具体的学术环境中,我们会发现,嵇康的音乐理论在很大程度上,已经摆脱了传统乐论的束缚,开启了一种新的学术风尚。具体而言,嵇康辨名析理的理性精神,使其在对音乐的讨论中,实现了由神秘主义到理性主义的转变;同时,也把音乐从儒家的礼乐传统中分离出来,让纯音乐获得了独立自足的地位。在魏晋玄风的影响下,嵇康运用道家思想讨论音乐,援道入乐,实现了乐论的玄学化,也促进了音乐理论自身的发展。从理论上讲,嵇康乐论不仅推动音乐艺术回归自身,确立了纯音乐的地位,也充分肯定了音乐鉴赏者的审美自由。因此嵇康的《声无哀乐论》,标志着魏晋音乐艺术在理论上的独立与自觉,这和魏晋音乐实践活动的发展是一致的。

第一节 从"神秘主义"到"理性主义"

从总体上讲,汉魏时期的乐论,依然还笼罩在一种神秘主义的氛围中。在这种环境下,音乐往往被赋予了某种神秘的功能,不仅可以占卜吉凶,甚至还可以协调天地、人神之间的关系,给人类带来吉祥和福祉。这样一来,在音乐被神化的同时,人的精神也受到了很大的束缚。而嵇康的音乐理论,则一扫此种神秘主义气息,将理性精神引入音乐评论当中,为乐论注入了一股新鲜的学术风气;进而,也让人的精神在很大程度上获得了解放。

这种神秘主义和理性主义的对立，就体现在《声无哀乐论》中，秦客代表了前者，而东野主人则代表后者。秦客以古代的音乐传说作凭据，认为音乐本身具有某种神奇的功能，可以传达特定的信息。例如：季札听乐，能从中辨别出众国的风情；师襄弹奏《文王操》，孔子能够从中想见文王圣德的容貌，等等。无疑，秦客在一定程度上神化了音乐的功效，也夸大了人鉴赏音乐的能力。

秦客的看法，事实上是汉魏时期十分流行的音乐观。而对于这种神化音乐功能的观念，嵇康则从理性思辨的角度进行了反驳：

> 仲尼之识微，季札之善听，固亦诬矣。此皆俗儒妄记，欲神其事而追为耳。欲令天下惑声音之道，不言理自。尽此而推，使神妙难知，恨不遇奇听于当时，慕古人而自叹。斯所以大罔后生也。夫推类辨物，当先求之自然之理，理已足，然后借古义以明之耳。今未得之于心，而多恃前言以为谈证，自此以往，恐巧历不能纪耳。①

在嵇康看来，所谓仲尼之见识微妙、季札之善于听声辨形，都是虚妄不实的传言，是俗儒为了神化古人而妄记前事的结果。嵇康认为，这种看法的害处是让人迷惑于音声之道，而不去探索音乐内在的条理。如果将错就错、依此推论，只能让音乐之理更加神妙难知，让人徒然羡慕古人，而慨叹自己没有遇到真正的知音。这样做不但没有任何好处，还会欺罔后人，造成许多误解。在嵇康看来，要想真正了解音乐之理，就必须运用"推类辨物"的方法，通过类比和推理寻找音乐自身的法则，然后再参照前人的观点，得出自己的结论，而不能一味迷信古人。所以他批评秦客，自己对音乐之理没有主见，却列举前人之言作为谈证，就是擅长历术（计算天文历法之术）的人，恐怕最后也得不出结果。

---

① 戴明扬：《嵇康集校注》，北京：人民文学出版社，1962 年，203—204 页。

不难看出，秦客的看法，都是传统中已有的观点，并没有经过自己的探索和考察。然而嵇康认为，要想真正认识一个事物，就必须运用理性的方法，通过亲身的考察、对比和辨别，并根据一定的法则进行推理和演绎，才能得出自己的看法。至于前人的观点，他认为只能作为旁证，不能作为认识事物的依据。也就是说，只有经过理性考察得到的结论才是可靠的，迷信古人则不足取。而秦客对音乐的神化，恰恰是迷信古人的记载，没有经过自己认真的考察和分析。

魏晋时期有一种观点，认为通过音声可以进行占卜，但这需要关于音律的特殊知识。具备这种特殊知识的人，就可以通过声音预测未来的吉凶祸福，而且据说十分准确。尽管这种观念十分神秘，但却深入人心。据《三国志·管辂传》记载，曹魏时期的著名术士管辂，就精通鸟鸣之占，能够通过鸟的叫声进行占卜。①

其弟管辰不仅肯定管辂道术神妙，而且认为管辂所用占候之书和他人没有区别，意谓管辂之术得自先天的禀赋，不是一般人所能学到的。据说，义博曾经想和管辂学鸟鸣之占，即由于天赋不足而止。②

在管辂看来，义博虽然喜欢道术，但因为没有天分、又不通音律，所以很难学会鸟鸣之占。结果是，尽管管辂为义博详解八风之变、五音之数，以及关于音律的学问，义博还是百思不得其解，最终放弃了学习的念头。由此可见，在当时人的观念中，音声之理、占卜之术，只有具备特殊天赋的人才能深晓其理，普通人则难窥其中的奥妙。也就是说，对于以上这种神秘的事情，汉魏一般人并不是抱着理性的态度去怀疑它，而是归于不可言说之奥义。

《声无哀乐论》中的秦客就是如此，他深信像管辂这样具有特殊天分的人，就可以通过音声预知事情的吉凶，发现事物内在的脉络。在他的观

---

① 〔晋〕陈寿撰、〔宋〕裴松之注：《三国志》，北京：中华书局，1998年，816页。
② 同上书，815—816页。

念中,音声之理本身就是神秘莫测的,具有某种神奇的力量。音声之理非常人可以理解,唯有神明者才能精通。因此,他列举了葛卢和羊舌母的传说,作为自己观点的论据以反驳嵇康。

葛卢之事见《左传·僖公二十九年》。据说葛卢听到一头母牛的叫声,就告诉他人说,这头牛总共生了三头小牛,结果都被当作祭祀的牺牲而杀掉了。后来一问,果如葛卢所言。羊舌母之事见《国语·晋语》,杨食我出生的时候,叔向之母(羊舌母)前来探望,走到厅堂上听见孩子的哭声,转身而回。后来她对人说,这个孩子的哭声像豺狼一样,将来灭掉羊舌氏宗族的必然是他,结果果然应验。

以上两件事虽然都见于前史所记,但未必一定就是真实的。然而秦客却认为,既然是史书所录的事情,就必然有其效验。所以他以此为根据,认为人世的盛衰和吉凶,都包含在声音当中,只要善于听声辨形,就能从中窥见事物未来的变化。秦客的这种观念,显然是迷信于古人所记,而没有仔细推究其中的道理,就肯定了音声的神秘性。尤其他的论据只是史书的记录,既不是亲身经历,又不是自己经过考察和辨析的结果。

站在理性精神的立场上,嵇康自然不同意秦客的观点。他不仅对这种神秘的观念提出了大胆的质疑,而且还有理有据地进行了反驳。关于葛卢闻牛鸣一事,嵇康认为:

> 夫鲁牛能知牺历之丧生,哀三子之不存;含悲经年,诉怨葛卢。此为心与人同,异于兽形耳。此又吾之所疑也。且牛非人类,无道相通。若谓鸟兽皆能有言,葛卢受性,独晓之;此为解其语而论其事,犹译传异言耳。不为考声音而知其情,则非所以为难也。若谓知者,为当触物而达,无所不知。今且先议其所易者。请问圣人卒入胡域,当知其所言否乎?难者必曰:知之。知之之理,何以明之?愿借子之难以立鉴识之域。……观气采色,知其心耶?此为知心,自由气色;虽自不言,犹将知之。知之之道,可不待言也。……若当关接而知

言，此为孺子学言于所师，然后知之。则何贵于聪明哉？夫言非自然一定之物，五方殊俗，同事异号。趣举一名，以标识耳。夫圣人穷理，谓自然可寻，无微不照。苟无微不照，理蔽则虽近不见。故异域之言，不得强通。推此以往，葛卢之不知牛鸣，得不信乎？①

以上辨析共有三层含义。首先嵇康认为，如果说鲁国之牛能够知道自己生的小牛都做了牺牲，因为孩子被杀而哀伤，所以向葛卢倾诉内心的凄苦，这就是说，牛和人一样都拥有相同的心情，只是外在形体不同罢了。在嵇康看来，这是不可能的，所以他对此提出了质疑，认为牛不可能拥有人心，更不可能向人倾诉，葛卢也无从知道"三子为牺"的事情。其次，嵇康认为人和牛类别不同，所以二者不可能彼此相通。如果一定要说鸟兽也有语言，而葛卢天性超凡所以通晓牛的话，这就如同翻译异国方言一样，而不是从声音中考校出来的，这和秦客的攻难及彼此所要讨论的问题不相干。也就是说，秦客和东野主人所讨论的是音声，而不是语言。所以嵇康认为，听声辨形的事情是不可信的。

再次，在嵇康看来，秦客所谓听声辨形，就是"触物而达，无所不知"。即像葛卢这样具有天生禀赋的人，只要听到鸟兽的声音，就能通晓其义。为了反驳这种观念，嵇康例举圣人进入异国如何通晓胡人语言的问题，深入探讨不同语言之间是如何沟通的，从而进一步反驳"葛卢闻牛鸣"的传说。由于圣人是公认禀受天命的人，所以秦客一定同意，圣人听到胡人的言语，就必然能够了解它的意思。那么，圣人是如何知道对方言语之义的呢？一种方法是采色观气，即通过观察对方的神色和举动进行揣度，从而知道他们心里在想什么。嵇康认为，这种方法不是通过语言了解对方的内心；换句话说，根本不是从声音中获得对方的心思，所以听声辨形是不成立的。

---

① 戴明扬：《嵇康集校注》，北京：人民文学出版社，1962年，209—211页。

另一种方法,就是通过和胡人相互关接沟通,从而慢慢了解对方的语言。然而嵇康认为,这样的方法就像小孩子跟着老师学语言一样,是再普通不过的事情,怎么能够体现出圣人的聪明智慧呢?如果说,连圣人了解胡人的语言都是通过学习,那么所谓的天赋神明根本就是假的;而像葛卢受性独晓兽语这样的事情,就更加不可能。

最后嵇康认为,语言本身并非固定不变的东西,由于不同的地方风俗不同、语言各异,所以相同的东西往往会有不同的名字;而名称本身,也只不过是一个标识罢了。圣人穷尽物理,也要遵循事物内在自然的条理,才能无微不察。如果说圣人对物理无微不察,是因为遵循事物自身条理的话,那么,一旦内在的条理幽闭不通,即便是眼前的事物也不可能通晓。因此,圣人进入异国他乡,如果不遵循其语言的内在规则,潜心学习,根本不可能强通。那种认为圣人单凭神明就可以无所不知、听胡人言语之声就可以知其义的看法,根本就是错误的。因此嵇康认为,即便通晓胡人语言这么简单的事情,圣人都要学习才能知道;依此推论,鸟兽的声音就更加奥妙,所以葛卢闻牛鸣根本是不可能的。

通过以上考察可以发现,嵇康的言论充分发挥了自己的思辨才华,分析入微、思理严密,而且层层深入,很有说服力。尽管他的论述也往往是基于日常的生活经验,但解析却深刻、周密,将事情的内在脉络清晰地展示出来,体现了一种理性的光辉,而不是像秦客那样人云亦云。

针对羊舌母闻儿啼的传说,嵇康认为也应该认真分辨,不能盲目信从,并对此进行了深入的解析。嵇康认为:

> 难云:"羊舌母听闻儿啼,而审其丧家。"复请问何由知之?为神心独悟,暗语而当耶?尝闻儿啼若此,其大而恶,今之啼声似昔之啼声,故知其丧家耶?若神心独悟,暗语之当,非理之所得也。虽曰听啼,无取验于儿声矣。若以尝闻之声为恶,故知今啼当恶,此为以甲声为度,以校乙之啼也。夫声之于心,犹形之于心也。有形同而情

乖，貌殊而心均者；何以明之？圣人齐心等德，而形状不同也。苟心同而形异，则何言乎观形而知心哉？且口之激气为声，何异于籁籥纳气而鸣耶？啼声之善恶，不由儿口吉凶，犹琴瑟之清浊，不在操者之工拙也。……今晋母未得之于老成，而专信昨日之声，以证今日之啼；岂不误中于前世，好奇者从而称之哉？①

对于这种事情，嵇康的态度首先是疑问，而后就是细致入微的辨析。在嵇康看来，羊舌母闻儿啼这件事本身就是值得怀疑的。如果假定是真的，那么羊舌母是如何知道的呢？嵇康给出了两个答案：一种可能是，羊舌母"神心独悟，暗语而当"，即神心特异、能够领悟婴儿哭声所传达的暗号，所以知道这个孩子将来会败家。如果真的如此，就不是通过考察音声之理所得；尽管说是听儿啼，却没有校验婴儿的哭声。因此，认为婴儿的哭声可以传达吉凶是错误的。

另一种可能是，羊舌母曾经听见过此种哭声，这样的孩子长大以后，行为邪恶不端。因此，羊舌母听见杨食我的哭声像以前听到的那个孩子，所以断定他会败家。如果是这样，那就是以甲的哭声来校验乙的哭声；尽管甲长大后为恶，但不能因此就证明乙也是恶的。嵇康列举了两方面的原因：其一，人心和声音的关系，就如同人心和形体的关系。有的人形貌相同，但内心之情却有差异；有的人形貌虽异，但内心之情却相同。比如圣人齐心等德，但外在相貌却差别很大。像这种情况，我们怎能通过外貌去揣度一个人的内心呢？同理，两个孩子的哭声虽然相似，却不能由此推出他们的内心也是相同的。因此，以甲声校验乙声的做法根本就是错误的。

其二，嵇康认为，婴儿之口激荡气息发出声音，和乐器激荡气息发出声音在原理上是相同的。婴儿发出的声音好听不好听，和这个孩子内在的吉凶没有关系，这就如同乐器发出的声音是清还是浊，跟演奏乐器的人技

---

① 戴明扬：《嵇康集校注》，北京：人民文学出版社，1962 年，213—214 页。

艺巧拙没有关系一样。在此，嵇康将婴儿之心比作奏乐者，婴儿之口比作乐器，婴儿之声比作乐器之声。通过类比他认为，既然乐器发出的声音清浊和演奏者没关系，那么婴儿内心的善恶也就和他哭的声音没有关系。最后嵇康认为，羊舌母并不知道这个孩子长大以后到底怎么样，而是凭借过去的经验，用听过的哭声武断地评判今天听到的哭声，可能是偶然误中，但却让后来的好奇者拿来作为谈资。言外之意，嵇康认为羊舌母闻儿啼只是偶然碰巧，并不能证明通过声音可以预测吉凶。

在此，嵇康运用设问及类比推理的方法，将秦客的例证作了深入的剖析，有理有据，逐步证明传说的不可靠性，从而挨落了声音的神秘性，从一种理性主义的视角，对传统的迷信观念进行了解构。嵇康的类比虽然还值得商榷，但他的理性态度，则远远超越了秦客的盲从和迷信，对传统乐论造成了巨大的冲击。

汉魏人对音乐的神化，还体现在对先王之器和乐制的迷信。他们认为，上古圣王所用的乐器都有固定的出处，音律也有固定不变的度数，所以先王之乐具有神奇的功效。而后来之世由于乐制沦丧，音乐的神奇效能被削弱，甚至会败坏社会风俗。这在阮籍的乐论中就有所体现。虽然阮籍和嵇康同时，又都好老庄之学并精通琴理，但在音乐观上，阮籍《乐论》显然更多地受到了传统观念的影响。他在《乐论》中说：

> 若夫空桑之琴，云和之瑟，孤竹之管，泗滨之磬，其物皆调和淳均者，声相宜也，故必有常处；以大小相君，应黄钟之气，故必有常数。有常处，故其器贵重；有常数，故其制不妄。贵重，故可得以事神；不妄，故可得以化人。其物系天地之象，故不可妄造；其凡似远物之音，故不可妄易。①

---

① 陈伯君：《阮籍集校注》，北京：中华书局，2004年，85—86页。

"空桑""云和"都是山名，其中所产木材是制作琴瑟的上好材质；泗滨，即泗水之滨，那里出做磬的上佳石料；孤竹是指独生的竹子，适合用来做箫笛等管乐器。空桑之琴、云和之瑟、孤竹之管均见于《周礼·春官·大司乐》，是祭祀天神、地祇时所用的乐器，具有降神的功能；泗滨之磬，传说和以上三种乐器具有同样的功效。阮籍认为，上古圣王奏乐所用的都是神异之器，它们有固定的出处，所用音律也有固定的度数，故此音调高低合宜、韵律淳厚协和。正因为这些乐器有固定的出处，所以才显得贵重；音律有固定的度数，所以才不会虚妄欺天。因此，往圣先王奏乐才能感天地、动鬼神，教化百姓才会事半功倍。

在阮籍看来，以上乐器所以有这样的功效，是因为它们有天地之象，能和天地相通，所以他认为乐器是不能随便妄造的；而其音律准则亦取之于天地之自然，也不能随意改动。至于末世衰落，妄改先王的乐器和音律度数，结果自然招致天下颓败、人心涣散，百姓处于疾苦之中。故阮籍称：

> 自后衰末之为乐也，其物不真，其器不固，其制不信，取于近物，同于人间，各求其好，恣意所存。闾里之声竞高，永巷之音争先，童儿相聚以咏富贵，蒭牧负载以歌贱贫，君臣之职未废，而一人怀万心也。当夏后之末，舆女、万人，衣以文绣，食以粱肉，端噪晨歌，闻之者忧戚。天下苦其殃，百姓伤其毒。殷之季君，亦奏斯乐，酒池肉林，夜以继日。然咨嗟之音未绝，而敌国已收其琴瑟矣。①

往圣先王既去，音乐也随之不断衰落。后世之人作乐不再遵循先王之制，制作乐器所用材质不真，乐器也没有了固定的出处，先王所用音律度数也被随意改变。这样，音乐不再出自圣王，大家各遂所好、肆意制作，

---

① 陈伯君：《阮籍集校注》，北京：中华书局，2004年，98—99页。

由此而圣乐崩颓。闾巷之歌、童牧之曲竞相争逐,尽管君臣之间的位分还没有彻底废弃,然而天下已经不再是万人同归一心(圣王之心),而是人人怀有万心,不再归顺圣王的教化了,如此又怎能不礼崩乐坏呢?阮籍举夏桀和商纣为例,认为他们整天沉醉于女乐和舞人(万人)的笙歌曼舞之中,败坏了圣王的乐制,而且溺于酒肉、涂炭天下百姓,最终导致国家社稷的灭亡。由此可以看到,阮籍在很大程度上将圣王的乐器和乐制神秘化了。他没有从根本上将国家社稷崩颓的原因,归之于统治者的堕落和施政上的败坏,而归之于后世君主妄改了圣王的乐器和乐制。

在《声无哀乐论》中,我们似乎也能看到神化圣人之乐的倾向。嵇康云:

《咸池》、《六茎》、《大章》、《韶》、《夏》,此先王之至乐,所以动天地感鬼神者也。①
舜命夔击石拊石,八音克谐,神人以和。②

以上两条资料都谈到了音乐的神秘作用,认为先王之乐可以动天地、感鬼神,可以协调人神之间的关系。由此看来,嵇康似乎也肯定了音乐的神秘功用。但是,如果仔细推敲的话我们就会发现,嵇康运用以上资料有三个特点:第一,都是对先秦典籍中资料的直接引用;第二,并没有对上述资料进行任何解释和发挥;第三,他运用这些资料都是为了说明其他问题,而对这些资料本身的内容没有任何评价。故此可以说,嵇康乐论中尽管还保留了传统音乐观的痕迹,但它们对嵇康的影响已经很小;而且仅凭这两条资料,也不能证明嵇康仍然迷信古乐的神秘功能。如果和《声无哀乐论》整体的理性精神对比,这两条资料显然是微不足道的。而阮籍的

---

① 戴明扬:《嵇康集校注》,北京:人民文学出版社,1962 年,208 页。
② 同上书,208 页。

《乐论》，则整体上仍弥漫着一股神秘主义气息。

在《声无哀乐论》中，我们找不到嵇康对圣王乐器和乐制的推崇，更没有对空桑之琴、云和之瑟、孤竹之管、泗滨之磬的神秘化倾向。嵇康在《琴赋》中倒是极力夸赞古琴的德性，认为在众多的乐器中琴德最优，言"愔愔琴德，不可测兮，体清心远，邈难极兮"①。而且嵇康在赋中还为古琴营造了一个神奇、绚丽的氛围，甚至用传说中的仙人来抬高古琴的价值和地位。尽管嵇康极力夸赞古琴之德，甚至夸张说琴曲可以让仙人飘焉而下凡，但他这里所描述的都是一种审美的精神境界，和两汉时期的天人感应论没有关系，更不是对古琴的神化。因此可以说，嵇康对音乐有着清醒而理智的认识，他在清除音乐中神秘因素的同时，也为音乐充分发挥它的审美功能，保留了足够的自由空间。

嵇康将理性精神引入乐论，从根本上突破了传统音乐观的束缚，使音乐理论实现了从神秘主义到理性主义的转变。这种理性精神，不仅促进了个体生命的自我觉醒，也推动着音乐回归自身，回归它的审美特性。同时也可以说，正是因为嵇康精神上的这种脱胎换骨，才造就了其音乐理论的空前绝后，也让我们真切地感受到魏晋人精神变迁的清晰轨迹。

第二节 从"乐律"到"音声"

即便从今天的眼光来看，嵇康的《声无哀乐论》，也无愧于一篇优秀的音乐论文。嵇康在该文中重点讨论的是"音声"，即纯音乐，这和汉魏传统乐论有着本质的差别。在汉魏传统乐论中，人们关注的主要是"乐律"，而不是"音声"。尽管乐律中也包含音声，但乐律学的重心显然不是音乐本身，而是天人关系及社会政教问题，属于政治哲学的范畴；但嵇康所论之音声，则属于真正的音乐理论。魏晋时期，这种从"乐律"到"音

---

① 戴明扬：《嵇康集校注》，北京：人民文学出版社，1962年，109页。

声"的理论转变,在嵇康的《声无哀乐论》中得到了充分的体现。甚至可以说,嵇康在一定程度上推动了音乐史上的这一理论跨越。

在汉魏乐律传统中,"乐"和"律"既有差异,同时又密不可分。二者虽然都可以追溯到春秋战国时期,但"乐"的传统更加悠久;而"律"则在两汉时期受到了特别的重视,并和"乐"合而为一,形成了复杂的乐律学系统。在汉魏人的观念中,"乐"和我们今人所说的"音乐"并不是同一个概念;而嵇康所谓"音声",才更加接近今天"音乐"的内涵。至于"乐"和"音声"的区别,《乐记》给我们提供了丰富的资料:

> 凡音之起,由人心生也。人心之动,物使之然也。感于物而动,故形于声;声相应,故生变;变成方,谓之音;比音而乐之,及干戚羽旄,谓之乐。①

一个人受到外界刺激的时候,内心就会有所感动,从而通过声音(包括语言、歌诗)将心里的感受表达出来。声响相应,变化有节律,就成为"音";音声和谐令人心神快乐,于是手持盾牌、斧钺以及鸟羽、牛尾翩翩起舞,这就是"乐"。由此可见,在《乐记》的观念中,"声"是指人发出的各种声音;而"音"则是有旋律和节奏的声音,即我们今天所说的音乐。值得注意的是,此处的"音"是指人唱的歌,而不是乐器演奏的曲子。如果再把歌配上舞蹈,就是《乐记》所说的"乐"。由于歌曲本身包含歌词和乐曲两部分,故此可以说,"乐"事实上是诗、曲、舞三者的合一。

《乐记》区分"乐"和"音声",恰恰不是为了突出"音声",而是为了强调"乐"的政教功能。由于"乐"包含了诗歌和舞蹈,前者可以表达人的情感、志向以及道德情操,后者则常常涉及礼的内容,甚至本身就是

---

① 《汉魏古注十三经·礼记》,北京:中华书局,1998年,131下页。

礼仪形式，在政教活动中发挥着重要作用。所以从根本上讲，《乐记》褒扬综合性的"乐"，而贬低带有纯艺术性质的"音声"，

> 乐者，通伦理者也。是故知声而不知音者，禽兽是也；知音而不知乐者，众庶是也。唯君子为能知乐。是故审声以知音，审音以知乐，审乐以知政，而治道备矣。……知乐则几于礼矣。①

正如我们在《诗经》中所看到的，"乐"包括可以言志的诗，其中往往被加入了先王的道德教化。所以，《乐记》说"乐"可以通伦理是正确的，而"音声"则不可能包含道德内容。人能发声，鸟兽亦能发声；但人可以作出有节奏、旋律的音乐，鸟兽则不能，故此《乐记》说禽兽知"声"而不知"音"（音乐）。普通百姓则只知道喜欢美妙的音乐，而对于"乐"的政教功能却不甚了了，所以众庶知"音"而不知"乐"，只有作为统治者的君子才真正了解"乐"的功用。由此出发，《乐记》认为，君子应该通过"音声"和"乐"去了解天下政情，为管理国家提供依据。

同时，由于"乐"中的舞蹈表演往往带有礼仪的性质，故"乐"和"礼"也就非常接近了。由此可以看出，《乐记》重视"乐"的真正目的，是为了强化礼乐一体的政教观，强调"乐"在观察民风和教化百姓方面的作用。也就是说，《乐记》的着眼点并不在于音乐艺术本身，而在于它的政教功能。直至汉魏时期，这种观念仍然占据着乐论思想的主流，为一般士人所接受，而音乐艺术自身的问题，却没有得到足够的重视。

曹魏时期的著名经学家王朗、王肃父子，其论乐也继承了《乐论》的这种传统，强调乐在礼仪教化方面的功能。王朗《论乐舞表》云：

> 凡音乐以舞为主，自黄帝《云门》至周《大武》，皆太庙舞。乐，

---

① 《汉魏古注十三经·礼记》，北京：中华书局，1998年，132下页。

所以乐君之德；舞，所以象君之功。①

王肃《郊庙乐舞议》云：

《周官》以六律、五声、八音、六舞大合乐，以致鬼神，以和邦国，以谐兆庶，以安宾客，以悦远人。②

王朗认为"音乐"以舞为主，可见在他的观念中，"乐"主要还是指诗歌、音乐、舞蹈的合一。三者之中他更重视舞蹈，因为舞蹈本身拥有具体的内容，例如《云门》歌颂黄帝，《大武》歌颂周武王，就是将他们的功德和业绩编排成舞蹈动作，以象征其为天下百姓所建立的功勋。其中的音乐部分，则表示天下人民因为圣王有德，所以生活美满和乐。王肃引用《周礼》中的话，认为"乐"可以和谐邦国、百姓，能够让近人安乐，远人悦服。从中不难看出，作为经学家，王氏父子承袭了儒学传统中"移风易俗，莫善于乐"的主张，强调的是"乐"在礼仪教化、和谐人伦关系等方面的作用，而不是音乐自身的审美特性。

从"乐"的政教功能来看，其中发挥主要作用的是诗歌和舞蹈。因为诗歌可以贯彻道德教化的内容，而舞蹈则可以体现礼仪规范的要求。就此而言，可以说乐中有礼，礼中有乐，二者是不可分割的，这也是"乐"的一个主要特征。这种礼乐不分的状况，正是汉魏传统乐教观的基本内容。嵇康对此具有清醒的认识，但在他看来，礼和乐毕竟有着本质的不同。因此，他在讨论音乐教化的问题时，就将礼和乐进行了明晰的划分，这是嵇康乐论的一个突出特点。嵇康认为，在学校教育活动中：

---

① 〔清〕严可均：《全三国文》，北京：商务印书馆，1999年，214页。
② 同上书，228页。

> 丝竹与俎豆并存，羽毛与揖让俱用，正言与和声同发。使将听是声也，必闻此言；将观是容也；必崇此礼。……于是言语之节，声音之度，揖让之仪，动止之数，进退相须，共为一体。①

"丝竹"与"和声"是指音乐，"正言"指表达道德内容的诗歌，"羽毛"指舞蹈，而"俎豆"和"揖让"是指礼仪。在嵇康看来，乐教之所以能够发挥伦理教化的功能，是因为乐教活动本身是音乐、诗歌、舞蹈（礼仪）的统一。乐教的具体方式，就是将特定的音乐、特定的语言、特定的礼仪规范合为一体，使学生欣赏到一定的音乐，就必然听到一定的教化之言；看到一定的礼仪之容，就在不知不觉中产生对礼的崇敬。

首先，嵇康在这里将礼和乐明确区隔开来，将舞蹈中的"羽毛""俎豆""揖让"归之于礼，而不是归于乐。其次，嵇康对诗歌和音乐也进行了划分，区别了"言语"和"声音"。这种划分的意义在于，它结束了乐论传统中礼、乐不分的理论状态，从而让"乐"自身的问题凸显出来；同时，"乐"中诗歌、音乐、舞蹈的分离，也让我们进一步明晰了音乐自身的特性，使纯音乐进入了人们的视野。嵇康乐论中这种诗、乐、舞分离的现象，也说明在魏晋时期，原本结合在一起的各种艺术形式，正在走向独立和自觉。

嵇康的这种辨析工作，更根本的意义在于，它不再笼统地谈论"乐"，而是将重心转向了"音声"。而且这种转变不单纯是讨论重点的不同，而是价值关注点的转移。通观《声无哀乐论》，嵇康关注的主要不是"乐"的政教功能，而是音乐的审美特性，以及人们在音乐鉴赏过程中的审美心理变化。也就是说，音乐的审美价值才是嵇康乐论的核心，而不是音乐教化。这是一种时代价值观念的重大转变，是个体生命自我觉醒的重要表现之一。

---

① 戴明扬：《嵇康集校注》，北京：人民文学出版社，1962 年，223—224 页。

《世说新语·简傲》刘孝标注引《晋百官名》曰：

> 阮籍遭丧，往吊之。籍能为青白眼，见凡俗之士，以白眼对之。及喜往，籍不哭，见其白眼，喜不怿而退。康闻之，乃赍酒挟琴而造之，遂相与善。①

依照传统的社会轨仪，在阮籍居丧期间，嵇康带着酒和琴去看望他，绝对是一种违背礼教规范的行为。想象一下在丧礼上，一个朋友和孝子又弹琴、又喝酒，那些名教之士会有什么样的感慨，就知道嵇康和阮籍是何等的"大胆妄为"。然而在阮籍和嵇康的观念中，酒和音乐只是表达性情的一种手段和方式。惟其有真性情，故不居日常轨仪；惟其内心有真道德，所以外在形式可以不拘小节。反而那些假名教中人，倒是十分看重外在的礼仪形式，但内心未必有真性情、真仁义。所以在嵇康的观念中，音乐虽然和教化还没有完全脱离关系，但从根本上讲，它已经变为一种抒发性情的方式。这种从重视政教功能到重视抒发性情的转变，标志着音乐理论和实践，进入了一个新的阶段。

再看"律"和"音声"。

"乐律"连称之"律"，是指十二律。两汉以来，律历学和乐律学十分发达，而且日趋完善。首先，律是和中国古代的历法密切联系在一起的。在春秋战国时期，中国的先人已经注意到，一年四季的风气是各不相同的，并且逐渐学会了用特制乐器测定这种微妙气息的方法。汉人崇尚元气论和阴阳五行学说，慢慢用抽象的概念"气"，取代了前人所谓的"风气"，并且发展出完备的测气手段。十二律，就是他们所测得的一年十二月的"气"，每月对应一律。从当年阴历十一月到次年阴历十月，所对应的十二律分别是：黄钟、大吕、太簇、夹钟、姑洗、中吕、蕤宾、林钟、

---

① 余嘉锡：《世说新语笺疏》，上海：上海古籍出版社，1993年，769页。

夷则、南吕、无射、应钟。由于每一律都是用一个特定的律管来测定，所以在吹奏每个律管时，也就会得到十二个高低不同的乐音，因此十二律又指十二个不同的音调。汉人认为，人演奏的音乐会影响到天地阴阳之气的和谐与否。因此，为了不破坏天地之气的协调，在演奏音乐时，他们就把不同季节、月份的律音作为基准音，以顺应一年四季阴阳之气的变化。这样，乐和律也就联系在了一起。

由于十二律代表天地之气，而人在演奏音乐时又以之为基准音，所以乐律在汉人的观念中也就具有了某种神圣性，成为天人之间相互沟通的媒介。汉人在祭祀天地神祇和祖先时，就分别使用以不同律音为基准的乐曲，以此达到和神灵相沟通的目的，以便企求他们对人类的护佑和赐福。乐律学的核心就在于，它构建了一个天人合一的复杂系统。在这个系统中，"律"成为人和宇宙万物相互沟通的媒介；"天"可以以之向人示警，人也可以通过它了解上天之意，并达成二者的和谐统一。

由于乐律负有协调天人关系的重大使命，故此所测律音的准确与否，也就成了关系国家兴衰的大事，不能儿戏。据《后汉书·律历志上》和《晋书·律历志上》记载，每到一年的冬至和夏至，皇帝都会亲自参加测定律历的工作，可见其关乎社稷安危的重要性。尽管曹魏时期的皇帝大多不喜欢雅乐，但对音律还是十分重视的，魏武曹操就曾经命雅乐郎杜夔铸钟律[①]。西晋时荀勖掌管乐事，发现杜夔所作之律不准，就另起炉灶铸律。《宋书·律历志上》记载：

> 勖又以魏杜夔所制律吕，检校太乐、总章、鼓吹八音，与律乖错。始知后汉至魏，尺度渐长于古四分有余。夔依为律吕，故致失

---

① 《晋书·律历志上》："汉末纷乱，亡失雅乐。魏武时，河南杜夔精识音韵，为雅乐郎中，令铸铜工柴玉铸钟，其声均清浊多不如法，数毁改作，玉甚厌之，谓夔清浊任意，更相诉白于魏武王。魏武王取玉所铸钟杂错更试，然后知夔为精，于是罪玉。"（〔唐〕房玄龄：《晋书》，北京：中华书局，1974年，480页）

韵。乃部佐著作郎刘恭,依《周礼》更积秬起度,以铸新律。①

荀勖运用魏时杜夔所制定的律吕(十二律又分阴阳,阳称律、阴称吕),检校当时所存的官方之乐,发现彼此多有不合,认为是曹魏时所用的尺子比古尺长所导致的,因此命手下的乐官另测尺度,重新作律。那么,荀勖为什么要对律吕之度如此大动干戈呢?《宋书·律历志上》载荀勖之言云:

> 昔先王之作乐也,以振风荡俗,飨神佑贤,必协律吕之和,以节八音之中。是故郊祀朝宴,用之有制,歌奏分叙,清浊有宜。故曰"五声十二律,还相为宫。"此经传记籍可得而知者也。②

荀勖认为,先王作乐的目的是为了移风易俗、祭祀神祇、悦乐嘉宾,因此律吕必须要相互协和,以便对八音之器有所节制。而在祭祀和朝宴群臣的各种场合,都会分别使用以不同律音为准度的音乐,以适应天地之气的变化。所谓"五声十二律,还相为宫",就是说在不同的场合,要通过旋宫的方法,满足现实对音乐律调的不同要求。所以如此,就是因为十二律代表着天地之气。如果十二律的准度发生错误的话,就意味着人所演奏的音乐和天地之气不协调;而不协调的结果,就是扰乱天地阴阳之气,打破天人之间的和谐,导致上天的罪责和惩罚。荀勖所以如此重视律吕的准度,就是为了避免这种情况的出现。不管律吕在现实中是否拥有这么大的作用,但汉魏时期这种观念是十分流行的。

由此可见,从两汉到魏晋时期,十二律被赋予了某种神秘的功能,和悦人耳目的一般乐音(音声)具有本质上的差别。阮籍《乐论》说"达

---

① 〔梁〕沈约:《宋书》,北京:中华书局,2006年,219页。
② 同上书,213页。

道之化者可与审乐,好音之声者不足与论律也"①,就是强调律的这种神圣性,而单纯喜欢美妙"音声"的人,当然也就无法和他讨论"律"的问题了。阮籍的话同时也证明,魏晋时期已经出现了爱好音声而忽视律吕的现象。这种现象的出现,一方面,说明受传统经学影响的儒家乐论的衰微;另一方面,也说明音乐自身正在摆脱两汉乐律学的阴影,从神圣的地位上走下来,逐渐回归那个本应属于自己的位置——审美鉴赏的对象。

嵇康正好顺应了这个历史潮流,不再关注律吕问题,而是更加注重音乐自身的审美特性。尤其在《声无哀乐论》中,嵇康对律吕的神秘性进行了大胆的质疑,从而向两汉以来的律历学和乐律学传统提出了挑战。嵇康说:

> 难云:"师旷吹律,知南风不竞,楚多死声。"此又吾之所疑也。请问师旷吹律之时,楚国之风耶?则相去千里,声不足达。若正识楚风来入律中耶?则楚南有吴越,北有梁宋,苟不见其原,奚以识之哉?凡阴阳愤激,然后成风,气之相感,触地而发,何得发楚庭来入晋乎?……然律有一定之声,虽冬吹中吕,其音自满而无损也。今以晋人之气吹无损之律,楚风安得来入其中,与为盈缩耶?风无形,声与律不通,则校理之地无取于风律,不其然乎?岂独师旷博物多识,自有以知胜败之形,欲固众心而托以神微,若伯常骞之许景公寿哉!②

"师旷吹律"见《左传·襄公十八年》,传说晋人师旷通过吹律听声,发现南风势头衰弱,因此断定楚国的军队必然失败,所以劝大家不要担心。秦客引用此事,意在强调音律的神秘性。然而在嵇康看来,这件事本身就是值得怀疑的。他认为师旷吹律校声,听到的不可能是楚国的风;由

---

① 陈伯君:《阮籍集校注》,北京:中华书局,1987年,93页。
② 戴明扬:《嵇康集校注》,北京:人民文学出版社,1962年,211—212页。

于楚晋相去千里，楚国的风声怎么能到达晋国呢？如果说师旷听到的一定是楚国的风声，那么楚南是吴、越，楚北是梁、宋，为什么风声不能是吴、越或者梁、宋的呢？由此推断，师旷吹律之事是不可能的。嵇康认为，风是阴阳之气相互激荡形成的，楚风生在楚国的土地上，不可能来到晋国发出律声。

中吕是阴历四月之律，属于夏季的律音。由于每一律的音高都是固定的，所以嵇康认为，即便冬天吹夏律中吕，律音也会自满无损，不会因为季节的变化而改变。也就是说，律音是客观存在的声高，和人事并没有什么联系。而晋人师旷吹固定音高的律音，怎么可能测出楚国风声的盛衰呢？风是无形之物，风声和律音又互不相通，那么，考校人事吉凶之理，显然吹律听风是行不通的。由此，嵇康断然否定了律吕所具有的神秘功能。他认为师旷或许是因为见多识广，早就知道楚军必败的事实，但为了稳定军心，所以假托吹律、听风把事情神秘化，就像伯常骞欺骗景公，说自己能够祈祷上天为景公增加寿命一样。可见，汉魏以来一直为人所重视的律历、乐律之学，在嵇康这里遭到了质疑。

嵇康并不反对作为音乐调高的十二律，反对的只是对它的神秘化。从嵇康的理性分析可以看出，在他的观念中，律吕只是一些客观存在的音高。由于它们的物理特性是相对固定的，因此无论什么时候吹律，得到的都是一定的声音，不会因季节的变化而有所不同。那种企图吹律校声以测人事吉凶的做法，是没有根据的。而任何神化乐律功能的行为，在嵇康理性精神的解构下，理论基础再也不是牢不可破的，这无疑是对两汉乐律传统的一个反动。

汉魏时期的乐律传统，其侧重点还是天人关系及政教得失，所以整体上仍然属于政治哲学范畴，还不是真正的音乐理论。而嵇康对乐律学的解构和冲击，在反思传统的同时，也开启了乐论的新风尚，那就是对音乐自身的重视。嵇康论"声无哀乐"，重点讨论的不是"乐律"而是"音声"。所谓"音声"，又主要是指音乐，而且是纯音乐（器乐）。在嵇康的观念中，音乐的地位已经超越了乐律，成为其关注的中心。故从本质上讲，音乐已经是人的审美对象，而不再是天人沟通的媒介和手段。就此而言，这种从"乐律"到"音声"的重心转移，标志着真正的音乐理论逐渐开始成形。

谈到音乐时，嵇康主要用"音声"或"声音"。《声无哀乐论》云：

> 声音和比，感人之最深者也。①
> 夫音声和比，人情所不能已者也。②
> 声音之体，尽于舒疾；情之应声，亦止于躁静耳。③
> 宫商集比，声音克谐，此人心至愿，情欲之所钟。④

在嵇康的观念中，"音声"或者"声音"就是我们今天所谓音乐的代名词。当然，嵇康有时也用"声"或"音"指音乐，但已经很少再用"乐"或"律"。也就是说，由单纯的音响组合而形成的旋律、节奏、音色等形式因素，才是嵇康所说的音乐，而不再是作为综合艺术形式的"乐"。这种抽离了诗歌、舞蹈以后的"音声"，再去除带有神秘性的"律"，就成了一种纯粹的乐音组合形式，它的特征就是嵇康上文所说的和比、舒疾、克谐，即形式上的和谐。嵇康认为，这种和谐的乐音形式，能够深深地打动人情，甚至让人不能自已。从今天的角度来看，嵇康所谓"音声"，就是纯音乐，是不包含任何特定内容的乐音形式。在声乐，这种纯音乐就是一首歌的曲子；而器乐，则是这种纯音乐的最佳表现方式。嵇康《声无哀乐论》所言"音声"，主要就是指器乐：

---

① 戴明扬：《嵇康集校注》，北京：人民文学出版社，1962年，198页。
② 同上书，223页。
③ 同上书，216页。
④ 同上书，197页。

> 克谐之音，成于金石；至和之声，得于管弦也。①
> 凯乐之情，见于金石；含弘光大，显于音声也。②
> 哀思之情，表于金石；安乐之象，形于管弦。③
> 琵琶筝笛，间促而声高，变众而节数。④
> 琴瑟之体，间辽而音埤，变希而声清。⑤

嵇康常常用"金石""管弦""琵琶筝笛""琴瑟"等乐器名，来指称他所说的音乐。就连秦客在和东野主人讨论音乐时，更多所使用的也是这些名称。这一点可以说明，二人对彼此所讨论的对象是十分清楚的，他们争论的焦点不在声乐，而在器乐。因为声乐很容易带上人的主观情感，表现出哀乐之情；而器乐最大程度地排除了主观色彩的干扰，不容易表现出特定的情感倾向。嵇康在辩论中所以选中器乐，也是为了能更好地说明"声无哀乐"这一核心命题。嵇康的选择，有意或无意间将"纯音乐"问题凸显出来，大大促进了人们对音乐本质的重新审视和判定。

当嵇康把"音声"定位于器乐时，标志着他对音乐的理解已经摆脱了时代的束缚，进入一个更高的层次。尤其当他赞美郑声是最美妙的音乐时，他对音乐的价值评判已经是审美的，而不再是道德的和功利的，从而将乐论真正发展为音乐理论。因为音乐理论毕竟应该以音乐为主，而不是诗歌、舞蹈、政治教化，甚或神秘的天人感应。嵇康乐论探讨的主要对象，已经真正是音乐自身的问题，比如音乐的本质、音乐的审美境界、音乐审美活动中人的心理变化、音乐的审美功能等等。因此在今天看来，冯友兰先生的一个判断还是十分有见地的，他说："嵇康的《声无哀乐论》

---

① 戴明扬：《嵇康集校注》，北京：人民文学出版社，1962 年，208 页。
② 同上书，222 页。
③ 同上书，196 页。
④ 同上书，215 页。
⑤ 同上。

的要点,是明确地说明音乐的规定性,音乐的理,即究竟什么是音乐。就这个意义说,它是中国美学史上讲音乐的第一篇文章。"① 而从事实来看,嵇康探讨音乐的深度,无疑已经超越了冯先生之评价。

嵇康乐论突出"音声"的地位,力图将音乐从乐律中解放出来,是一种理论上的进步,对音乐艺术的自觉也具有一定的推动作用。而嵇康不再重视乐律的社会功能,转而重视音乐自身的审美特性,也使音乐从功利目的的包围中摆脱出来,逐步朝着超功利的纯粹艺术目标迈进。嵇康乐论的这种逻辑走向,同时也是音乐发展史的走向,那就是魏晋时期音乐艺术的自觉与独立。可以说,嵇康的乐论,正是这一时代潮流的理论体现。

第三节 从"以乐论道"到"以道论乐"

先秦以来,在中国乐论史上占据统治地位的是儒家。尽管在儒家的观念中,乐和礼常常是结合在一起的,但儒家毕竟拥有自己系统的音乐理论。然而作为制度的礼乐系统,在道家的观念中始终处于被排斥的地位。因此,当道家提到音乐的时候,要么认为音乐会扰乱人的心神,破坏人的天性和素朴之道;要么就是借助音乐来比喻和论述其所崇尚的道,但音乐并不是他们讨论的中心问题。故在汉魏以前,准确地说只有儒家乐论,而没有道家乐论。

魏晋时期,玄学家们接过老庄思想,对其进行了新的解释和发挥,将名教与自然合而为一,在一定程度上实现了儒家和道家思想的融合。但在音乐理论方面,王何、向郭等玄学家依然继承了老庄的做法,将音乐作为论道的凭借和手段,没有实现音乐理论的玄学化。尽管他们在解老、解庄的过程中,多多少少涉及了音乐,但核心并不是音乐本身,而是"有""无"等玄学问题,属于道论的范畴。真正实现以道论乐的是嵇康。尽管

---

① 冯友兰:《中国哲学史新编》(第四册),北京:人民出版社,1995年,86页。

嵇康的《声无哀乐论》没有将老庄挂在嘴边，但却切实地将"道"贯彻到了音乐理论当中，实现了音乐理论的玄学化。正是嵇康的这种天才转换，催生了玄学思想影响下的新的音乐观，让纯音乐成为理论探讨的对象，也从而产生了真正的音乐理论，而不再是儒家所谓的"乐论"。

嵇康以道论乐的第一个表现，是把"和"（道）作为音乐之本体。

在儒家音乐观中，"和"是乐音各种形式因素的和谐统一，也就是说，它是不同事物的综合。因此，"和"只是"多"的相互调和，而不是"多"的本原。但在嵇康看来，"和"具有宇宙本原之义，是万物之所由生，也是五声的根本和源头。故嵇康所说的"和"，相当于道家所说的"道"，是真正的"一"，而不仅仅是"多"的综合。这个"和"作为"一"，和王弼所说的万物之本体"无"是相通的。"无"虽然没有任何具体的规定性，但却包容着所有的可能性。嵇康所谓"和声"亦是如此，它没有具体之象，却可以引起一切象；它没有特定之情，却能兴发一切情。

正如汤用彤先生所言："夫声无哀乐（无名），故由之而'欢戚俱见'，亦犹之乎道体超象（无名），而万象由之并存。"[①] 在王弼看来，道体无名、无象，但因之而能令万象、众名俱存。因此，"无"和"有"虽不同，但又是合而为一的。嵇康乐论的核心观念正与此暗相契合，故曰声无哀乐，而欢戚之情得以并显。虽然历史记载王弼颇晓音律[②]，但观其言乐文字，依然是以音声论道为主，于音乐理论的发挥却并不多。从王弼现存的文献资料来看，集中体现其"音乐观"的，是《老子指略》中的一段话：

夫物之所以生，功之所以成，必生乎无形，由乎无名。无形无名

---

① 汤用彤：《汤用彤学术论文集》，北京：中华书局，1983年，219页。
② 《三国志·魏书·钟会传》注引何劭《王弼传》云："弼天才卓出，当其所得，莫能夺也。性和理，乐游宴，解音律，善投壶。"（〔晋〕陈寿撰、〔宋〕裴松之注：《三国志》，北京：中华书局，1998年，795页）

者,万物之宗也。不温不凉,不宫不商。听之不可得而闻,视之不可得而彰,体之不可得而知,味之不可得而尝。故其为物也则混成,为象也则无形,为音也则希声,为味也则无呈。故能为品物之宗主,苞通天地,弥使不经也。若温也则不能凉矣,宫也则不能商矣。形必有所分,声必有所属。故象而形者,非大象也;音而声者,非大音也。然则,四象不形,则大象无以畅;五音不声,则大音无以至。四象形而物无所主焉,则大象畅矣;五音声而心无所适焉,则大音至矣。故执大象则天下往,用大音则风俗移也。无形畅,天下虽往,往而不能释也;希声至,风俗虽移,移而不能辩也。①

以上文字有三重含义:其一,从开头至"味之不可得而尝"止,初步阐明作为万物之宗主的"道",其基本特征是无形无名。在王弼看来,万物的生成以及人世间功业德行的成就,都离不开无形无名的"道"。"道"是一切事物生成和存在的依据,是万物之宗主。既然"道"是万物的宗主,就不可能是万物中的一物,所以它不是温也不是凉、不是宫也不是商;"道"超越于人的听觉、视觉、味觉等身体感觉之外,故无形无名、不可琢磨。这个不可称谓、不可区分的"道",就是混沌未分的"一"。王弼《老子注》在谈到"道"时也说:"无状无象,无声无响,故能无所不通,无所不往。不得而知,更以我耳、目、体不知为名,故不可致诘,混而为一。"② 强调"道"虽然无形无名,但却无所不通、无所不能,指出了"无"和"有"的内在统一性。

其二,从"故其为物也则混成"到"则大音至矣",通过"象"和"音声"对"道"作进一步的解释。在王弼看来,"道"是无形之象、无声之音、无味之味。它是万物之宗、包通天地,故无限;而具体的事物,

---

① 楼宇烈:《王弼集校释》,北京:中华书局,1999 年,195 页。
② 同上书,31 页。

则是有限、有分别的。故此，有限而具体的"象"不是大象，有声而具体的"音"不是大音，因为大音希声、大象无形。值得注意的是，王弼认为，如果没有具体的形象，大象（道）也就不能得以畅通；没有具体的五声，大音（道）也就无法彰显，从而将五声和物象看作是"道"的具体体现。王弼进一步指出，万物虽然表现为形象，但形象却又不是物之宗主，那么大象（道）就通畅了；五声虽充盈于耳，但我们的内心却不执着于任何具体的音声，那么大音（道）便得到了彰显。也就是说，在王弼的观念中，离开了具体的物象和五声，"道"自身是无法显现的。

就"道"和五声的关系而言，老庄基本上反对具体的音乐，在价值判断上更倾向于淳朴未分的"大音"和"天籁"。而王弼的观点，无疑和老庄拉开了距离，不再停留于混沌未分的"一"，而是趋向"多"（五声），认为五声是彰显"道"的必要手段。故从理论上讲，老庄对具体的音乐还持否定的态度，而王弼则充分肯定了音乐存在的价值。就思维方式而言，老庄在逻辑上是"反朴归真"的回归式，而王弼在逻辑上则是向前的。这种思维方式转变的意义是重大的，因为它不仅肯定了形而上的"道"，也给予了形而下的"器"以应有的位置。毕竟，人更多情况下是和形而下的"器"而不是和形而上的"道"打交道。

其三，王弼认为，执大象（道）以御万物，则天下必归而顺之；因为大道得以畅行，所以天下百姓都会自然归于王化。而以"大音"（道）教化百姓，天下自然会风俗移易、民风淳朴。由此可见，王弼在这里所强调的是君王以"道"治理天下的重要性，而不是具体的行政手段和传统的礼乐教化。嵇康虽然不完全否定音乐的教化功能，但从根本上看，他的政治理想也是道家的无为而治，是大道流行的太平之世，而不是道德衰敝以后的礼乐教化。

尽管王弼整体上仍然是以乐论道，但他的思想对乐论的发展仍然具有积极意义，尤其和嵇康的音乐观具有内在的一致性。具体表现在：一、对"大音"和五声关系的论述；二、对"大象"和物象关系的论述。就"大音"和五声的关系而言,王弼认为"大音"是"一",是道;五声是"多",代表具体事物。"大音"是五声存在的依据,而五声又是"大音"的具体表现,没有五声的具体存在,"大音"也无法彰显出来。按照王弼哲学的逻辑,尽管"大音"为本,五声为末,但他在这里无疑充分肯定了"末"对于"本"的积极意义。故此可以说,王弼在论道的同时,也让音乐获得了相对独立的位置。

沿着这个理论方向向前、并让音乐艺术真正获得独立地位的是嵇康。嵇康的《声无哀乐论》不再以音乐论"道",而是把音乐本身作为探讨的真正对象,实现了由"以乐论道"到"以道论乐"的跨越。这种跨越,让音乐自身的地位凸显出来,而不再被无形的"道"所笼罩和淹没。同时,由于嵇康的音乐理论以改造后的"道"为形上学基础,从而使之具有了深厚的哲理内涵,为音乐的独立与自觉提供了思想动力。

就"大象"和物象的关系而言,王弼认为"大象"离不开具体的物象。由于"大象"无形无名,故只有通过具体的物象才能得以显现。而人要想把握"大象",也不能拘泥于特定的形象,因为大象不是任何具体之象。也就是说,"道"虽然无形、无象、无名,但它就体现在万事万物的具体形象当中,却又不是其中任何具体的形象。因此,在王弼的观念中,"道"作为"无",和作为万事万物的"众有"是和谐统一、不即不离的。这种观念引申到音乐中,就是嵇康关于"和声无象"的观念。

在嵇康的观念中,"和声"是类似于"无"的音乐本体,它虽然不是五声中任何具体的声音,但又离不开具体的五声,只有在五声的相互协调中,才能体现其美妙。就音乐审美活动而言,"和声"既然是混沌未分的"一",也就不包含具体的音乐形象。因为,它一旦拥有了具体的形象,也就发生了分化,不再是完整的"一",而是"多"。然而,也正是因为"和声"自身没有具体的形象,所以它才可能包容所有的艺术形象,让审美主体拥有最大的想象自由。这样,也就在音乐鉴赏中,实现了音乐自身的"一"和审美主体的"多"之间的统一。

尽管我们无法断定,《声无哀乐论》是否受到了王弼思想的影响,但二者之间这种理念上的默契,至少说明玄学思想对音乐理论的渗透,在嵇康这里结出了可喜的果实。

嵇康以道论乐的第二个表现,是对庄子"天籁"思想的发挥。

庄子用"天籁"比喻"道"。天籁无声,而万物皆以之有声;但万物发出万殊之声,并非"天籁"使然,而是它们自己如此。也就是说万物都有自己的天性,本来如此,非外力干预所致。嵇康抓住"吹万不同,而使其自己"这一点,在音乐活动中进行了引申。他把"和声"比作"天籁",把音乐鉴赏者比作万物。"和声"自身虽然没有特定的属性,但不同的鉴赏者听了,却会产生各种各样的情感;听众所以会有这种千差万别的心情,显然不是作为"一"的"和声"造成的,而是由听众自己的万殊之心所造就。

不难看出,嵇康并没有对庄子思想进行新的阐发,而只是直接用来讨论音乐问题。这本身就说明,嵇康对庄子思想是领会于心的,所以能够恰当地和音乐活动相对比,并活学活用。嵇康在大量音乐实践活动中注意到,由于人们的审美心理不同,所以在欣赏同一首曲子的时候,就会呈现出各种各样的情态。既然乐曲本身是相同的,那么原因就只能在欣赏者自己。这一点,恰好和庄子的"天籁"思想暗合。这种将庄子道论引入音乐理论的做法,大大加强了嵇康音乐观的形上学基础。也正是因为嵇康乐论奠基于如此丰厚的道家哲学基础之上,使得他的音乐观大大超越了当时传统的儒家乐论,呈现出一种全新的面貌。

嵇康由于对音乐的特殊关注和切身体会,所以能够准确抓住庄子的道论思想,援道入乐,阐发出精妙的音乐理论。而反观著名的庄学家向秀、郭象,虽然注《庄子》颇有心得,亦多有涉及音乐之处,但于音乐理论本身并没有多大建树。虽然我们探讨魏晋音乐观时,可以参考他们所提供的资料,但毕竟他们还停留在以乐论道的阶段。这从他们对"天籁"的解释就可以看出来:

> 夫天籁者，岂复别有一物哉？即众窍比竹之属，接乎有生之类，会而共成一天耳。无既无矣，则不能生有；有之未生，又不能为生。然则生生者谁哉？块然而自生耳。自生耳，非我生也。我既不能生物，物亦不能生我，则我自然矣。自己而然，则谓之天然。天然耳，非为也，故以天言之。以天言之，所以明其自然也，岂苍苍之谓哉！而或者谓天籁役物使从己也。夫天且不能自有，况能有物哉！故天者，万物之总名也，莫适为天，谁主役物乎？故物各自生而无所出焉，此天道也。①

向郭认为，"天籁"并不是独立于地籁和人籁之外的东西，而是地籁、人籁等宇宙万物的总称，即"万物之总名"，也就是"天"。因此在向郭的观念中，"天"并不是实体性的存在，不是我们日常所看到的蓝色天空（苍苍），而只是对万物的一个全称概念。从这个意义上说，"天"只是逻辑上的一个称谓，是真正的"无"。由此可见，向郭取消了作为宇宙万物之本原的"道"，从而将万物从被"道"役使的地位中解放出来，使它们获得了独立自主的地位。"道"既然是无，无又不能生有，那么万物（众有）是怎样产生的呢？向郭认为万物都是自生自有，此物既不能生彼物，彼物也不能生此物，它们都是自己生出来的，这就是"天然"，即自己而然。万物既然都是自生自有的，所以在万物背后并没有一个主宰万物的造物者，人们通常所说的"天"只是一个名称；而所谓的"天道"，也就是万物自生自有、并没有一个造物者的意思。

向郭的天道观，取消了王弼思想中作为宇宙万物之本体的"无"，让"众有"本身成为独立自足的本体。在他们的思想中，其实已经没有了"无"的地位，只剩下了"有"。这对《庄子》来说是一个创新，是一种取消了"天道"的天道观。依此推论，向郭并不否认人籁、地籁的地位与

---

① 〔清〕郭庆藩：《庄子集释》，北京：中华书局，1997年，50页。

意义，这和庄子重"天籁"的倾向是有差异的。这样，作为比竹之音的"人籁"，其地位也就得到了提高，而不再是伐性之釜。由于向郭拥有"圣人身在庙堂之上，然其心无异于山林之中"①的思想，认为名教即自然，所以俗世的音乐，当然也不会被他们所排斥。

由于向郭关注的重点不是音乐，所以他们对"天籁"的解释也就不可能引出音乐理论，这和他们以乐论道的着眼点是分不开的。他们谈"天籁"如此，即便直接谈到音乐时，中心也是道而不是音乐。向郭注《齐物论》"有成与亏，故昭氏之鼓琴也；无成与亏，故昭氏之不鼓琴也"时说：

夫声不可胜举也，故吹管操弦，虽有繁手，遗声多矣；而执钥鸣弦者，欲以彰声也，彰声而声遗，不彰声而声全。②

向郭认为，天地间美妙的音声是不胜枚举的，如果吹管操弦演奏音乐，即便是演奏高手，也必然会对美妙的音声有所遗漏。演奏音乐的目的是为了彰显音声，结果却导致美妙之音的缺失；假如不演奏音乐的话，反而能保全美妙音声的整体不被破坏。这里所讲的，其实是"一"（道）和"多"（万物）的问题，即执着于具体的事物，反而会丧失道；而不执着于具体的事物，才能真正把握"道"本身。向郭在这里虽然谈到音乐，但主旨却仍然是道。

如果我们把向郭和嵇康对"天籁"思想的发挥加以对比，就会发现一个有趣的现象：向郭对庄子的"天籁"虽然作了很多的解释，但于音乐理论却没有多大贡献；而在《声无哀乐论》中，嵇康尽管没有对"天籁"进行解释，却创造性地由此引申出独特的音乐理论，尤其对审美心理的深入发掘，可谓发人深省。这其中的原因：一是嵇康在音乐实践上的深刻体

---

① 〔清〕郭庆藩：《庄子集释》，北京：中华书局，1997 年，28 页。
② 同上书，76 页。

验，二是他对庄子思想的透彻领悟。正是这二者的有机结合，造就了嵇康音乐理论的独创性。

嵇康与王弼、向郭等人的差异，当然在于他们的关注点不同。王弼、向郭等人长于玄论，在形上学问题上有杰出的天分和浓厚的兴趣，故其形上学成就高于嵇康。而嵇康的特异之处则在于，将玄远之学的精神贯彻到了音乐理论中，实现了由形而上到形而下的转变。道论固然高明，但将道论落实到具体事物当中，同样也是高深的学问。故此，从"以乐论道"到"以道论乐"的转变看似简单，实则并不是一件容易的事情。二者虽然都源自道家思想，但前者是对道家思想的重新阐释，而后者则在道家思想基础上，构建了一种新的音乐理论。

当我们谈到魏晋乐论的时候，除了嵇康《声无哀乐论》、阮籍《乐论》等之外，我们还会谈到王弼、向郭等人的音乐观。然而准确言之，前者可以说拥有音乐理论，而后者则只能说拥有关于音乐的言论。其中的不同就在于，嵇康、阮籍是在以某种思想论音乐，而王弼、向郭这样的思想家，则仅仅是顾音乐而言他，没有真正意义上的音乐理论。

第四节　音乐之独立与自觉

魏晋时期是文艺走向独立和自觉的年代，音乐也不例外。作为音乐自觉的理论拓荒者，嵇康提出了《声无哀乐论》，他的主张集中体现了音乐走向独立与自觉的这一历史文化潮流。从理论上讲，嵇康的音乐观不仅推动了音乐艺术向自身的回归，同时也赋予了音乐鉴赏者充分的审美自由，从两个方向促进了音乐的独立和自觉。此外，音乐史的发展也证明，魏晋时期已经出现了纯音乐"但曲"；而且大量的音乐资料，也证明主体在音乐审美活动中，已经获得了高度的精神自由。这样，音乐（纯音乐）也就真正成为一门独立自足的艺术形式。

但凡一门艺术形式的自觉，理论上可以从两个方面进行考察：一是该门艺术作为审美客体向自身的回归,二是人作为审美主体向自身的回归。对于音乐而言,这个问题就转化成:一、"纯音乐"的出现及其地位的确立;二、音乐鉴赏者审美自由的确立。

对于我们现代人而言,音乐可以粗略划分为两类,即声乐和器乐。声乐是指由人唱出的乐曲,歌唱中通常有歌词并配有乐器伴奏。本书所谓"声乐"单指人声,不包括歌词和伴奏,即仅指由人声所唱出的旋律、节奏、音色等形式因素。器乐是指乐器演奏出来的乐曲,在本书中,亦仅指由乐器之声所演奏出的旋律、节奏、音色等形式因素。因此在笔者看来,所谓纯音乐,也就是指由人声、乐器之声所构成的旋律、节奏、音色等形式因素,并不包含某些特定的内容;故此,纯音乐是指由纯形式所构成的乐曲。从严格意义上讲,纯音乐才是我们今人所说的音乐。而我们所谓音乐的自觉,首先即是指纯音乐独立地位的确立;而随着纯音乐独立地位的确立,音乐鉴赏者的审美自由也就得到了极大的解放。嵇康的《声无哀乐论》,对音乐自觉的这两个方面,都作出了积极的回应,可以视为汉魏音乐自觉的重要标志。

一、纯音乐地位的确立及"但曲"的出现。

我们知道,嵇康《声无哀乐论》所讨论的"音声",主要是指器乐,即纯音乐。由于嵇康将礼、乐分离,并将"音声"从传统的综合艺术"乐"中分离出来,并赋予其独立自足的地位,也就意味着纯音乐从理论上获得了确认。而嵇康在古琴演奏和作曲方面的实践经验,则让纯音乐的概念不仅具有学理上的依据,同时也具有坚实的音乐实践基础。

纯音乐独立地位的确立,为音乐鉴赏者提供了自由的想象空间。当礼、乐合而为一的时候,礼是其中的重点,这就决定了听乐者必须遵循礼仪的规范,而不能仅仅陶醉于对音乐的欣赏。在诗歌、音乐、舞蹈合一的情况下,古人为了发挥"乐"的政教功能,诗歌及舞蹈表演又往往会成为主角,纯音乐则只能处于陪衬的地位,不能引起审美主体的足够注意。然而当纯音乐出现在鉴赏者面前时,音乐自身才成为真正的主角,审美主体也得以充分发挥自由的想象，体会音乐自身的美。这样，音乐本身和音乐鉴赏者也就都实现了向自我的回归。

嵇康从理论上对纯音乐的肯定，和音乐史的发展是一致的。在魏晋时期，尽管诗歌、音乐、舞蹈时常还是结合在一起的，但独立自足的纯音乐也已经出现，那就是"但曲"，即纯粹的器乐演奏曲。《乐府诗集》卷四一《相和歌辞十六·楚调曲上》记载：

> 张永录云："未歌之前，有一部弦，又在弄后，又有但曲七曲：《广陵散》、《黄老弹飞引》、《大胡笳鸣》、《小胡笳鸣》、《鹍鸡游弦》、《流楚》、《窈窕》，并琴、筝、笙、筑之曲，王录所无也。其《广陵散》一曲，今不传。"①

正如"但歌"是指没有乐器伴奏的清唱一样，"但曲"则是指不伴有歌唱的纯器乐。张永是南朝宋人，擅长音律，著有《元嘉正声伎录》，记载了宋及其以前的音乐状况。上文《乐府诗集》节录的这段记述告诉我们，在当时纯器乐已经十分发达。通常在歌唱之前，会有器乐作为前奏；更重要的是，还出现了独立演奏的器乐曲"但曲"。张永此处记录的七首"但曲"，其中的《广陵散》《鹍鸡游弦》《流楚》《窈窕》，在嵇康《琴赋》中都已经提到，而且《广陵散》更是嵇康毕生所爱。

由此可见，纯器乐曲在魏晋时期已经出现，并得到了长足的发展。这些独立器乐曲的出现，无疑推动了音乐鉴赏者主体意识的自觉。而嵇康乐论所以直指纯音乐，就是这种主体意识的反映。纯音乐的出现，也让人们充分认识到传统音乐观中所存在的问题，并开始了认真的反省，嵇康就是其中杰出的代表。这种反省不可避免地造成了对传统的解构和反动，使音乐从沉重的功利目的中解脱出来，也让主体获得了充分的审美自由。

---

① 〔宋〕郭茂倩：《乐府诗集》，北京：中华书局，1998年，599页。

二、乐无雅郑与妙声感人。

先秦以来,儒家传统乐论一直认为,音乐有雅乐和郑声之分。及至汉魏时期,虽然郑卫之音愈来愈受到帝王及文艺之士的青睐,但受两汉经学传统的影响,经学之士依然崇雅乐而斥郑声。所以如此,就在于儒家传统乐论认为,雅乐是德政中和之音,有利于对百姓进行教化;而郑卫之音则淫邪奢靡,会败坏人的德行。也就是说,在儒家乐论传统中,音乐本身是有道德属性的,而且这种道德属性还会感染他人,所以主张存雅乐放郑声。

嵇康《声无哀乐论》认为,所谓淫邪和中正,都属于人内心的品质,不是音乐的属性。只要一个人品性端正,雅乐、郑声都可以欣赏;相反,如果一个内心邪淫,就是听雅乐也不会有什么效果。所以在嵇康看来,社会道德沦丧不是音乐的责任,而是统治者自己的道德品质和施政措施出了问题。这样,嵇康也就从音乐中剥离了本不属于它的道德属性,以还原音乐的本来面目。

嵇康的音乐观所以会发生这种转变,就在于嵇康讲的"乐"是纯音乐,而儒家传统所讲的"乐"是诗歌、音乐、舞蹈的合一。纯音乐只有旋律、节奏、音色等形式因素,不包含特定的内容;而诗歌、音乐、舞蹈的合一,除了纯音乐的形式因素之外,还有诗歌所表达的情感、志趣,以及舞蹈表演的故事情节和行为举止。故此,前者不能表达人伦内涵,不具有道德属性;而后者则完全可能包含具有伦理道德性质的内容,从而产生雅正、淫邪之分。

由于嵇康将道德属性排除在音乐之外,无形中突出了音乐形式上的审美特性。传统雅乐在形式上中和、平正、缺少变化,所以不容易吸引人;而所谓郑卫之音,形式上则往往变化繁复,故旋律跌宕、节奏舒畅、音色圆润而窈窕,因此很容易令人流连忘返。所以嵇康才会说:"若夫郑声,是音声之至妙",认为郑声在形式上是音乐中最美妙的乐曲。嵇康对郑声的这种充分肯定,使音乐不再仅仅成为道德教化的工具,而成为真正的审美对象；同时，审美主体也从音乐的道德目的中解放出来，获得了更大的审美自由。

三、和声无象与想象自由。

在汉魏乐论传统中，音乐自身往往拥有特定的"乐象"。通过这些乐象，音乐的创作者（包括演奏者）可以把自己的心念传达给听众；而高超的音乐鉴赏者，也可以通过乐象准确地获知创作者的心意。在汉魏士人的心目中，这种观念占据着统治地位。依此推论，不同的人在欣赏同一首乐曲时，他们所领会到的乐象和音乐的内涵应该是相同的。然而事实却与此相反，不同的鉴赏者听同一首曲子，他们内心的想象却千差万别。所以，从音乐审美活动的角度考察，汉魏人的乐象观不仅是错误的，而且大大束缚了审美主体的自由想象。

由于嵇康深谙音乐的创作、演奏与欣赏，所以他敏锐地意识到汉魏乐象观的问题之所在，提出了"和声无象"的观点。在他看来，音乐的本质就是和谐的乐音形式，体现为一定的旋律、节奏、音色等等，所以不可能传达某些特定的艺术形象。这样，嵇康就扫除了音乐中的特定形象，使鉴赏者不再为某些固定的观念模式所束缚，让审美主体充分发挥自己的自由想象，以领略和解读音乐自身的奥妙。然而，当嵇康在《声无哀乐论》中主张"和声无象"，又在《琴赋》中充分发挥自由想象的时候，却有学者认为是自相矛盾。但事实上，这恰恰是嵇康音乐理论的高妙之所在。

四、声无哀乐与哀乐自主。

音乐自身到底有没有情感，这是一个看似简单、却又十分棘手的问题。在嵇康所处的汉魏时期，人们普遍认为音乐自身是有哀乐的。即便今天，我们也经常会这样说："这是一首哀伤的曲子，那是一首欢快的曲子。"好像乐曲本身和人一样，是有情感的。然而严格来讲，我们只能说："这首曲子听起来是令人悲伤的，那首曲子听起来是令人快乐的。"这其中的关键是欣赏者，而不是音乐形式自身。一首乐曲自身的形式是确定的，然而不同的人听了，可能会哀伤，也可能会快乐，这是由不同的审美期待所造成的。内心哀伤的人听音乐,兴发出来的就是哀伤;内心快乐的人听同一首曲子,兴发出来的就是快乐。①

嵇康在音乐实践中充分注意到了这一现象,并提出了绝响千古的"声无哀乐论"。嵇康虽然否定音乐自身具有哀乐,但这并不妨碍人们在欣赏音乐时可以产生哀乐。恰恰相反,正是因为嵇康扫除了音乐中特定的情感因素,所以才把审美主体解放出来,使之获得了充分的审美自由;而人欣赏音乐时情感的兴发,则完全取决于主体内在的审美心理。这样一来,也就让音乐和审美主体,同时从特定的情感桎梏中摆脱出来,获得了自由的空间。

通过以上分析我们发现,嵇康不仅从理论上确立了纯音乐的地位,同时也从音乐中剥离了道德、形象、情感等本不属于音乐的因素,使音乐获得了前所未有的独立自足性。嵇康这样做的结果,让音乐自身只剩下了形式因素,即嵇康心目中的"音声",也就是我们今人所谓的纯音乐。这样的纯音乐,经过嵇康大胆的剥离工作之后,也就没有了任何特定的内涵。然而,正是因为音乐没有了任何特定的内涵,所以它就可以包容一切内涵,此亦音乐独立自觉的核心内容之所在。因为只有音乐回归自身,才能让音乐鉴赏者获得真正的自由;而由于音乐没有特定的内涵,审美主体才可以赋予它一切内涵。从理论上讲,嵇康的《声无哀乐论》,已经达到了这样的思想高度。

音乐的独立与自觉,不仅体现在理论上,在魏晋时期的音乐实践活动

---

① 有人可能还会反驳说:"有些曲子,大多数人听了都会哀伤;有些曲子,大多数人听了都会快乐。这说明,音乐本身还是有哀乐的。"笔者认为,这种情况当然是有的,但并不能说明音乐自身是有情感的。音乐作为一种纯形式的艺术,主要因素包括旋律、节奏、音色等。高超的音乐家,由于深切体会人生命的内在律动,所以往往会利用音乐的形式模拟人内在的心运(快乐时的心运以及悲伤时的心运)。当人倾听这些乐曲的时候,人的内在心运就会和音乐的形式发生共鸣,从而兴起人相似的情绪,而且这种情况也具有普遍性。但情感总是属于人的,只有人才具有真正意义上的情感;音乐作为一种有机的音响组合形式,终究只是一种物质形式的存在,不可能具有哀乐等情感。

中，也有充分的体现，尤其审美主体的自觉。在魏晋士人的心目中，音乐很大程度上已经成为他们抒发性情的凭借，而不再是政治教化的工具，对于名士而言更是如此。魏晋时期的名士们，在老庄玄风的熏陶下，逐渐养成一种放达任性的人格风范。而政治腐败及社会矛盾所带来的人生苦难，又让他们生活在极深的心灵折磨当中。这种内外交困，迫使他们到艺术中去寻求短暂的解脱，从而大大促进了艺术活动的自觉。嵇康的《声无哀乐论》，就是在这样的背景下诞生的。

其实，艺术的自觉，首先是人的自觉。因为有了嵇康的自觉，所以才有音乐理论的自觉。同样，有了审美主体的自觉，也才会有音乐艺术形式的自觉，而魏晋时期恰恰具备了这种条件。如果查阅一下魏晋时期有关音乐的传说，就可以清晰地感受到审美主体的这种自我觉醒。

魏晋人喜欢音乐，这是学界习知的事实。若嵇康临终弹奏《广陵散》，不哀身之将死，而是痛惜自己最心爱的琴曲没有了传人，足见在其胸次中，音乐占有极其重要的地位。又鱼豢《魏略》曰："游楚好音乐，乃畜琵琶、筝，每行，将以自随。"① 游楚因为喜欢音乐，竟至于无论走到哪，都要带上自己心爱的乐器，以便随心弹奏。他们这种对音声之美的执着与不舍，生动地描画出魏晋士人独树一帜的审美追求和心灵取向，即个体生命的觉醒和自我昭显。这种倾向入晋以后更加突出，尤其在部分名士身上，体现得淋漓尽致。东晋士人王子猷和桓子野的一段逸闻，可以称得上是对"为艺术而艺术"（音乐艺术之自觉）的绝佳注脚。《世说新语·任诞》云：

> 王子猷出都，尚在渚下。旧闻桓子野善吹笛，而不相识。遇桓于岸上过，王在船中，客有识之者，云是桓子野。王便令人与相闻云："闻君善吹笛，试为我一奏。"桓时已贵显，素闻王名，即便回下车，

---

① 〔宋〕李昉：《太平御览》，北京：中华书局，1998年，2602页。

踞胡床，为作三调。弄毕，便上车去。客主不交一言。①

王子猷即王徽之，是王羲之之子，性好音乐。桓伊，字叔夏，小字野王，又称桓子野，擅长演奏筝、笛。二人都性好音声，又是当时的名士，可谓早已相知，只是未曾谋面。而两人的第一次见面，居然如上文所言，如此的富于戏剧性：王徽之喜欢桓子野的笛子演奏，而子野便下车从容为之三弄，而后主客各自上路离去，竟然不交一言。因为两人是以音乐相知、相见、相欢，那么一切的情思就都已经融汇在音乐中了，言语反而是多余的。故此音乐奏毕，主客无需说一句话而竟自离去，才真正凸显音乐的魅力和音乐家的一往情深。

音乐家的激情当然更多的是体现在演奏过程中，他们超越自我和外在世界的审美情怀，在音乐演奏过程中往往表现得最为酣畅，也最能体现审美主体的真正自觉——完全进入一种超功利的审美状态。以下事件就体现了这一点：

《晋书·阮瞻传》云：

瞻字千里。……善弹琴，人闻其能，多往求听，不问贵贱长幼，皆为弹之。神气冲和，而不知向人之所在。②

又《艺文类聚》卷四四引《语林》云：

桓野王善解音。晋孝武祖宴西堂，乐阕酒阑，将诏桓野王筝歌。野王辞以须笛，于是诏其常吹奴硕，赐姓曰张，加四品将军，引使上

---

① 余嘉锡：《世说新语笺疏》，北京：中华书局，1993 年，760 页。
② 〔唐〕房玄龄：《晋书》，北京：中华书局，1974 年，1363 页。

殿。张硕意气激扬，吹破三笛，末取睹脚笛，然后乃理调成曲。①

阮瞻是阮咸之子，善于弹琴，无论老少贵贱，只要人家喜欢听，他都不会拒绝。虽然看上去他神情冲和恬淡，但弹起琴来却十分投入，至于身边有什么人都忘得一干二净。由此可见，阮瞻并没有因为听琴的人贵贱老少不等，就存有功利之心，而是超越了自我和外在束缚，完全沉浸在自由的审美境界中。如果说阮瞻忘我的审美心境是平和恬淡的，那么桓子野的乐奴张硕吹笛时所表现出来的，就是一种激越跌宕的审美境界，以至于意气激扬、吹破了三支笛子，最后拿来桓野王珍藏的名器"睹脚笛"，才调理成曲。以上二人的音乐演奏，无不体现了审美主体的高度自由。

由于东晋音乐家对音乐的特殊酷爱，加之他们率性任情的作风，故往往能超脱世俗的羁绊，通过音乐来排遣内心深处的情怀。而在当时玄风大畅的社会氛围中，音乐家们独抒性灵但却违背常理的种种怪诞之举，也获得了礼法之士的一定宽宥。今天我们有幸还能看到这方面的一些记载。

《世说新语·伤逝》曰：

> 王子猷、子敬俱病笃，而子敬先亡。子猷问左右："何以都不闻消息？此已丧矣！"语时了不悲。便索舆来奔丧，都不哭。子敬素好琴，便径入坐灵床上，取子敬琴弹。弦既不调，掷地云："子敬！子敬！人琴俱亡。"因恸绝良久，月余亦卒。②

> 顾彦先平生好琴，及丧，家人常以琴置灵床上。张季鹰往哭之，不胜其恸，遂径上床，鼓琴，作数曲竟，抚琴曰："顾彦先颇复赏此不？"因又大恸，遂不执孝子手而出。③

---

① 〔唐〕欧阳询：《艺文类聚》，上海：上海古籍出版社，2007 年，785 页。
② 余嘉锡：《世说新语笺疏》，北京：中华书局，1993 年，644 页。
③ 同上书，639 页。

王献之字子敬，是王子猷之弟，兄弟间一往情深。顾荣字彦先，张翰字季鹰，二人同为吴人，交契甚笃，故朋友相惜。通过以上两则逸闻，魏晋士人的率意任性跃然进入我们的视野。当子猷、季鹰因失弟、失友而悲恸不能自已时，竟然直上亡者的灵床、把琴而弹，以寄托丧失亲友的哀伤。这种举动在今天看来，依然属于失礼的行为，为一般人所不容。然而，正因为他们与逝者心心相印，又彼此以音乐相知，便不觉忘却日常礼仪的要求，不拘常节、任情而动，做出这般近似荒诞却又尽情尽性的行为，将人性中弥足珍贵的真性灵，一览无余地展现在世人面前。这种人性的解放与舒展，同时也向我们昭示了音乐的魅力，标志着审美主体获得了高度的精神自由，人性中的真、善、美在此合而为一，散发着迷人的力量与光彩。人性觉醒了，音乐也因之而觉醒了。

　　当历史跨入魏晋的时候，人性因种种际遇而走向自觉，并凭借艺术散发出自己无尽的魅力。音乐作为一门具体的艺术形式，同样也体现了这一历史演进的趋势。嵇康的音乐理论，和魏晋士人放达率性的音乐实践交相辉映，为我们留下了一份绚丽而丰厚的精神财富。然而我们必须指出的是，音乐艺术的独立与自觉，是魏晋士人在承受着巨大的心灵痛苦时，生命所散发出的光辉。也就是说，魏晋时期光彩夺目的艺术成就，不是艺术家们绚丽生命的写照，而是他们人生苦痛的一种折射，嵇康亦是如此。由是而言，个体生命的觉醒，审美主体的觉醒，音乐艺术的觉醒，乃至魏晋时期整个文艺上的觉醒，无不是以人生的磨难和心灵深处的痛苦为代价的。

　　当我们庆幸魏晋时期音乐的独立与自觉时，也应该看到，在嵇康等音乐家和理论家所取得的成就背后，恰恰是他们人生的苦难和不幸。

附录 图版

图一
湖北江陵战国楚墓出土
"虎座鸟架鼓"

图二
战国铜器
"刻文宴乐画像桮"画像（摹本）

参考文献

一、主要参考书目

（一）古籍部分

戴明扬：《嵇康集校注》，北京：人民文学出版社，1962年。

戴明扬：《嵇康集校注》（上下），北京：中华书局，2004年。

鲁迅：《鲁迅辑录古籍丛编》，北京：人民文学出版社，1999年。

韩格平：《竹林七贤诗文全集译注》，长春：吉林文史出版社，1997年。

余嘉锡：《世说新语笺疏》：上海：上海古籍出版社，1993年。

〔清〕严可均：《全汉文》，北京：商务印书馆，1999年。

《全后汉文》，北京：商务印书馆，1999年。

《全三国文》，北京：商务印书馆，1999年。

《全晋文》，北京：商务印书馆，1999年。

〔梁〕萧统辑、〔唐〕李善注：《文选》，上海：上海书店，1993年。

〔唐〕欧阳询：《艺文类聚》，上海：上海古籍出版社，1982年。

〔东汉〕班固：《汉书》，北京：中华书局，1975年。

〔南朝宋〕范晔：《后汉书》，北京：中华书局，1973年。

〔晋〕陈寿撰、〔宋〕裴松之：《三国志》，北京：中华书局，1998年。

〔唐〕房玄龄：《晋书》，北京：中华书局，1974年。

〔梁〕沈约：《宋书》，北京：中华书局，1974年。

〔梁〕萧子显：《南齐书》，北京：中华书局，2007年。

〔唐〕魏徵：《隋书》，北京：中华书局，2000年。

〔东汉〕桓谭:《新论》,上海:上海人民出版社,1977 年。

〔宋〕郭茂倩:《乐府诗集》,北京:中华书局,1998 年。

〔宋〕林希逸(著)、周启成(校注):《庄子鬳斋口义校注》,北京:中华书局,1997 年。

〔清〕郭庆藩:《庄子集释》,北京:中华书局,1997 年。

〔清〕沈德潜:《古诗源》,北京:中华书局,2000 年。

〔清〕陈立:《白虎通疏证》,北京:中华书局,1997 年。

〔清〕王先慎:《韩非子集解》,北京:中华书局,1998 年。

〔清〕王先谦:《荀子集解》,北京:中华书局,1997 年。

〔清〕王季培:《潜夫论笺校正》,北京:中华书局,1997 年。

楼宇烈:《王弼集校释》,北京:中华书局,1999 年。

陈伯君:《阮籍集校注》,北京:中华书局,1987 年。

王明:《太平经合校》:北京:中华书局,1997 年。

王明:《抱朴子内篇校释》:北京:中华书局,1996 年。

范文澜:《文心雕龙注》,北京:人民文学出版社,2000 年。

姜书阁:《文心雕龙绎旨》,济南:齐鲁书社,1984 年。

程树德:《论语集释》,北京:中华书局,1997 年。

杨伯峻:《列子集释》:北京:中华书局,1997 年。

《论语译注》,北京:中华书局,2000 年。

《春秋左传注》,北京:中华书局,2000 年。

上海师范大学古籍整理研究所:《国语》,上海:上海古籍出版社,1998 年。

赵善诒:《说苑疏证》,上海:华东师范大学出版社,1985 年。

向宗鲁:《说苑校证》,北京:中华书局,1987 年。

刘文典:《淮南鸿烈集解》,北京:中华书局,1997 年。

黄晖:《论衡校释》,北京:中华书局,1996 年。

饶宗颐:《老子想尔注校证》,上海:上海古籍出版社,1991 年。

〔日〕安居香山、中村璋八:《纬书集成》,石家庄:河北人民出版社,1994 年。

陈士珂：《孔子家语疏证》，上海：上海书店，1987年。

〔魏〕王肃注：《孔子家语》，上海：上海古籍出版社，1990年。

〔宋〕赜藏主辑：《弘明集·广弘明集》，上海：上海古籍出版社，1991年。

徐湘霖：《中论校注》，成都：巴蜀书社，2000年。

王利器：《吕氏春秋注疏》，成都：巴蜀书社，2002年。

《颜氏家训集解》，北京：中华书局，2002年页。

袁行霈：《陶渊明集笺注》，北京：中华书局，2003年。

李零：《郭店楚简校读记》，北京：北京大学出版社，2002年。

〔唐〕张彦远：《法书要录》，北京：人民美术出版社，2004年。

《历代名画记》，北京：人民美术出版社，2004年。

于安澜：《画品丛书》，上海：上海美术出版社，1982年。

《汉魏古注十三经》：北京：中华书局，1998年影印版。

《太平御览》：北京：中华书局，1998年影印版。

《两汉纪》：北京：中华书局，2002年。

《道藏》，文物出版社、上海书店、天津古籍出版社，1992年影印本。

（二）现当代部分

吉联抗：《嵇康·声无哀乐论》，北京：音乐出版社，1964年。

庄万寿：《嵇康研究及年谱》，台北：台湾学生书局，1990年。

张节末：《嵇康美学》，杭州：浙江人民出版社，1994年。

蔡仲德：《〈乐记〉〈声无哀乐论〉注译及研究》，杭州：中国美术学院出版社，1997年。

张蕙慧：《嵇康音乐美学思想探究》，北京：文津出版社，1997年。

谢大宁：《历史的嵇康与玄学的嵇康》，台北：文史哲出版社，1997年。

牛贵琥：《广陵余响》，北京：学苑出版社，2004年。

童强：《嵇康评传》，南京：南京大学出版社，2006年。

顾志坤：《竹林七贤之嵇康传》，北京：团结出版社，2007年。

萧登福：《嵇康研究》，台北：花木兰文化出版社，2008年。

曾春海：《嵇康的精神世界》，郑州：中州古籍出版社，2009年。

卢政：《嵇康美学思想述评》，北京：中国社会科学出版社，2011年。

牟宗三：《才性与玄理》，长春：吉林出版集团有限责任公司，2010年。

田文棠：《魏晋三大思潮论稿》，西安：陕西人民出版社，1988。

汤用彤：《汤用彤学术论文集》，北京：中华书局，1983年。

《理学·佛学·玄学》，北京：北京大学出版社，1991年。

刘大杰：《魏晋思想论》，上海：上海古籍出版社，1998年。

容肇祖：《魏晋的自然主义》，北京：东方出版社，1996年。

贺昌群：《魏晋清谈思想初论》，北京：商务印书馆，2000年。

冯友兰：《中国哲学史新编》（第四册），北京：人民出版社，1995年。

侯外庐：《中国思想通史》（第三卷），北京：人民出版社，1995年。

许抗生：《魏晋玄学史》，西安：陕西师范大学出版社，1989年。

余敦康：《何晏王弼玄学新探》，济南：齐鲁书社，1991年。

《魏晋玄学史》，北京：北京大学出版社，2004。

任继愈：《中国哲学发展史》（魏晋南北朝卷），北京：人民出版社，1998年。

《中国道教史》，上海：上海人民出版社，1997年。

汤一介：《郭象与魏晋玄学》（增订本），北京：北京大学出版社，2000年。

章启群：《论魏晋自然观》，北京：北京大学出版社，2000年。

唐翼明：《魏晋清谈》，北京：人民文学出版社，2002年。

曾春海：《两汉魏晋哲学史》，台北：五南图书出版公司，2002年。

戴琏璋：《玄智、玄理与文化发展》，台北："中央"研究院中国文哲研究所，2002年。

康中乾：《有无之辨》，北京：人民出版社，2003年。

姚维：《才性之辨》，北京：人民出版社，2007年。

林丽真：《魏晋清谈主题之研究》，台北：花木兰文化出版社，2008年。

沈维华：《魏晋言意思想研究》，台北：花木兰文化出版社，2009年。

陶建国：《两汉魏晋之道家思想》（上下），台北：花木兰文化出版社，2010年。

吴秉勋：《魏晋气化思想研究》，台北：花木兰文化出版社，2011 年。

才清华：《言意之辨与语言哲学的基本问题》，上海：上海人民出版社，2013 年。

陈寅恪：《金明馆丛稿初编》，北京：三联书店，2001 年。

《金明馆丛稿二编》，北京：三联书店，2001 年。

《魏晋南北朝史讲演录》，合肥：黄山书社，1999 年。

吕思勉：《吕思勉读史札记》，上海：上海古籍出版社，1982 年。

《两晋南北朝史》（上下），上海：上海古籍出版社，2006 年。

周一良：《魏晋南北朝史论集》，北京：北京大学出版社，1997 年。

《魏晋南北朝史论集续编》，北京：北京大学出版社，1991 年。

《魏晋南北朝史札记》，北京：中华书局，2007 年。

唐长孺：《魏晋南北朝史论拾遗》，北京：中华书局，1983 年。

《魏晋南北朝史论丛》（外一种），石家庄：河北教育出版社，2002 年。

田余庆：《东晋门阀政治》，北京：北京大学出版社，2000 年。

刘汝霖：《汉晋学术编年》，北京：中华书局，1987 年。

《东晋学术编年》，北京：中华书局，1987 年。

陆侃如：《中古文学史系年》（上下），北京：人民文学出版社，1998 年。

曹道衡、刘跃进：《南北朝文学编年史》，北京：人民文学出版社，2000 年。

钱锺书：《管锥编》，北京：中华书局，1990 年。

《谈艺录》，北京：中华书局，1996 年。

《〈乐记〉论辩》，北京：人民音乐出版社，1983 年。

李纯一：《先秦音乐史》，北京：人民音乐出版社，1994 年。

王瑶：《中古文学史论》，北京：北京大学出版社，1998 年。

王国维：《人间词话》（《蕙风词话》、《人间词话》合订本），北京：人民文学出版社，1999 年。

宗白华：《美学散步》，上海：上海人民出版社，1981 年。

《艺境》，北京：北京大学出版社，1999 年。

朱光潜：《朱光潜全集》（第二卷），合肥：安徽教育出版社，1996 年。

李泽厚：《美的历程》，北京：文物出版社，1989 年。

李泽厚、刘纲纪：《中国美学史》（第二卷），北京：中国社会科学出版社，1987 年。

敏泽：《中国美学思想史》（上下），长沙：湖南教育出版社，2004 年。

叶朗：《中国美学史大纲》，上海：上海人民出版社，1999 年。

许尤娜：《魏晋隐逸思想及其美学涵义》，文津出版社有限公司，2001 年。

刘运好：《魏晋哲学与诗学》，安徽大学出版社，2003 年。

邬锡鑫：《魏晋玄学与美学》，贵州教育出版社，2006 年

张家梅：《言意之辨与魏晋美学话语生成》，岳麓书社，2007 年。

吕升阳：《六朝美学中的形神思想之研究》，花木兰文化出版社，2008 年。

周静佳：《六朝形神思想与审美观念》，花木兰文化出版社，2008 年。

林朝成：《魏晋玄学的自然观与自然美学研究》，花木兰文化出版社，2009 年。

赵建军：《魏晋南北朝美学范畴史》，齐鲁书社，2011 年。

何美谕：《魏晋乐论与乐赋音乐审美研究》，花木兰文化出版社，2012 年。

万志全：《魏六朝道家美学思想研究》，北京：中国社会科学出版社，2012 年。

刘月：《魏晋士人人格美学研究》，上海：复旦大学出版社，2013 年。

刘莉：《魏晋南北朝音乐美学思想研究》，花木兰文化出版社，2013 年。

胡海、秦秋咀：《中国美学通史（3）魏晋南北朝卷》，江苏人民出版社，2014 年。

二、主要参考文章

鲁迅：《魏晋风度及文章与药及酒之关系》，《而已集》，北京：人民文学出版社，1973 年。

陈振裕：《谈虎座鸟架鼓》，《江汉考古》，1980 年第 1 期。

李中华：《论郭象与庄子人生哲学之异同》，《晋阳学刊》，1981 年第 2 期。

李中华：《郭象的"有无之辨"及其"造物者无主"思想浅析》，《北京大学学报》（哲社版），1984 年第 3 期。

李曙明：《音心对映论——〈乐记〉"和律论"音乐美学初探》，《人民音乐》，

1984 年第 10 期。

张岱年等:《魏晋玄学笔谈》(一),《文史哲》,1985 年第 3 期。

张立文等:《魏晋玄学笔谈》(二),《文史哲》,1985 年第 4 期。

唐君毅:《郭象〈庄子注〉中之自然独化及玄同彼我之道》,《中国哲学史研究》,1985 年第 3 期。

王兴华:《"人的自觉"与魏晋南北朝的美学思想》,《南开学报》(哲社版),1986 年第 1 期。

田文棠:《魏晋名理学初探》,《中国哲学史研究》,1986 年第 3 期。

许抗生:《向秀玄学思想简论》,《文史哲》,1986 年第 4 期。

陈来:《魏晋玄学的"有"、"无"范畴新探》,《哲学研究》,1986 年第 9 期。

荆山:《浅谈嵇康美学思想的历史贡献》,《辽宁大学学报》(哲社版),1987 年第 5 期。

田文棠:《试论嵇康自然观的多义性》,《唐都学刊》,1988 年第 1 期。

余敦康:《郭象的时代与玄学的主题》,《孔子研究》,1988 年第 3 期。

袁济喜:《汉魏六朝以悲为美》,《齐鲁学刊》,1988 年第 3 期。

刘金山:《论嵇康的"唯美主义"美学思想》,《哲学研究》,1989 年第 2 期。

王晓毅:《魏晋"言意之辨"的形成及其意义》,《山东社会科学》,1989 年第 5 期。

《宇宙生成论向玄学本体论的转化》,《文史哲》,1989 年第 6 期。

张节末:《嵇康哲学的方法论探本》,《浙江大学学报》(社科版),1992 年第 2 期。

李中华:《孙盛儒学思想述评》,《晋阳学刊》,1992 年第 5 期。

楼宇烈:《一种协调个人与社会关系的理论(玄学的名教自然论)》,《北京社会科学》,1993 年第 2 期。

杨国荣:《自由及其限制:魏晋玄学与人的自由》,《学习与探索》,1993 年第 3 期。

陈祥明:《中国美学史上最早的"自律论"》,《河北师院学报》(社科版),1993 年第 3 期。

贾奋然：《嵇康音乐美学思想渊源论》，《湖南师范大学社会科学学报》，1993年第5期。

梁渡：《关于嵇康与〈声无哀乐论〉的一些有关问题》（上），《乐府新声—沈阳音乐学院学报》，1994年第2期。

梁渡：《关于嵇康与〈声无哀乐论〉的一些有关问题》（下），《乐府新声—沈阳音乐学院学报》，1994年第3期。

戴琏璋：《嵇康思想中的名理与玄理》，《中国文哲研究集刊》（台湾），第4期，1994年3月。

孙明君：《嵇康与文士道教》，《哲学研究》，1996年第6期。

陈战国：《嵇康与玄学三理》，《中国哲学》，第11期。

戴琏璋：《玄学中的音乐思想》，《中国文哲研究集刊》（台湾），第10期，1997年3月。

林衡勋：《嵇康的〈声无哀乐论〉与汉斯立克的〈论音乐的美〉》，《湛江师范学院学报》（哲社版），1998年第4期。

〔韩国〕南锡宪：《阮籍、嵇康对〈乐记〉美学思想的继承与发展》，《理论学刊》，1998年第4期。

徐公特：《理极滞其必宣——论两晋人士的嵇康情节》，《文学遗产》，1998年第4期。

李中华：《裴頠及其〈崇有论〉新探》，《北京大学百年国学文集》（哲学卷），1998年。

高华平：《阮籍、嵇康与酒及道释宗教之关系》，《江汉论坛》，1999年第10期。

许抗生：《关于玄学哲学基本特征的再研讨》，《中国哲学史》，2000年第1期。

刘运好：《主体的超越——〈声无哀乐论〉与嵇康玄学思想》，《江海学刊》，2000年第3期。

皮元珍：《节情保性的生命追求——嵇康〈养生论〉探微》，《船山学刊》，2001年第1期。

蒋艳萍：《论道教信仰对嵇康人生观的影响》，《船山学刊》，2001 年第 1 期。

方春阳：《形神相亲首重神——嵇康的养生观浅析》，《养生月刊》，2001 年第 1 期。

〔日本〕原正幸：《论嵇康〈声无哀乐论〉的礼乐批评》，《文艺研究》，2001 年第 1 期。

周贻谋：《论嵇康及其养生观》，《南京中医药大学学报》（社科版），2001 年第 2 期。

王志成：《嵇康〈声无哀乐论〉"声"之焦点透视》，《艺术百家》，2001 年第 3 期。

家浚：《〈广陵散〉果系嵇康所作吗》，《贵州大学学报》（艺术版），2001 年第 4 期。

郑方超、蒋艳萍：《嵇康"越名教而任自然"新论》，《衡阳师范学院学报》，2001 年第 5 期。

刘容：《试论嵇康的自然观》，《涪陵师范学院学报》，2002 年第 4 期。

王德埙：《十八拍〈广陵散〉确系嵇康所作》，《贵州民族学院学报》（哲学社会科学版），2002 年第 6 期。

王晓毅：《嵇康哲学新论》，《中国哲学史》，2004 年第 1 期。

王澍：《嵇康〈声无哀乐论〉新解》，《社会科学家》，2004 年第 1 期。

牛贵琥：《嵇康〈声无哀乐论〉礼乐批评的再探讨》，《文艺研究》，2004 年第 2 期。

李耀南：《作为"自然之理"的"声无哀乐"》，《鹅湖》（台北），2004 年第 9 期。

张玉安：《嵇康"和声无象"说解析——兼谈汉魏时期所流行的乐象观》，《学习与探索》，2005 年第 4 期。

宋照敏：《从嵇康〈声无哀乐论〉看音乐审美主体的差异性》，《湖北大学学报》（哲学社会科学版），2005 年第 6 期

修海林：《有关〈声无哀乐论〉音乐美学思想评价的若干问题》，《音乐研究》，2006 年第 3 期

齐效斌：《"声无哀乐论"与符号的任意性》，《陕西师范大学继续教育学报》，2006 年第 4 期。

张霞云：《嵇康的琴论与养生》，《艺术探索》（广西艺术学院学报），2006 年第 6 期。

卫绍生：《竹林七贤缘何游于山阳》，《中州学刊》，2007 年第 2 期。

魏敏：《孙登事迹考》，《武汉理工大学学报》（社会科学版），2007 年第 4 期。

周丽琴：《袁孝尼考》，《和田师范专科学校学报》（汉文综合版），2008 年第 1 期。

郭文：《论嵇康的道教神仙信仰》，《北京化工大学学报》（社会科学版），2008 年第 2 期。

徐公持：《嵇康〈与山居源绝交书〉非绝交之书论》，《中华文史论丛》，2008 年第 3 期。

何启锋：《嵇康与道教之关系考论》，《乐山师范学院学报》，2008 年第 7 期。

田景春、徐旭平：《〈与山巨源绝交书〉是写给谁的》，《文学教育》，2008 年第 8 期。

易健贤：《"子玉之败"和嵇康之死》，《贵州教育学院学报》（社会科学），2008 年第 10 期。

赵玉霞、徐广振：《外道内儒：嵇康矛盾心理的文化解读》，《东疆学刊》，2009 年第 1 期。

陈景娥：《从审美心理学角度谈〈声无哀乐论〉之"音心"问题》，《音乐艺术》，2009 年第 2 期。

王洪军：《嵇康"悔与吕安交"辨析》，《古典文学知识》，2009 年第 3 期。

郑祖襄：《嵇康父子与山涛》，《艺术百家》，2009 年第 3 期。

王维：《从〈声无哀乐辩〉与〈声无哀乐论〉的比较中看黄道周音乐美学思想》，《星海音乐学院学报》，2009 年第 4 期。

王光照、倪永强：《嵇康〈声无哀乐论〉的主体意识》，《安徽大学学报》（哲学社会科学版），2009 年第 4 期.

刘承华：《嵇康"声无哀乐"思想形成的理论背景》，《中国音乐》，2009 年第

4 期。

王淑梅：《戴逵〈竹林七贤论〉探微》，《徐州师范大学学报》（哲学社会科学版），2009 年第 5 期。

刘莉：《论嵇康的和声观》，《新疆大学学报》（人文社会科学版），2009 年第 6 期。

韦亦珺：《质疑〈声无哀乐论〉——读评〈声无哀乐论〉兼议〈音心对映论〉》，《甘肃社会科学》，2009 年第 6 期。

刘莉：《论嵇康"和声无象"观对儒家乐象论的批判》，《天籁》（天津音乐学院学报），2010 年第 4 期。

樊荣：《嵇康死因考索》，《焦作师范高等专科学校学报》，2010 年第 4 期。

赵剑敏：《山涛对竹林之游的功过》，《焦作师范高等专科学校学报》，2010 年第 4 期。

程峰：《孙登与阮籍、嵇康关系的几个问题》，《河南理工大学学报》（社会科学版），2010 年第 4 期。

王东：《竹林七贤之一——嵇康山阳故居考》，《焦作大学学报》，2010 年第 4 期。

张玉安：《试析嵇康〈声无哀乐论〉的理论动机》，《鹅湖》（台北），2010 年第 5 期。

李美燕：《嵇康的音乐养生观与道教之关系》，《第一届中国音乐史学国际学术研讨会论文集》（下），2010 年 10 月。

程峰：《竹林七贤寓居"河内山阳"地望辨析》，《郑州大学学报》（哲学社会科学版），2011 年第 2 期。

刘莉：《"乐之为体以心为主"——论嵇康的乐象观》，《天籁》（天津音乐学院学报），2011 年第 2 期。

徐文武：《嵇康〈声无哀乐论〉音乐美学思想中的典型命题及其论证》，《湖州师范学院学报》，2011 年第 3 期。

曾飘飘：《〈与山巨源绝交书〉新解》，《重庆科技学院学报》（社会科学版），2011 年第 4 期。

杨冬晓：《从〈声无哀乐论〉看嵇康审美主义的音乐价值观》，《船山学刊》，2012 年第 1 期。

王东：《续嵇康山阳故居考》，《焦作大学学报》，2012 年第 2 期。

尚学钰：《嵇康〈声无哀乐论〉中的"和"与"不和"》，《河南师范大学学报》（哲学社会科学版），2012 年第 2 期。

李中华：《论六朝时期的三教关系与世界宗教大同理想》，《中国哲学史》，2012 年第 3 期。

魏建亮：《声无哀乐：命题提出与内涵新释》，《阴山学刊》，2013 年第 2 期。

王维：《对嵇康〈声无哀乐论〉的重新解读》，《乐府新声》（沈阳音乐学院学报）2013 年第 2 期。

周冰：《嵇康的〈声无哀乐论〉与"无"》，《美育学刊》，2013 年第 4 期。

李剑国：《〈广陵散〉故事考析》，《文学与文化》，2013 年第 4 期。

袁济喜、高丹：《嵇康传笺证》，《郑州大学学报》（哲学社会科学版），2014 年第 2 期。

韩长松、张丽芳、皇小够：《嵇康"居山阳二十年"旧居之考辨》，《焦作师范高等专科学校学报》，2014 年第 3 期。

杨杰：《以和为体——嵇康〈声无哀乐论〉中的音乐本体论》，《宜宾学院学报》，2014 年第 10 期。

张沙沙：《"乐象"范畴的演进与魏晋音乐美学的逻辑展开》，《兰州学刊》，2014 年第 10 期。

觉嘎：《声无哀乐 声有哀乐 声非哀乐——读〈声无哀乐论〉有感》，《西藏艺术研究》，2015 年第 1 期。

樊荣：《嵇康之妻为曹操孙女》，《焦作师范高等专科学校学报》，2015 年第 1 期。

刘世明：《从庄学的角度窥测嵇康之死》，《燕山大学学报》（哲学社会科学版），2015 年第 2 期。

马莎：《从嵇康〈声无哀乐论〉看中国古代音乐美学中的形式主义思想》，《音乐创作》，2015 年第 3 期。

潘天波：《〈声无哀乐论〉：一个音乐哲学咨询文本》，《人民音乐》，2015 年第 6 期。

〔加拿大〕傅云博：《符号"竹林七贤"：魏晋时期的意识形态党派纷争与当代的社会符号学》，《美与时代》（下），2015 年第 7 期。

杨杰：《艺术理论抑或政治哲学？——嵇康乐论的性质再探讨》，《武汉理工大学学报》（社会科学版），2016 年第 2 期。

梁保建：《嵇康的道教观与游仙诗创作》，《兰台世界》，2016 年第 9 期。

郭淑新、孙丽：《嵇康玄学外壳中的入学内核》，《安徽师范大学学报》（人文社会科学版），2017 年第 1 期。

任明：《嵇康的任侠性格及其悲剧人生》，《甘肃理论学刊》，2017 年第 2 期。

胡潇：《〈声无哀乐论〉"声""音声""乐"诸概念的理解与认识上的分歧》，《音乐研究》，2017 年第 2 期。

陈建美：《嵇康与乐教》，《中国哲学史》，2017 年第 3 期。

颜敏：《〈与山巨源绝交书〉作年考辨》，《阴山学刊》，2017 年第 6 期。

陈莉：《从"神秘感应论"到"声无哀乐论"》，《求索》，2017 年第 9 期。

后 记

转眼之间,博士毕业已有十一个年头。这本论文能够得以继续充实和完善,并最终获得出版,要感谢教育部哲学社会科学研究后期资助项目的支持。感谢恩师李中华先生的不断鼓励与教导,并在繁忙中为此书作序,高屋建瓴地指出"乐教"在整个中国传统教育中的重要地位,并勾画出其基本脉络,从而让"嵇康乐论研究"拥有了一个踏实的落脚处。同时,特别感谢北京大学出版社王立刚先生及其同仁的悉心努力与热情工作,让这本小著增色甚多。还要感谢多年来各位朋友的不吝赐教,以及家人的热心勉励和背后的默默付出。

相较于博士论文原稿,本书增加了八万余字的内容。首先,重新撰写了绪论,并冠名"广陵绝响",全面介绍了嵇康的人生、才艺、思想及其历史影响,以便为嵇康乐论做一个合适的定位。对于读者而言,只要阅读了绪论就可以一窥嵇康学术、人生、艺术造诣之大略;倘若还想探究嵇康思想之纵深,以求嵇氏乐论之究竟,便可翻检正文,寻找自己所关心的内容。第二章增加了"名理之学与玄远之学辩证"一节,并把该章章名"嵇康乐论的哲学基础"更名为"嵇康乐论的名理学基础",这是博士毕业后的一点儿新体会,涉及魏晋学术的重新定位问题,欢迎方家指正。第三章,将原来"和声无象""声无乐乐"两节,分别扩充为上、下共四节,增加了对汉魏乐象观和《声无哀乐论》的解读,使内容显得更加饱满而丰厚。第五章增加了"嵇康与道教、神仙家之关系"一节,深入解读嵇康乐论与道教、神仙家之音乐观、养生论之间的关系,亦可见出嵇康"养生论"的时代震撼性。

十余年的光阴可以改变很多东西，人的容颜会变，思想情感也会经历种种洗刷、打磨，乃至来个180°的大回转。说实话，参加工作的这十多年，我跟所谓"中国哲学"似乎并没有太大关系，而是因为工作需要，和中国服饰文化研究结上了不解之缘。这倒不是为自己在中国哲学方面的不思进取找借口，实在是"人在江湖，身不由己"！不过，如果读者对这本小书不甚满意的话，倒可以期待不经意间，在书店发现一本关于中国服饰文化的书，上面居然署着和笔者同样的名字。不要惊讶，那也许还真的就是我本人呢！

2016年6月于奥森寓所

图书在版编目(CIP)数据

声无雅郑:嵇康的音乐美学与政治/张玉安著.—北京:北京大学出版社,2019.4

(爱智文丛)

ISBN 978-7-301-30414-3

Ⅰ. ①声… Ⅱ. ①张… Ⅲ. ①嵇康(224-263)-音乐美学-研究 Ⅳ. ①B235.35 ②J601

中国版本图书馆 CIP 数据核字(2019)第 055275 号

书　　　　名	声无雅郑——嵇康的音乐美学与政治 SHENG WU YA ZHENG——JIKANG DE YINYUE MEIXUE YU ZHENGZHI
著作责任者	张玉安　著
责 任 编 辑	王立刚
标 准 书 号	ISBN 978-7-301-30414-3
出 版 发 行	北京大学出版社
地　　　　址	北京市海淀区成府路 205 号　100871
网　　　　址	http://www.pup.cn　新浪微博:@北京大学出版社
电 子 信 箱	sofabook@163.com
电　　　　话	邮购部 010-62752015　发行部 010-62750672 编辑部 010-62755217
印 　刷 　者	北京中科印刷有限公司
经 　销 　者	新华书店
	880 毫米×1230 毫米　32 开本　10.875 印张　301 千字 2019 年 4 月第 1 版　2019 年 4 月第 1 次印刷
定　　　　价	54.00 元

未经许可,不得以任何方式复制或抄袭本书之部分或全部内容。
版权所有,侵权必究
举报电话: 010-62752024　电子信箱: fd@pup.pku.edu.cn
图书如有印装质量问题,请与出版部联系,电话: 010-62756370